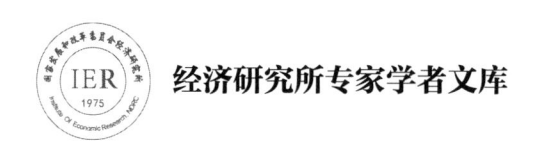

经济研究所专家学者文库

中国经济：
宏观经济治理与发展战略研究

国家发展和改革委员会经济研究所 ◎编

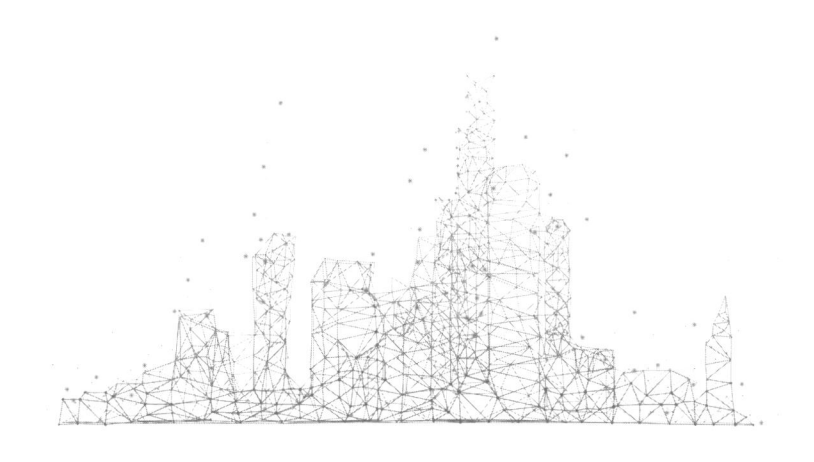

经济科学出版社
Economic Science Press
·北京·

图书在版编目（CIP）数据

中国经济．宏观经济治理与发展战略研究／国家发展和改革委员会经济研究所编．－－北京：经济科学出版社，2025.9．－－（经济研究所专家学者文库）．－－ISBN 978－7－5218－7232－3

Ⅰ．F12
中国国家版本馆CIP数据核字第2025SP8934号

责任编辑：宋艳波　彭　洋
责任校对：靳玉环
责任印制：邱　天

中国经济：宏观经济治理与发展战略研究
ZHONGGUO JINGJI：HONGGUAN JINGJI ZHILI YU FAZHAN ZHANLÜE YANJIU
国家发展和改革委员会经济研究所　编
经济科学出版社出版、发行　新华书店经销
社址：北京市海淀区阜成路甲28号　邮编：100142
编辑部电话：010－88191469　发行部电话：010－88191522
网址：www.esp.com.cn
电子邮箱：esp@esp.com.cn
天猫网店：经济科学出版社旗舰店
网址：http：//jjkxcbs.tmall.com
固安华明印业有限公司印装
700×1000　16开　16.25印张　250000字
2025年9月第1版　2025年9月第1次印刷
ISBN 978－7－5218－7232－3　定价：86.00元
(图书出现印装问题，本社负责调换。电话：010－88191545)
(版权所有　侵权必究　打击盗版　举报热线：010－88191661)
QQ：2242791300　营销中心电话：010－88191537
电子邮箱：dbts@esp.com.cn

本书编委会

编委会主任：郭春丽

编委会副主任：蓝海涛　郭丽岩

编　　　委：安淑新　易　信　陆江源　李清彬

　　　　　　刘雪燕　张铭慎　杨　帆　盛雯雯

　　　　　　李世刚　刘国艳

总　序

国家发展和改革委员会经济研究所成立于1975年9月，是国家发展和改革委员会直属、宏观经济研究院管理的综合性研究机构，为正局级事业法人。经济研究所前身是邓小平同志1973年复出后进行全面整顿背景下成立的两个重要研究机构之一——国务院工资理论小组，是新中国成立的第一个国家级综合性经济研究所，伴随改革开放伟大历史进程不断发展壮大。

建所50年来，经济研究所紧紧围绕服务国家宏观经济决策和发展改革委中心工作，紧扣我国改革开放的时代脉搏，始终走在经济理论与政策研究的前列，是我国宏观经济形势分析的发源地、宏观经济政策研究的主力军、中长期发展战略研究的排头兵。目前研究涵盖发展战略与规划、宏观经济形势分析预测、财政政策与财税体制、货币政策与金融体制、收入分配与消费、资本市场与信用环境、企业改革发展、经济安全等领域。

建所50年来，经济研究所的一批批专家学者怀揣着报效祖国的理想，将个人发展融入强国建设、民族复兴的伟大事业中，为国家发展和社会进步奉献了青春，在不同历史时期都作出了贡献。著名经济学家于光远、薛暮桥、柳随年、桂世镛、王积业、周才裕、王永治、刘福垣、陈东琪、刘树杰、宋立、孙学工、郭春丽等先后担任所长。老一代著名经济学家许涤新、刘国光、董辅礽、孙尚清、罗元铮、徐禾、赵履宽、黄振奇等曾在经济研究所工作。专家们以

"学术报国"的奉献精神和科学严谨的治学态度，创造和见证了经济研究所辉煌历史，形成了不为名利、不随波逐流、矢志不渝"为祖国奉献、为国家服务"的光荣传统。

建所 50 年来，经济研究所产生了一批有决策支撑力、社会影响力的研究成果。第一任所长于光远带领大家与其他部门共同完成了按劳分配、计划与市场关系等重大理论问题研究，并组织领导了全国性的大讨论，为改革开放初期"拨乱反正"提供了重要理论支撑。第二任所长薛暮桥等完成的《中国社会主义经济问题》、第三任所长柳随年主持编写的新中国第一部经济发展史《中国社会主义经济简史》，在国内外引起了重大反响。中青年研究人员王建等提出的"国际大循环"战略思想，为我国实行对外开放提供了重要理论支持。第五任所长王积业提出的"国家调控市场 市场引导企业"理论，为党的十三大报告所采纳。第六任所长周才裕关于产业结构调整的深入研究为我国产业政策出台发挥了积极作用。第七任所长王永治主持完成的社会主义市场经济基本内涵和主要特征研究，第八任所长刘福垣提出的"以人为本、以中为重、全方位开放"的发展方略，第九任所长陈东琪等提出的财政货币"双稳健"宏观调控政策建议，第十任所长刘树杰、副所长宋立共同主持完成的面向 2020 年我国经济发展战略，第十一任所长宋立主持完成的"十三五"时期我国发展环境、发展趋势和战略思路，第十二任所长孙学工带领完成的供给侧结构性改革重大政策，第十三任所长郭春丽主持完成的全面建设社会主义现代化国家的目标愿景和战略思路研究，资深研究员常修泽提出的"广义产权论"和"人本经济学研究"，在不同时期为党和国家起草重要报告、作出重大决策提供了理论参考，为我国发展改革作出了重要贡献，并产生了良好的社会影响。

建所 50 年来，针对各个时期的热点、难点和重点问题，经济研究所完成的近400项研究成果获得党中央、国务院领导和部委领导重视，获国家级科技进步奖2项、部委级科技进步和优秀研究成果奖60余项，获孙冶方经济科学奖2项、薛暮桥价格研究奖8项，获第23届国际管理学界最高奖——国际管理科学弗朗兹·爱德曼奖1项。

近年来，经济研究所传承和发扬光荣传统，充分利用建所历史长、学科门类全、人才队伍强、科研氛围好、社会影响大的优势，持续深入开展重大理论和实践应用研究，在理论探讨、政策研究、宣传阐释等方面取得了丰硕成果。在建所50周年之际，我们集中出版一批学术研究成果，这既是对薪火相传学术历程的记录，也是对守正创新科研精神的传承，更是对与时俱进、再创辉煌的希冀。

本次出版的《经济研究所专家学者文库》系列丛书，共有五本。《全面建设社会主义现代化新阶段我国发展环境、发展趋势和战略思路研究》是国家社科基金重大项目研究成果，系统回答了未来30年外部环境、内部条件和经济社会发展趋势、目标愿景、战略任务等重大问题。《构建中国式现代化指标体系研究》是宏观经济研究院重点课题研究成果，深入研究了中国式现代化的理论基础、科学内涵、本质特征、评价指标体系。《中国经济：学术前沿问题研究》是近十年来经济研究所科研人员在重要核心期刊发表的论文合集，围绕发展战略、宏观经济、财税金融、改革创新等领域进行了学术探讨。《中国经济行稳致远的优势和潜力研究》收录了经济研究所科研人员近年来在"三报一刊"等刊物上发表的理论文章，回答了中国经济为什么能、为什么好。《中国经济：宏观经济治理与发展战略研究》是2024年青年研究人员完成的优秀研究成果合集，对一些重大理论和实践问题进行了初步探索。

新时代新征程上，作为国家高端智库，经济研究所责任更加重大、使命更加光荣。经济研究所将始终牢牢把握坚持和完善中国特色社会主义制度的大方向，把基础理论研究和政策应用研究结合起来，全面提升科研创新力、决策支撑力和社会影响力，更好服务支撑国家宏观决策和发展改革委中心工作，为强国建设、民族复兴作出新的更大贡献。

序

经济研究所紧紧围绕服务国家宏观决策和发展改革委中心工作,每年都会聚焦热点重点难点问题,设立一批基础理论性强、政策应用价值大的基础课题,由所学术委员会专家指导青年研究人员完成,以达到跟踪学术前沿、加强学科建设、培养人才队伍、服务政策实践的目的。本书是2024年度基础课题最终成果的汇编,共分为四篇。

第一篇为战略篇,主题是"前瞻把握中长期战略问题"。《"十五五"时期我国经济发展阶段性特征研究》提出,我国发展水平、增长动力、工业化、城镇化、绿色发展将进入"五大关键期"。《提升我国产业链供应链韧性与安全水平研究》认为,应从链条完整性、产业链上下游协同性、技术自主性及区域分布均衡性等维度对重点产业链供应链韧性和安全水平进行分析评价。

第二篇为内需篇,主题是"坚定不移扩内需稳就业"。《青年群体就业新趋势研究》发现,青年群体在劳动参与率、就业结构、就业取向等方面呈现新趋势、新特征。《扩大县域消费增长潜能研究》测算认为,到2030年县域消费增长潜在规模或将达到16万~20万亿元。《国际比较视域下提振居民消费的政策发力点研究》客观分析了疫情期间各国发放现金补贴和消费券、提供大力度失业救济、设立薪酬保护计划等政策工具效果。

第三篇为产业篇,主题是"完善现代化产业体系"。《财税政策助推未来产业发展研究》认为，要健全未来产业发展的前端政策扶持，创新风险补偿工具，构建全方位、立体化动态财税政策体系。《基于微观指标的第三产业月度增长预测模型研究》构建了基于微观指标的混频预测模型，将预测频率从季度提高到月度。

第四篇为金融篇，主题是"推动金融高质量发展"。《优化央行公开市场操作国债买卖机制研究》提出，要建立高层级财政货币协调机制、优化协调框架，完善国债管理制度。《促进金融更好地服务实体经济研究》构建了1992~2023年投入产出式资金流量表，提出畅通金融渠道、防止资金空转、提升资金使用实效等建议。《促进长期资本形成 完善强大资本市场建设研究》从优化机构投资者支持政策、丰富风险管理工具、健全资本市场制度等方面提出了促进长期资金真正入市的"一揽子"建议。《我国居民资产负债表演进特征研究》认为，我国居民部门资产配置不够优、债务负担较重，需系统施策助力居民资产负债表修复。《新时期不良资产问题研究》发现，不良资产来源多样、处置难度加大，应强化统筹发力，提升不良资产处置能力。

需要指出的是，尽管相关研究取得了一定成果，但仍只是青年研究人员对一些重大理论和实践问题的初步探索。受限于个人能力和学术水平，难免存在不足之处。欢迎批评指正！

目录 CONTENTS

▶ 战略篇　前瞻把握中长期战略问题 ◀

"十五五"时期我国经济发展阶段性特征研究　　3
提升我国产业链供应链韧性和安全水平研究　　30

▶ 内需篇　坚定不移扩内需稳就业 ◀

青年群体就业新趋势研究　　47
扩大县域消费增长潜能研究　　65
国际比较视域下提振居民消费的政策发力点研究　　89

▶ 产业篇　完善现代化产业体系 ◀

财税政策助推未来产业发展研究
　　——基于财税政策有效性、适度性、动态性的分析　　103
基于微观指标的第三产业月度增长预测模型研究　　118

▶ 金融篇　推动金融高质量发展 ◀

优化央行公开市场操作国债买卖机制研究　　135

促进金融更好地服务实体经济研究
　　——基于金融资金流量表的分析　　152
促进长期资本形成 完善强大资本市场建设研究　　171
我国居民资产负债表演进特征研究　　194
新时期不良资产问题研究　　223

战略篇
前瞻把握中长期战略问题

"十五五"时期我国经济发展阶段性特征研究*

摘　要：我国经济发展已经站在新的历史起点，同时也面临更为复杂严峻的外部环境，基于周期趋势、支撑因素和定量测算，"十五五"时期以人均GDP衡量的我国总体发展水平稳步向好，到2030年人均GDP有能力达到1.7万美元。受内部条件深刻变化、外部环境深刻影响、新科技革命深刻驱动，"十五五"时期我国经济发展将进入发展水平从"中等收入阶段"向"高收入阶段"跨越的冲刺期，增长动力从"传统要素+投资驱动为主"向"新型要素+TFP+消费驱动为主"转变的攻坚期，工业化进程从"传统工业化"向"后工业化"转换的巩固期，城镇化进程从"城镇化加速期"向"城镇化成熟期"转换的过渡期，以及绿色发展从"污染治理为主"向"低碳转型为主"转换的调整期。亟须顺应、适应、引领经济发展阶段性特征转变，紧抓主要矛盾，及时优化战略取向，提升发展潜能、转换发展动能、化解风险矛盾，合力确保"十五五"时期稳定进入高收入国家行列，并在2035年人均GDP达到中等发达国家水平。

关键词："十五五"时期　经济发展　阶段性特征　战略趋向

发展的阶段性作为特定历史时段的发展总结，具有较强的经验总结特征，阶段划分大多体现了相关变量的系统性和历史性变革，而不同阶段之间的演化和延续则体现了继承发展或转折变化的延续关系。经过多年改革发展，我

---

* 作者易信，本文原载于《改革》2025年第4期。

国经济发展已经由高速增长阶段转向高质量发展阶段,已经站在新的历史起点,并面临新的外部环境,必然会呈现一系列新阶段特征。科学研判"十五五"时期我国经济发展的阶段性特征,有利于准确把握经济发展基本趋势、目标导向、主要矛盾和突出问题,对于科学制定符合发展实际、具有引领性的发展战略具有重要现实意义。

一、"十五五"时期我国经济发展基础及外部环境

"十五五"时期是连接"十四五"与"十六五"的中间阶段,承担着为 **2035 年人均 GDP 达到中等发达国家水平奠定基础的重任,是我国迈向第二个百年奋斗目标的关键阶段**。经过多年改革发展,我国经济规模持续扩大、人均水平持续提升、质量效率持续提高,已站在新的历史起点。与此同时,世界经济仍将处于 2008 年国际金融危机后深度调整期、新冠疫情后逐步恢复期、特朗普政府不稳定性不确定性因素明显增多期、新科技革命规模性爆发拓展期的"四期叠加"阶段,我国经济发展面临更为复杂严峻的外部环境。

(一)经济发展已经站在新的历史起点

一是国内生产总值接近 19 万亿美元,与美国的比值升至 70% 左右。我国国内生产总值在 2020 年首次突破 100 万亿元基础上,2024 年达到 134.9 万亿元(折合约 19 万亿美元),近年来每年的经济增量相当于一个中等 G20 经济体,与美国的比值升至具有历史标志性意义的 70% 左右。国内生产总值在全球排名,2006 年超过英国成为世界第四大经济体,2007 年超过德国成为世界第三大经济体,2010 年超过日本成为世界第二大经济体。国内生产总值占全球比重,1978 年仅为 2.4%,2011 年首次超过 10%,2021 年达到峰值 18.3%,受货币贬值等因素影响,2023 年略降至 16.9%。自 2005 年以来,我国对全球经济增长的年均贡献率保持在 30% 以上,连续多年成为全球经济增长最大贡献者,是带动全球经济增长的"火车头"。经济体量形成了大国规模经济优势,经济体系各种要素齐全,产业链供应链完备,抵御风险的韧性更加强,也可以降低经济发展成本(见图 1)。

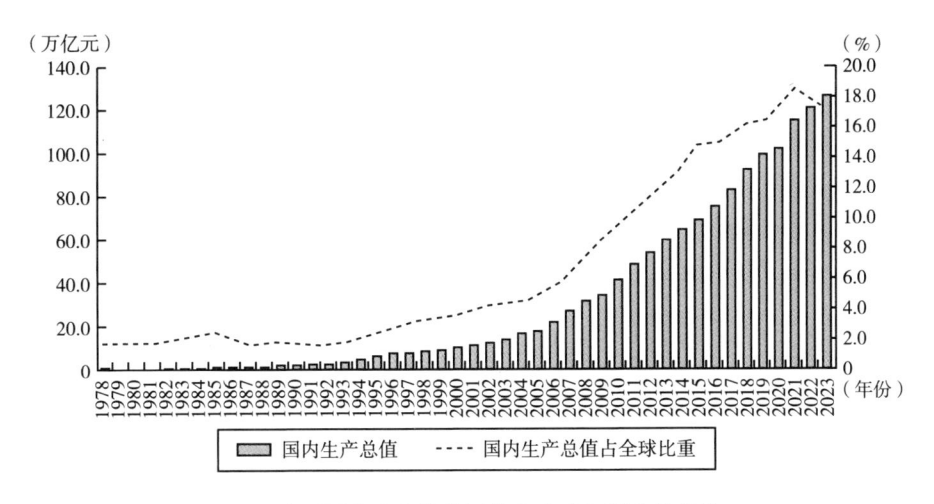

图 1　我国国内生产总值及其占全球比重变化趋势

资料来源：国家统计局，世界银行数据库，笔者计算。

二是人均国内生产总值超过 1.3 万美元，与高收入国家门槛值差距缩小到 500 美元以内。 2019 年我国人均国内生产总值历史性突破 1 万美元，2023 年达到 1.27 万美元，2024 年达到 1.35 万美元，与世界银行 2024 年公布的高收入国家标准 1.4 万美元的差距缩小至 500 美元，为跨越"中等收入陷阱"和建成社会主义现代化强国奠定更加坚实的基础。我国人均国内生产总值与美国的比值逐步提升，在 1978 年仅为 1.48%，2011 年首次超过 10%，2021 年达到峰值 17.8%，受货币贬值等因素影响，2023 年略降至 15.4%。随着我国经济发展水平不断提高，更有能力解决经济社会发展中积累的问题，全面建成小康社会的成功使得近一亿农村贫困人口实现脱贫，对世界减贫贡献率超过 70%，我国成为世界上少数几个达成联合国千年发展目标的国家之一（见图 2）。

三是经济发展从高速增长阶段转向高质量发展阶段，全要素生产率对经济增长的贡献率升至 30% 左右。 改革开放前 30 多年，我国经济增长保持了年均 10% 左右的高速增长，2008 年国际金融危机后，世界经济格局深刻变化，我国增长内在支撑条件也在深刻调整，经济增长速度出现换挡，进入年均 7% 左右的中高速增长阶段，2020 年新冠疫情暴发后进一步下降。同时，我国经济发展方式正加快从规模速度型粗放增长转向质量效率型集约增长，以2017年不变价购买力平价美元计价，全员劳动生产率从2000年的7113美元/人提高到2023年的42167美元/人，与同期美国的比值已经从6.4%提高到28.1%，生产要素投入产出效率快速提高。全要素生产率对经济增长的贡献呈上升趋势，提高到近年年均30%左右，科技创新、资源配置效率提升等对经济增长的驱动在加强（见图3）。

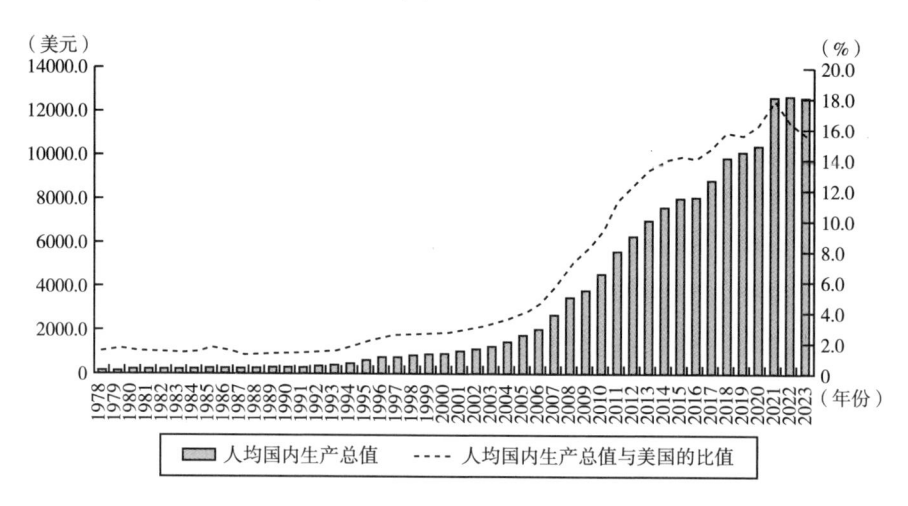

图2　我国人均国内生产总值及其与美国的比值变化趋势

资料来源：国家统计局，世界银行数据库，笔者计算。

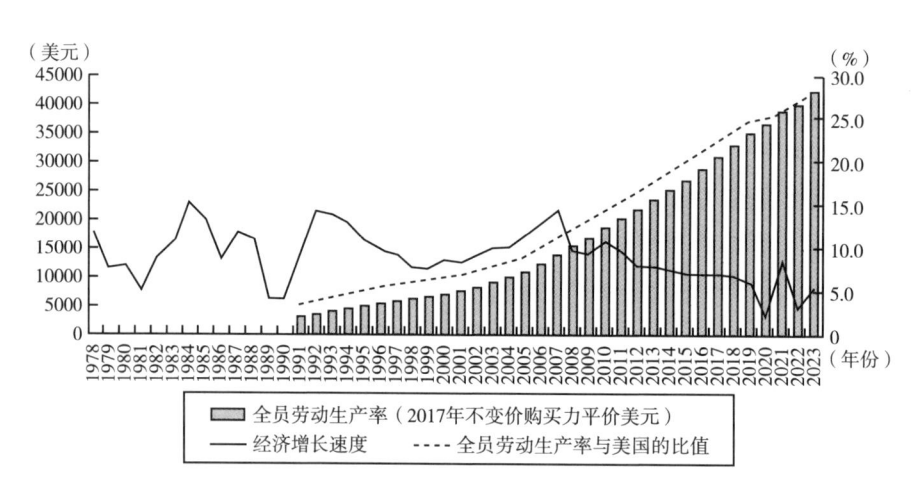

图3　我国经济增长速度、全员劳动生产率及其与美国的比值变化趋势

资料来源：国家统计局，世界银行数据库。

（二）经济发展面临更为复杂的外部环境

一是全球经济增长呈现先降后升的趋势，"十五五"时期世界经济仍处于疫后恢复期。 从长周期来看，全球经济正处于经济增长两个周期之间的衰退和调整阶段，2030年之前全球经济处于第五个周期的下降部分，2030年左右新一轮技术革命将可能带领全球经济进入下一个长周期的繁荣阶段。造成未来全球经济低速增长的主要原因既有供给侧的因素，也有需求侧的因素，主要包括人口增速放缓和人口老龄化加快降低了劳动力供给，全球技术进步速度继续呈下滑态势，人口红利消失推动全球储蓄率呈下降趋势，全球物质资本的积累随人口抚养比（特别是老年人口抚养比）的上升而逐渐放慢速度，收入差距扩大导致消费需求不足等。而2020年疫情暴发后，各国内顾倾向明显增强以及美国等西方国家推动的供应链脱钩，世界经济的脆弱性显著增加，强化了全球经济低速增长甚至长期停滞的趋势。"十五五"时期世界经济仍处于疫后恢复期。据世界银行2023年的报告，2023~2030年全球潜在经济增长速度将降至2.2%，为2000年以来的最低水平。据世界银行2025年1月份的预测，2025年、2026年世界经济增速将均为2.7%，与2024年持平。

二是世界政治经济格局处于深度调整之中，但多元化、多极化发展态势明显，"十五五"时期或更趋复杂多变。 新兴市场和发展中经济体有望继续保持比发达经济体更快的经济增速，尤其是亚太地区成为全球经济增长的主要引擎，新兴市场经济体和发展中国家群体性崛起，世界经济格局延续"东升西降""南升北降"态势，多极化趋势更加明显，全球经济体系将逐步形成北美、欧洲、东亚三大区域经济圈三分天下、三足鼎立的格局。结合相关研究，预计到2030年左右，新兴市场和发展中国家经济总规模将超过发达经济体。随着国际经济格局变化，主要国家经济利益之争呈上升趋势，大国博弈和竞争日趋激烈，尤其是发展中国家和发达国家围绕国际经济秩序重建和利益重构将展开旷日持久的博弈。"十五五"时期，主要经济体贸易摩擦仍将反复，不稳定性和不确定性因素仍将增加。

三是全球化在曲折中深入发展，"十五五"时期呈现新趋势。 2008年国际金融危机后，逆全球化思潮兴起、全球贸易摩擦不断，长期内仍然存在如信息技术强化全球分工模式、全球外部性治理问题需要全球合作、各国加强区域一体化合作意愿增强等推动全球化的有利条件，全球化深入发展趋势不会发生根本变化。但经济全球化进入深度调整期，呈现出速度放缓、内容变化、格局分化、规则重构等新特点，新兴经济体成为全球化新动力、服务贸易在经济全球化中的地位有所上升、多边贸易自由化陷入低潮和区域一体化趋势增强、世界经济管理架构重建和全球治理难度加大等。"去全球化"加速的本质是全球化范式深度变革，全球化进程体现出以效率为主导的全球化正在向兼顾效率、公平与安全的全球化转变，世界布局的全球化正在向区域布局的全球化转变，以及实物模式全球化向数字、智能全球化转变等新的特征。同时，由于资源短缺、外部需求减弱、世界经济转入低速增长等因素，逆全球化风险和不确定因素不可忽视。特别是，美国优先政策的实施，将进一步加剧全球化退潮，甚至导致全球化演变为"有限的全球化"。

（三）经济发展处在难得的技术革命"窗口期"

我国既是新科技革命的参与者，也是全球新科技革命的受影响者，新科技革命将全方位推动经济社会结构深刻变化、促进全球产业分工格局深刻调整，是驱动我国经济发展阶段特征演变的重要力量甚至是关键力量。当前，以大数据、人工智能、新能源等为核心的新一轮科技革命，正在从导入期转向拓展期，新科技革命的核心是数字化、网络化、智能化、绿色化，网络互联的移动化、泛在化，信息处理的高速化、智能化，发展方式的绿色化、低碳化。这将促进创新链、产业链的代际跃升，引发关键"生产要素"的变迁，使得劳动力、土地等传统生产要素的地位相对下降，人力资本、技术、数据正在成为重塑各国竞争力消长和全球竞争格局的重要因素。以大模型为代表的人工智能技术正在赋能千行百业，成为驱动产业转型升级、拓展"第二增长曲线"的新支点、新动力，我国广阔的数字化、智能化技术市场应用场景与持续的技术创新结合，将塑造未来发展新动能、新优势。

二、"十五五"时期我国发展水平变化趋势

钱纳里、罗斯托等发展阶段理论表明，以人均 GDP 衡量的总体发展水平

是决定发展阶段性特征的关键变量。"十五五"时期我国仍需努力实现更高增速，保证以人均GDP衡量的发展水平持续提升，才能跨过高收入国家门槛、跨越"中等收入陷阱"，也才能为2035年实现人均GDP达到中等发达国家水平争取到更多主动权，也才能应对后续增长压力。

（一）从周期趋势看，经济增长速度趋于下行并"前快后稳"

从短周期来看，我国经济处于以2020年新冠疫情全球大流行前后为起点的下行期并将延续到2025年前后。世界百年未有之大变局叠加世纪疫情，逆全球化、单边主义、保护主义思潮暗流涌动，不稳定性不确定性明显增加，将全球经济带入新的周期阶段，世界经济增速从2021年的6.2%降至2023年的2.6%、2024年的2.7%，进入增长低迷期。受到世界经济复苏乏力影响，加上全球碎片化压力不断上升，叠加我国房地产行业疲软拖累、地方财政收支压力加大等多重因素影响，我国经济进入了短周期下行阶段。2024年我国经济实现5%的增速。根据国际货币基金组织的预测，中国将在2025年实现4.6%的经济增长速度。国内多数学者判断，2025年我国仍然有能力实现5%的增速目标。这意味着我国经济正进入企稳回升的探底阶段。

从中周期来看，2008年国际金融危机之后，全球经济结构深度调整，我国新旧增长动能加快转换，到2030年左右将取得实质性成果，之后将进入新一轮中周期。2008年国际金融危机之后，全球经济呈现低增长、低利率、低通胀、低投资、低贸易趋势，供给结构深度调整并还将持续到2030年前后。美日欧等发达经济体产能利用率下降、劳动生产率降低，全球高科技出口占制成品出口比重持续低迷；新兴经济体和发展中经济体占全球经济的比重趋于提高，成为驱动全球经济增长的重要动力。我国经济从高速增长阶段转向高质量发展阶段，经济结构深度调整，增长动能加快转换，新质生产力加快发展壮大，并将在2030年前后取得重大进展。

从长周期来看，2000年信息泡沫破裂、2008年国际金融危机爆发后，全球及我国经济进入第五轮长周期下行阶段并将延续到2030年左右，同时新科技革命加快发展并将在2030年前后开启本轮长周期复苏阶段和第六轮长周期。技术创新是推动经济周期性变化的主要因素，在相当大程度上，经济增长长周期等同于技术革命周期。第一次工业革命以来，全球经济经历了5轮长周期，第一个周期从18世纪80年代到1840年，是产业革命发展时期，纺织工业的创新在其中起了重要作用；第二个周期从1840年到1897年，进入蒸汽和钢铁创新引领的时代；第三个周期从1897年到20世纪50年代，是电气、化学和汽车工业创新引领的时代；第四个周期发生在20世纪50年代之后到90年代信息革命之前，是汽车、计算机创新引领的时代；第五个周期则是从半导体技术创新肇始的电子信息时代开始至今。目前正处于以信息技术引领的第五个长周期衰退阶段，该周期始于20世纪90年代，预计将于2030年左右结束。其中，2007年之前为周期上升部分，2007~2030年前后为周期下降部分。随着新一轮科技革命和产业变革加快发展，特别是近年来以大模型为代表的人工智能技术快速发展并全方位赋能经济发展各领域，为经济增长注入新的动力来源，2030年前后全球经济将加快步入本轮长周期复苏阶段并开启第六轮长周期。当然，从近年来的发展经验看，新科技产业革命对经济增长速度的正向增加效应或将会比过去几轮科技产业革命要小[①]，出现所谓的"生产率悖论"，即进入第六轮长周期后，全球及主要国家的经济增长速度仍将出现中枢下移（见表1）。

表1　　　　　　　　第一次工业革命之后的五个经济增长周期

周期	繁荣	衰退	萧条	复苏	标志创新技术
第一个周期	1782~1802年	1815~1825年	1825~1836年	1838~1845年	纺织机、蒸汽机
第二个周期	1845~1866年	1866~1873年	1873~1883年	1883~1892年	钢铁、铁路
第三个周期	1892~1913年	1920~1929年	1929~1937年	1937~1948年	电气、化学、汽车
第四个周期	1948~1966年	1966~1973年	1973~1982年	1982~1991年	汽车、计算机
第五个周期	1991~2007年	2007~2017年	2017~2030年	2030年以后	信息技术

资料来源：根据公开资料整理。

---

① 过去10多年里，尽管技术进步和创新投资都实现了指数级增长，但全球生产效率（或劳动生产率）却止步不前。以美国为例，1947~1983年，劳动生产率的年均增长率为2.8%；2000~2007年的年均增长率为2.6%；2007~2014年的年均增长率为1.3%。增长率走低的原因主要在于全要素生产率的降低。美国劳工统计局的数据显示，2007~2014年，全要素生产率的年均增长率仅为0.5%，远远落后于1995~2007年1.4%的水平。

（二）从支撑因素看，具备保持经济持续稳定增长的有利条件

资源要素是支撑经济发展的关键因素，是提升潜在经济增长率的重要投入。当前，我国虽正经历不可逆转的人口老龄化过程、资源环境约束趋紧推高发展成本、国民收入分配格局不尽合理制约内需潜力释放等，这给我国经济持续平稳发展带来风险和挑战，但同时我国也具备保持经济持续稳定发展的基础和条件。

一是资源要素总量丰富且质量提升。 一方面，人力资源素质明显提升。2023年，我国劳动年龄人口平均受教育年限达到11.05年，新增劳动力平均受教育年限达到14年，与美国、日本、德国等发达国家的差距逐步大幅缩小。8.6亿多劳动年龄人口中具有大学文化程度人口超过2.5亿人，近年每年高校毕业人数超1000万人，2012~2024年大学毕业生数量累计超过1亿人，科技人力资源总量位居世界第一。同时，初中以上教育程度的劳动人口所占比重不断提高，大专以上教育程度的劳动年龄人口也在较快增长，普通劳动力的素质也在加快改善。**另一方面，资本质量和数量逐渐提升**。我国是高储蓄率国家，多年来保持在40%以上水平，满足了资本深化对资金的需求。**第一，以基础设施为主要构成的资本存量质量不断提升**。截至2023年底，高铁通车里程达4.5万公里以上、高速公路通车里程达到18.4万公里，均位居世界第一，非化石能源发电装机占比达到53.9%，一次能源生产量已居世界第一位，电力装机居世界第二位，其中风电、太阳能、核能等新能源发展速度也居世界前列。**第二，代表新型资本的数据资本加快积累**。据相关测算，我国数据资本与GDP的比例已经从2003年的0.11逐步提高到2020年的0.21[①]，之后随着网络化、数字化和智能化加快，数据资本以更快速度积累、与GDP的比例以更快速度提升。

二是全要素生产率提升仍有支撑。 一方面，科技创新水平大幅提升为全要素生产率提升提供动力来源。科技创新是全要素生产率提升的主要来源。我国科研人力资源总量已达到世界第一，科学论文数居世界第二，研发投入

[①] 刘涛雄、戎珂、张亚迪：《数据资本估算及对中国经济增长的贡献》，《中国社会科学》2023年第10期。

和发明专利授权量位居世界第二，国家创新体系建设取得重要进展。2024年，我国研发经费投入强度达到2.68%，超过欧盟平均水平，创新指数排名居全球第11位。随着我国技术创新动力和创新能力的持续增强、企业创新主体地位的逐步确立，创新生态体系和社会创新大环境正在形成，自主创新的累积效应将迸发。**另一方面，全面深化改革，提升资源配置效率。**党的二十届三中全会对进一步全面深化改革作出部署，不断把制度优势转化为国家治理效能，这将创造和释放新的改革红利，为经济持续稳定增长注入新的动力。特别是，科技创新与制度创新结合，将为我国在人工智能、新能源等新技术领域实现突破式创新，在部分领域关键核心技术实现创新突破，为发展新质生产力提供坚实保障。

三是供需互促的潜能仍然巨大。我国已形成世界上规模最大的中等收入群体，2024年底已经超过4.2亿人，到2035年有望超过7亿人，将建成强大的国内市场。随着居民收入水平的持续增长和中等收入群体的不断扩大，我国已成为世界上最为重要的消费市场，汽车、家用电器等耐用消费品消费量不断增长并已居世界首位，但人均拥有量与发达国家相比还有差距，还有巨大增长潜力。同时，成长于信息化时代的"80后""90后""00后"，更加追求多样、个性的高品质生活，将持续推动消费需求从"有"向"优"升级。伴随数字化、智能化、绿色化新需求快速增长，对数字化、智能化、绿色化消费场景的需求快速增加，将进一步带动产业向数字化、智能化、绿色化转型升级，需求升级和供给升级相互促进将为经济发展注入新的动能。

（三）从定量测算看，2030年人均GDP有能力达到1.7万美元

结合支撑我国潜在经济增长的劳动力、物质资本、数据资本等投入要素及全要素生产率变化趋势预测判断，采用包含数据资本的C－D生产函数模型测算表明，我国潜在经济增长速度将从2025年的5.3%降至2030年的4.9%、2035年的4.2%左右，"十五五"时期年均为5.1%左右，"十六五"时期年均为4.6%。在潜在经济增长速度充分实现的情况下，到2030年我国人均GDP将达到约1.7万美元（2020年不变价美元，下同）。测算也表明，2025～2035年我国潜在经济增长速度能达到年均4.9%，在潜在经济增长速

度充分实现的情况下，到2035年我国人均GDP将达到2.2万美元，意味着即便遭遇疫情等超预期冲击，我国仍有足够能力在2035年实现人均相对2020年翻一番、达到中等发达国家水平的战略目标。这也表明，只有"十五五"时期保持强劲的经济增长速度，才能为"十六五"时期经济发展减轻压力，为到2035年达到中等发达国家水平奠定坚实基础（见表2）。

表2　我国潜在经济增长速度预测及各增长因素的贡献

时期	潜在经济增长速度（%）	劳动力（个百分点）	物质资本（个百分点）	数据资本（个百分点）	全要素生产率（个百分点）
"十五五"时期	5.1	-0.2	2.2	1.5	1.6
"十六五"时期	4.6	-0.4	1.7	1.5	1.8
2025~2035年	4.9	-0.3	2.0	1.5	1.7

资料来源：笔者测算。

三、"十五五"时期我国经济发展的阶段性特征

经济发展是经济增长和经济结构变化的综合过程，受内部条件深刻变化、外部环境深刻影响、新科技革命深刻驱动，伴随以人均GDP衡量的总体发展水平持续提升，"十五五"时期我国经济发展将经历结构性和系统性变革。

（一）发展水平从"中等收入阶段"向"高收入阶段"跨越的冲刺期

从国际上来看，大量发展中国家在达到中等收入水平后，往往面临经济增长速度过早、过快下降问题，甚至出现与高收入国家收入差距越拉越大、难以顺利进入高收入国家行列的情况。特别是，在逼近高收入国家门槛值时，实现中等收入跨越的风险和困难还会大大增加。20世纪60年代以来，全球100多个中等收入经济体中只有十几个成功进入高收入经济体行列。这些成功跨入高收入国家行列的经济体，经济增长速度要显著高于那些陷入"中等收入陷阱"的经济体。例如，跨入高收入阶段的日本、韩国、新加坡在中等收入阶段的年均增速分别达到5.5%、8.6%和8.4%，而陷入"中等收入陷阱"的其他国家在中等收入阶段的平均增速要低于这个水平（见图4）。

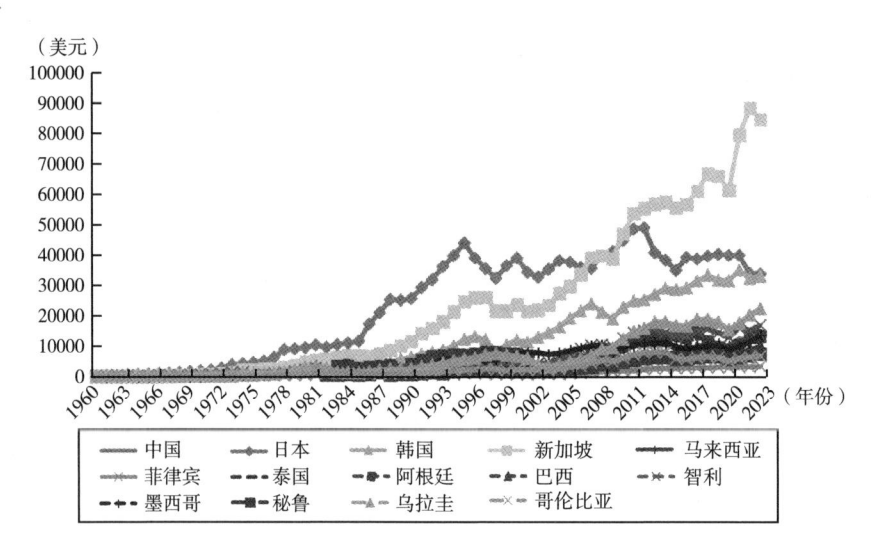

图4　有关国家人均GDP变动趋势（现价美元）

资料来源：世界银行数据库。

我国人均GDP已经逼近高收入国家门槛值，同样面临持续保持较高经济增长速度的挑战。2024年世界银行公布的高收入国家门槛值为1.4万美元，综合考虑世界经济增速、人口增长、通货膨胀等因素，按照世界人均GDP年均2%的实际增幅来推算，到2030年高收入国家门槛值大概率在1.6万美元以内（见图5）。考

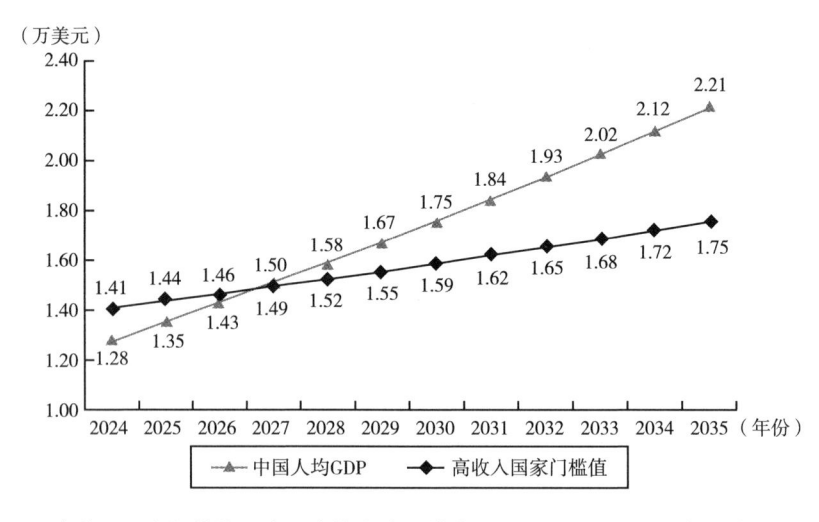

图5　高收入国家门槛值及我国有能力达到的人均GDP预测（2020年不变价美元）

资料来源：笔者测算。

虑到2030年我国人均GDP有能力达到1.7万美元。这就意味着，我国人均国内生产总值在"十五五"时期前半程能够跨越高收入国家门槛，进入统计意义上的高收入国家行列，但要稳定提高发展水平并尽快成为成熟的高收入经济体及达到中等发达国家水平，仍需要抓住机会窗口保持合理经济增长速度。

（二）经济增长动力从"传统要素+投资驱动为主"向"新型要素+TFP+消费驱动为主"转变的攻坚期

从国际经验看，那些成功稳定地进入高收入国家行列的国家，在经历高速增长阶段、人均GDP达到1万美元后均及时抓住"窗口期"转换了增长动力。钱纳里经济发展阶段理论表明，工业化初中期驱动经济增长主要是资本和劳动要素的投入，其中资本投入贡献率最大，通常接近50%，而到了工业化中后期驱动经济增长的主要因素由资本要素和劳动要素转向技术要素，科技创新成为推动工业化的主要动力。典型的国家如表3所示，从人均GDP达到1万美元的前五年到之后的五年，德国全要素生产率（TFP）从达到美国的69.4%升至70.6%，法国从达到美国的98.6%升至101.9%，韩国从达到美国的59.8%升至62.1%。同时，罗斯托经济成长阶段理论也表明，随着经济发展水平提升，经济发展阶段从传统社会阶段、为起飞创造条件阶段、起飞阶段、走向成熟阶段等进入到大众高额消费阶段以及追求生活质量发展阶段，消费对经济增长的贡献会上升。国际经验也表明，消费率随发展阶段变化呈现先降后升的"U"型趋势，但受社会文化传统、经济体制等因素影响，各国消费率由降转升的拐点存在差异，多发生在1万美元左右（见图6、图7）。

表3　部分国家人均GDP突破1万美元前后的全要素生产率（TFP）

国家	人均GDP突破1万美元的年份	TFP年均值（美国=1）	
		低于1万美元的前五年	超过1万美元的后五年
美国	1978	1	1
日本	1982	0.792	0.775
德国	1979	0.694	0.706
法国	1981	0.986	1.019
韩国	1993	0.598	0.621

资料来源：Penn World Table，version 10.01。

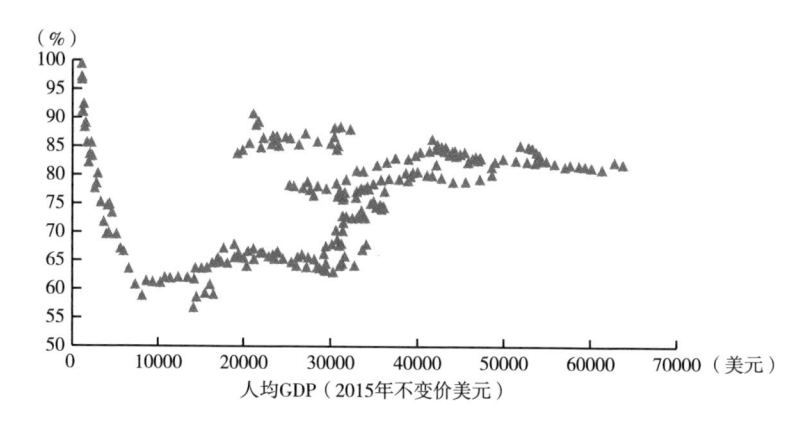

图6　主要发达国家人均GDP与消费率之间的关系

资料来源：世界银行数据库，选取美国、日本、英国、韩国和德国的数据。

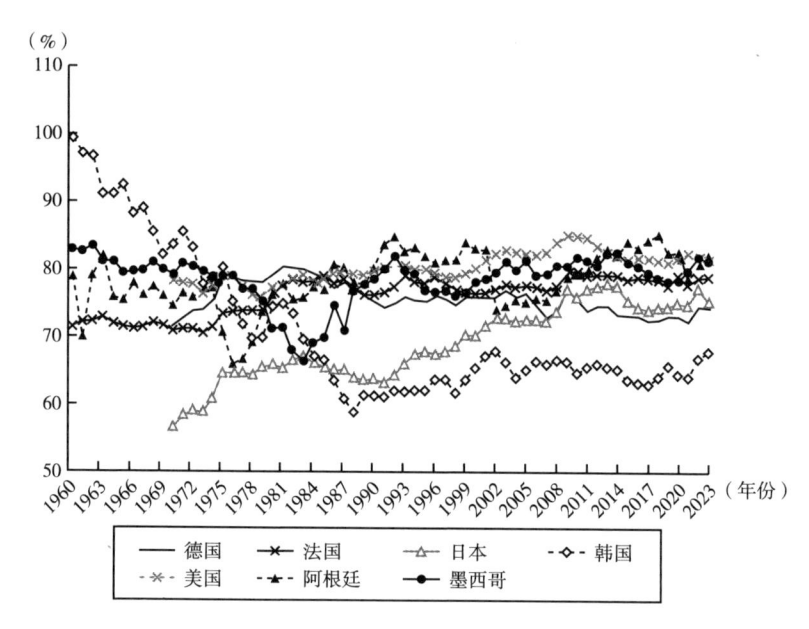

图7　主要发达国家及陷入"中等收入陷阱"国家消费率变化趋势

资料来源：世界银行数据库。

从增长核算来看，改革开放40多年以来，我国经济增长主要依靠劳动力和资本等传统生产要素投入增加，其中有35%~45%的增长贡献来自物质资本投入。但随着劳动力成本上升、资源环境约束加大和传统投资空间缩小、主要大宗需求历史性达峰等，传统生产要素、投资需求驱动的增长动力机制日渐难以支撑经济持续稳定增长，经济增长动力已经在转换。"十五五"时期，我国处于转换增长动力的攻坚期，数字化、智能化和绿色化新技术推动新增长动力快速成长，进入以数据要素以及技术创新来推动经济增长的阶段。结合佩恩表（Penn World Table）等测算，预计我国TFP与美国的比值将从2019年的40.3%提升到2030年的50%，TFP对经济增长的贡献率从"十四五"时期年均30%左右提高到2030年的35%左右。同时，随着居民消费能力提高、消费结构升级，文化娱乐、健康服务、休闲旅游等发展型、享乐型和以满足更高需求为导向的新型消费将快速增长，到2030年我国消费率有望升至62%以上，消费对经济增长贡献率在60%以上（见图8）。

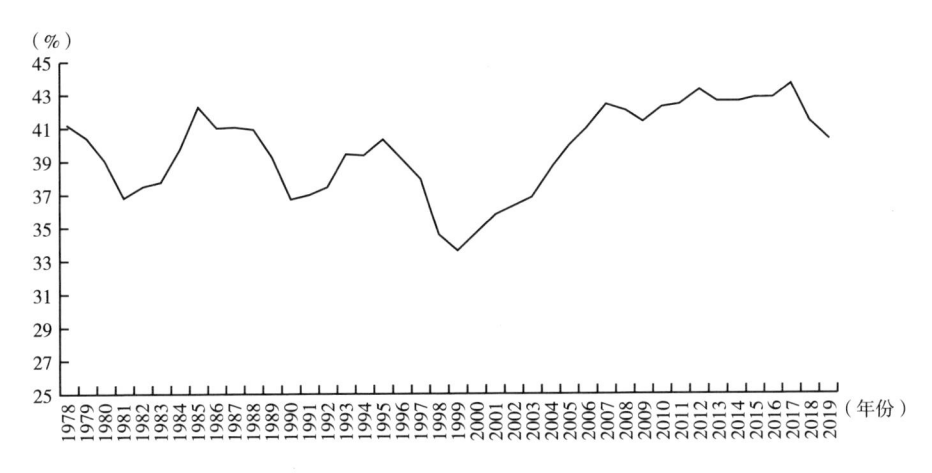

图8 我国TFP与美国的比值

资料来源：Penn World Table, version 10.01。

（三）工业化进程从"传统工业化"向"后工业化"转换的巩固期

从三次产业结构来看，我国工业占国民经济的比重已经呈趋势性下降。新中国成立之后，我国工业化进程开始加速推进，工业增加值在GDP中的比重由不足20%持续上升至1980年的43.9%。20世纪80年代到2010年之前，工业和第二产业增加值在GDP中所占比重总体处于较高水平，之后开始逐步下降。2023年工业和第二产业增加值在GDP中所占比重分别降至31.7%和38.3%，其中制造业增加值在GDP中所占比重由2006年的32.5%的最高点下降至2023年的26.2%，已经出现了后工业化阶段所谓的"去工业化"迹象。**从主要工业品产量来看，钢铁、水泥、汽车等传统工业时代的典型工业产品产量近年来或达峰或增速明显放缓**。其中，钢铁产量持续快速增长的趋势在2020年之后明显放缓，产量基本稳定在2020年的水平。水泥、平板玻璃、电视机的产量在2020年之后也基本稳定或略有下降。汽车产量在2017年达到2901.8万辆的峰值之后开始下行，尽管受出口和新能源汽车技术替代影响产量再度上升，在2024年达到3155.9万辆，但也仅略高于2017年的峰值。这些都意味着，我国已经基本完成传统意义上的工业化，进入了后工业化阶段（见表4）。

表4　　　　　　　　　工业化发展阶段特征及相关评价指标

指标	前工业化阶段	工业化阶段 初期阶段	工业化阶段 中期阶段	工业化阶段 后期阶段	后工业化阶段	我国指标（2023）
人均GDP（经济发展水平，美元）	720~1440	1440~2880	2880~5760	5760~10810	10810以上	12700
产业结构（增加值构成）	A>I	A>20%，A<I	A<20%，I>S	A<10%，I>S	A<10%，I<S	A：7.1% I：38.3% S：54.6%
就业结构（农业从业人员比重）	60%以上	45%~60%	30%~45%	10%~30%	10%以下	22.8%
空间结构（人口城市化率）	30%以下	30%~50%	50%~60%	60%~75%	75%以上	66.2%
工业阶段特征	—	原料工业为重心的重工业化阶段	以加工为重心的高加工度化阶段	技术集约化阶段		

注：A、I、S分别代表第一、第二和第三产业增加值在GDP中所占的比重。

进入后工业化阶段后，并不意味着工业化进程终止或者不需要深化工业化进程，更不意味着基本实现了新型工业化，而是进入更加强调与数智化新技术融合、提高科技含量和生态环境质量的以数字化、智能化、绿色化为特点的新型工业化阶段，主要任务是聚焦以数字化、智能化技术赋能与绿色低碳转型来推动产业结构转型升级、发展新质生产力。实际上，现阶段我国产业整体上的数字化、智能化水平仍然有较大提升空间，农业、工业、建筑业、服务业领域仍有大量环节尚未实现深度数字化、智能化，这将随着新一轮信息技术革命而不断深化。同时，我国虽在光伏、风电等新能源装备制造、储能、输配电、新能源汽车等领域积累起了显著的技术优势和产能优势，但也面临弃风弃光挑战以及储能、输配电等领域的发展问题，在新一轮能源技术革命推动下也将实现更加高质量发展。在这样的趋势下，电子信息、新能源、智能制造等高新技术产业将日益成为工业增长的主要动能。同时，伴随产业结构转型升级，三次产业比重将呈现较为平稳发展趋势，其中，第一产业和第二产业比重逐年下降，而第三产业比重则逐年上升，三次产业比重或将从2024年的6.8%、36.5%和56.7%调整为2030年的6%、34%和60%，制造业增加值比重降至25%左右。

（四）城镇化进程从"城镇化加速期"向"城镇化成熟期"转换的过渡期

根据经典的城镇化理论，一个国家的城镇化进程一般遵循先缓慢上升，而后加速上升，最后逐渐趋于平稳的"S"型曲线演进规律。相应地，三个阶段依次被称为"城镇化起步期""城镇化加速期""城镇化成熟期"。其中，"城镇化加速期"是城镇化进程最为关键的阶段，又可细分为"城镇化加速期前半程"和"城镇化加速期后半程"两个子阶段。具体来看，20世纪90年代中期到2015年前后，我国城镇化进程处于加速期前半程，"十三五"时期以来城镇化进入加速期后半程。近年来，我国城镇化率提高速度已经出现下降，常住人口城镇化率年均提高从"十三五"时期的1.31个百分点降至"十四五"时期前四年的0.78个百分点。2024年我国常住人口城镇化率已经达到67%，"十五五"时期城镇化进程仍将继续向深入推进，但随着超过2/3的人口已常住在城市，"城镇化加速期"将逐渐步入尾声并开始向"城镇化成熟期"过渡（见图9）。

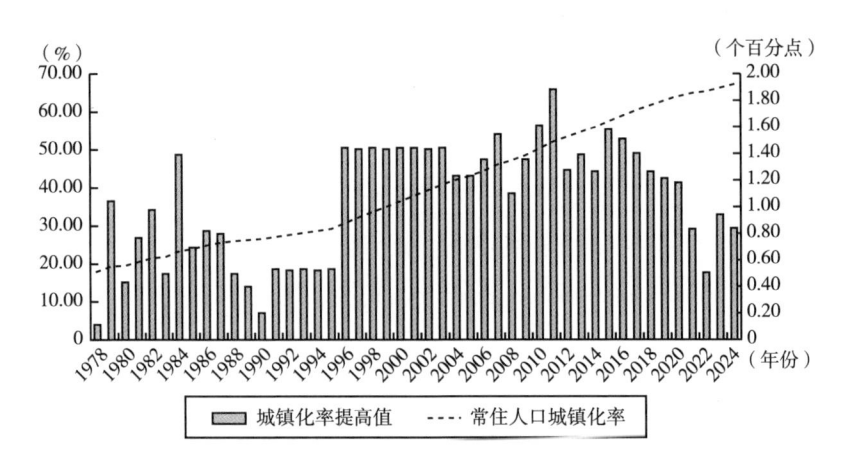

图 9　我国常住人口城镇化率及其各年提高值变化趋势

资料来源：国家统计局。

选择目前广为联合国等国际机构采用的 Logistic 曲线拟合法构建数量模型①预测未来一个时期我国城镇化率变化趋势表明，到"十五五"时期末，我国常住人口城镇化率将超过 70%，达到 71% 左右，进入到人口总规模负增长、城镇化高位水平和低速提升的复合发展阶段。从国际经验来看，西方发达国家在城镇化中后期基本出现"大集聚、小分散"的空间格局，即人口经济向大都市区集聚，但在大都市区内部形成中心城区、郊区和周边中心城市的多中心功能组织模式②。过去十几年来，我国城镇化也出现了大部分人口向城市群、都市圈、超大特大城市和大中城市集中，少部分人口向小城市和县城转移，同时大量农民工尚未完成市民化。"十五五"时期，随着我国城镇化进入成熟期，城市化地区吸引农村人口的强度将出现明显下降，再加上数字化智能化技术成熟发展大幅降低工作生活和公共服务供给的空间限制、60 岁以上老年外出务工人员规模性返乡等，将出现人口规模化地从大城市向中小城市和城镇回流的现象，城市化地区将从过去侧重"人口与产业集聚"转向侧重

---

① 构建如下模型：$U = \dfrac{A}{1 + \alpha e^{-\beta t}}$，其中，$U$ 为城镇化率，A 为城镇化率极限值（$A \leqslant 1$），α、β 为待估参数，α 为城镇化起步初始值，β 为城镇化率增长速度，t 为年度表示的时间。

② 戚伟、樊杰、李佳洺等：《"十五五"期间我国城市化地区发展的战略重点》，《中国科学院院刊》2024 年第 4 期。

"科技创新资源集聚",重点转向内部功能、结构和品质优化。与此同时,随着城镇化加速期进入尾声,城乡融合发展的迫切性也将进一步增强。

(五)绿色发展从"污染治理为主"向"低碳转型为主"转换的调整期

从国际经验来看,主要发达国家几乎都走了先污染后治理之路,欧美等发达国家的环境库兹涅茨倒"U"型曲线拐点出现在8000~10000美元,而韩国等新兴工业化国家出现在5000~7000美元[①]。随着全球气候变化加剧,各国都在积极采取措施减少碳排放以应对气候变化的挑战,我国承诺在2030年前实现二氧化碳排放达峰。截至2023年,全球已有57个国家碳排放实现达峰,占全球碳排放总量超40%,其中大部分是美国、日本、德国、韩国等经济规模和碳排放量均较大的发达国家。国际经验表明,随着经济结构优化调整,经济增长对碳排放的依赖程度呈现先增后减态势,出现碳排放倒"U"型曲线变化规律,主要国家碳排放的下降拐点一般出现在基本完成工业化和城镇化后,届时的人均GDP在2万美元以上、第三产业增加值占GDP比重达到60%以上、城镇化率达到75%以上(见表5)。

表5　　　　　　　　主要国家碳达峰时的经济发展情况

国家	年份	人均GDP（美元）	城镇化率（%）	服务业增加值比重（%）	工业增加值比重（%）
德国	1990	23358	73.1	56.3	37.3
英国	1991	19900	78.1	67.5	27
法国	1991	21675	74.2	62.8	24.3
巴西	2004	3638	82.5	54.9	24.3
澳大利亚	2006	36045	84.7	63.7	25.6
美国	2007	44115	80.3	73.9	21.5
加拿大	2007	44543	80.4	62.9	28.7
意大利	2007	37822	68	64.1	23.8

[①] 郭春丽:《经济社会发展迈入发达阶段时的特征及启示》,《宏观经济管理》2011年第6期。

续表

国家	年份	人均GDP（美元）	城镇化率（%）	服务业增加值比重（%）	工业增加值比重（%）
日本	2013	40455	92.5	71.4	26.7
韩国	2013	27182	82.3	54	34.5

资料来源：世界银行数据库。

从发展规律来看，我国已经跨过环境库兹涅茨倒"U"型曲线拐点，但尚未达到碳排放倒"U"型曲线拐点，"十五五"时期将进入碳达峰的攻坚期，要求加快推进绿色低碳转型。2024年我国人均GDP超过1.3万美元，第三产业增加值占GDP比重达到56.7%、城镇化率达到67%，与碳排放倒"U"型曲线规律要求的发展条件尚有差距。但我国已进入碳排放增长相对平缓的阶段，如图10所示，每单位GDP增加带来的二氧化碳排放量已经大幅减少，特别是2012年我国人均GDP超过6000美元之后，二氧化碳排放增速已经大幅放缓（见图11）。这也就意味着经济增长对碳排放的依赖已在加速脱钩。不过，与此同时，如表6所示，基于Kaya恒等式对我国碳排放驱动因素贡献的分解也表明，碳排放量还在随人均GDP提高而增加，随单位GDP能耗和能源碳强度下降而减少，以及随2022年以来人口总量减少而减少。这就意味着，经济增长仍然是我国碳排放的主要驱动因素之一，碳排放仍将随经济增长而增加。这也表明，为实现2030年前碳达峰，"十五五"时期对通过绿色低碳转型来降低单位GDP能耗和能源碳强度提出更高要求。

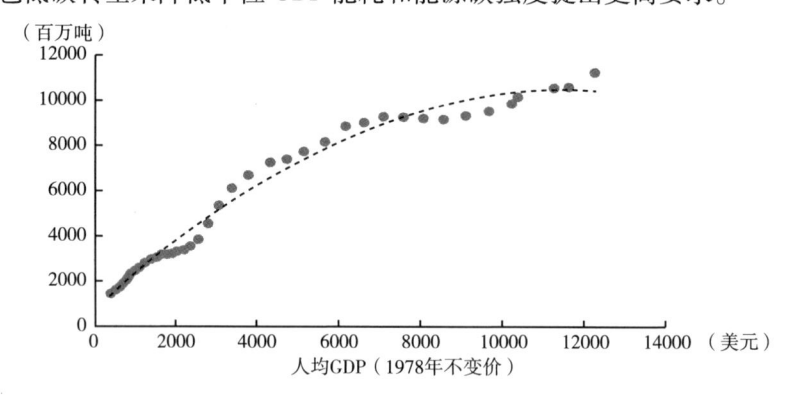

图10　我国人均GDP与二氧化碳排放量之间的关系

资料来源：世界银行数据库。

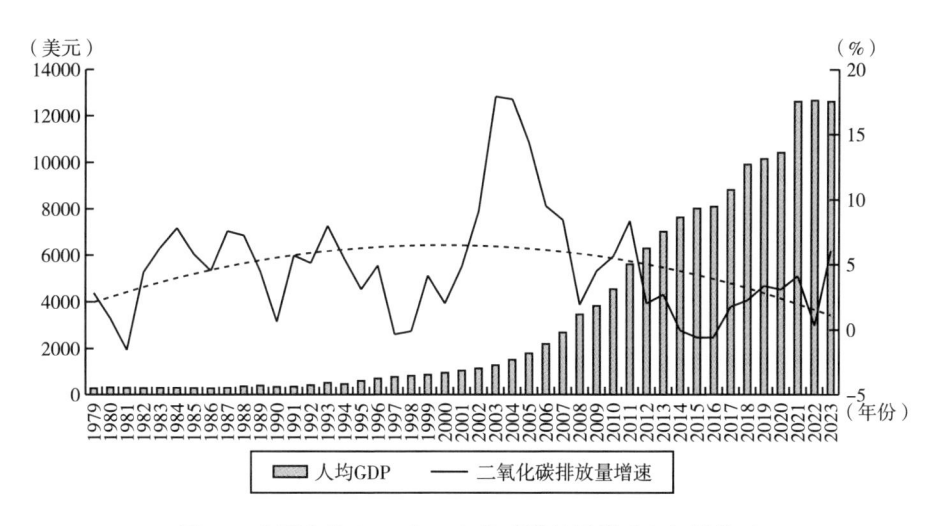

图 11　我国人均 GDP 与二氧化碳排放量增速之间的关系

资料来源：世界银行数据库。

表 6　基于 Kaya 恒等式的二氧化碳排放驱动因素贡献量及贡献率分解

时期	二氧化碳排放驱动因素的贡献量（百万吨）					二氧化碳排放驱动因素的贡献率（％）				
	人均GDP	单位GDP能耗	能源碳强度	人口总量	合计	人均GDP	单位GDP能耗	能源碳强度	人口总量	合计
"十二五"时期	3066	-1676	-562	215	1043	294.0	-160.7	-53.9	20.6	100
"十三五"时期	2406	-1345	-485	256	832	289.2	-161.7	-58.3	30.8	100
"十四五"前三年	1785	-296	-381	-19	1090	163.7	-27.1	-34.9	-1.7	100

资料来源：Wind 数据库，笔者测算。

四、政策建议

要顺应、适应、引领经济发展阶段性特征转变，紧抓主要矛盾，坚持内外统筹、长短施策、供需并举，及时优化战略取向，夯基固本、化险寻机，提升发展潜能、转换发展动能、化解风险矛盾，推进经济高质量发展，确保"十五五"时期稳定进入高收入国家行列并在 2035 年人均 GDP 达到中等发达国家水平。

(一)探索构建以"以我为主、合作共赢"为宗旨的大国经济发展战略

大国经济内部可循环,作为经济大国,关键是要发挥主场优势、提升发展潜力,做大做强国内经济高质量循环,同时以国内经济的高质量循环牵引国际大循环。要充分发挥日益富强的大国外交优势和日益彰显的中华文化影响力,在参与全球宏观经济治理和跨国协作中更加积极有为,在维护国际公共安全、应对气候变化中更加务实地承担大国责任,通过向世界提供更多公共产品来塑造新型国际关系。研究实施"海外中国"战略,围绕拓展合作领域和合作方式深化高质量共建"一带一路",建立跨国产业链供应链,在全球产业体系中打造核心优势。同时,进一步发挥我国超大规模市场的大国经济优势,进一步降低外资进入金融、信息、教育、医疗等服务业门槛,吸引海外资源流入国内。

(二)深入推进以提升人力资源素质为重点的人口高质量发展战略

人力资源丰富是我国的发展优势,但质量不足也构成我国转换增长动力、提升经济增长潜力的短板。要进一步完善生育补助、生育假期、生育惠民等组合式生育支持政策,通过"真金白银"更大力度的政策转变人们的生育预期,尽快减缓生育率持续快速下滑势头。加快建立从劳动预备到创业就业转岗升职全过程的终身培训体系,配套建立覆盖全生命周期的人力资本投资和公共服务保障机制。建立新时代青年人才成长计划,引导青年向乡村教育、医疗卫生、公共管理等基础性服务领域和制造业领域就业,完善后续转岗、晋升、深造等保障机制。深入实施渐进式延迟法定退休年龄政策,逐步放松退休公务员等具有专业技术能力的公职人员参与经济活动限制,大力发展老年教育培训与就业服务,积极创造有利于大龄劳动者稳定就业、二次就业的机会。逐步建立健全人员编制、土地供应、转移支付、公共服务与区域人口增减挂钩机制,实行建设用地、用能、环境容量、碳排放等指标差异化管理,更好适应人口流动趋势。尽快消除影响人口流动的户籍、编制、行业、年龄等隐性壁垒,提升人口自由有序流动便捷性。完善吸收高技能人才移民制度,

便利各类国际人才跨境流动，放宽自主就业等相关限制，积极引进好、利用好全球高端人力资源。

（三）大力实施以提振消费、畅通循环为重点的全方位扩大内需战略

我国消费仍处于从疫后恢复性发展向扩张性发展的过渡期，要着力避免消费跌入过低均衡水平。要用好存量政策、实施增量政策，加力实施"真金白银"政策，重点加力实施消费品以旧换新政策，建立健全财政支持公共服务机制以增加教育、医疗、卫生等以人力资本为核心的公共服务支出，大力提振消费。同时，投资，短期看是需求，长期看是资本积累，要尽快转变"投资过剩论""投资无效论"等观念，保持合理投资水平以稳定经济增长、增加居民就业、促进居民增收，通过扩大投资固本培元稳定短期经济增速、提高长期增长潜力并提升消费内生动能、增强投资与消费相互促进、推动投资动能和消费动能有效衔接来撬动国内需求。考虑到我国设施设备更新改造、公共服务提标、消费设施提质、绿色低碳转型等领域仍有较大投资空间，要通过增发超长期特别国债、扩大专项债支持范围等整合财政资源，支持这些领域扩大投资，强化高质量供给。同时完善配套支持政策，在土地、能耗、排放指标等方面向优势地区、优势领域倾斜，扩大投资空间。建立投资项目带动就业评估机制，健全跨区域产能和劳动力合作机制，强化投资带动就业、促进增收的作用，更好支撑居民消费增长。

（四）深入开展以发展新质生产力为重点的深度工业化战略

工业是驱动国民经济长期增长和提升国家竞争力的关键部门，也是承载科技创新、发展新质生产力的重要"土壤"[1]。在新科技产业革命背景下，数智技术和工业技术的深度融合将带来新的生产制造模式和新的产业组织形态，有助于提升全要素生产率，壮大新质生产力。要顺应新科技产业革命和经济社会发展需要，深化全面创新体制机制改革，构建与之相适应的管理体制、

---

[1] 当前，我国制造业占国民经济的比重虽不到30%，但承载了约60%的研发。

监管框架、标准体系、知识产权保护及其受益机制，激发企业家、科研人员、政府工作人员等各类主体积极性和创造力。强化特色科技政策优势，聚焦战略性、引领性、重大基础共性需求，加大重大科技基础设施投资力度；建立健全相关核心关键技术领域的产业投资基金，撬动和引导社会资本，聚集全社会资源推进关键核心技术攻关。强化特色产业政策优势，发挥国家资本作用，支持重大科技创新产业化应用，支持一批具有引领性、战略性的新兴产业和未来产业发展，继续支持全社会设备更新改造，培育壮大新质生产力，稳定制造业比重。

（五）逐步推进以农民工市民化、城市品质化、城乡融合化为重点的新型城镇化战略

随着以人为本的新型城镇化进入新阶段，需要突破体制机制创新约束，更加聚焦解决农民工市民化、城市品质化和城乡融合化等重点问题。要进一步深化户籍制度改革，以新一代农民工等重点群体为突破口，实施新一轮农业转移人口市民化行动，推动教育、医疗、养老等基本公共服务与经常居住地挂钩。对于个别放开户籍限制条件尚不成熟的超大城市，要进一步深化探索居住证制度的可行路径，逐步实现基本公共服务与居住证挂钩。仍有必要继续推进人口和经济向城市群、都市圈和中心城市集聚，强化京津冀、长三角、珠三角、成渝等城市化地区引领带动全国经济社会发展的战略支点作用。同时，要以人民城市理念推进城市更新，加强宜居、韧性、智慧城市建设，更好满足品质化城市需求。发挥县城在城乡融合发展中承上启下的枢纽功能，鼓励有条件的地区率先试点城乡经济社会一体化管理，支持各类生产要素在城乡之间双向高效流通，加快建立健全城乡统一大市场。

（六）有序推动以清洁化、低碳化为重点的绿色发展战略

绿色低碳转型是一个久久为功的长期过程，需要协同推进供给侧结构性改革和需求侧管理创新，建立覆盖能源资源要素配置、绿色技术创新、生态价值实现等全方位的绿色发展激励机制，重点推进以绿色低碳为导向的能源开发利用机制和绿色能源消费促进机制创新。要"先立后破"，推进化石能源低碳清洁高效利用，支持燃煤机组升级改造，提升化石能源清洁、节约和循环利用水平。研究实施关键核心技术和共性技术创新攻关工程，突破"化石电源+碳捕集利用和封存"等核心关键技术瓶颈，推动节能降碳、清洁生产技术的研发与转化应用。推进大型清洁能源基地开发建设，重点完善新能源消纳机制，多元化稳健发展非化石能源和分布式能源。配套推进储能、需求响应、智能电网发展，构建适应高比例可再生能源的新型电力系统，实现源网荷储多方资源的智能友好、协同互动。同时，要鼓励发展和应用清洁能源、清洁生产技术，抓住设备更新政策机遇，加快对现有的落后设备、工艺的改造升级步伐。深入实施电气化行动，在重点工业园区、城乡供暖、交通等领域开展电能替代示范和新能源应用试点，以全方位能源消费转型促进绿色低碳转型。

（七）统筹健全以防范化解风险矛盾为重点的安全发展战略

后发国家的经济发展一般会经历起步阶段（人均 GDP 在 1000 美元以下）、赶超阶段（1000 美元到 1 万美元之间）、平缓增长阶段（1 万美元以上）等三个阶段，在进入人均 GDP 超过 1 万美元的平缓增长阶段后，收入分配等领域的风险矛盾就会"水落石出"，并对经济持续稳定增长的约束性影响明显增强[1]。"十五五"时期我国将进入向 2 万美元冲刺的关键阶段，这个时期也会是经济社会矛盾多发期并向经济发展冲击的承压期，以安全保发展就显得格外重要。要进一步深化收入分配制度改革，规范收入分配秩序，畅通低收入群体向上流动的机制，努力提升中等收入群体比重，并着力加大公共预算、国有资本经营等补充社保基金的力度，大力夯实社会稳定基础。有序有力统筹地方化债和高质量发展，积极防范化解地方政府隐性债务风险，推动地方融资平台转型，重塑地方高质量发展机制。尽快建立金融风险早期纠正硬约束制度，着力强化监管责任和问责制度，筑牢有效防控系统性风险

---

[1] 国际上，临近高收入国家门槛后，社会利益分化，收入差距悬殊问题突出甚至出现恶化。比如，拉美国家在 20 世纪 70 年代，基尼系数长期在 0.44～0.66 的高位徘徊，到 1980 年仍高达 0.57，远高于世界各国约 0.4 的平均水平。社会流动性不足、社会矛盾频发，阻碍经济持续稳定增长，是导致这些国家陷入"中等收入陷阱"的重要因素。

的金融稳定保障体系。统筹化解房地产价格泡沫风险、结构性供给过剩风险和房企违约风险，夯实地方保交房基础，加快建立房地产发展新模式，引导房地产行业调整并实现"软着陆"。加强宏观政策力度、节奏与方式的论证和预判，增强宏观政策取向一致性，防止引发新的风险。

参考文献：

1. 白重恩、张琼：《中国经济增长潜力预测：兼顾跨国生产率收敛与中国劳动力特征的供给侧分析》，《经济学报》2017年第4期。

2. 冯明：《中国经济中长期潜在增长率研究：进展、共识和分歧》，《财经智库》2020年第5期。

3. 郭春丽：《经济社会发展迈入发达阶段时的特征及启示》，《宏观经济管理》2011年第6期。

4. 黄群慧：《2020年我国已经基本实现了工业化》，《经济学动态》2021年第11期。

5. 黄泰岩、张仲：《实现2035年发展目标的潜在增长率》，《经济理论与经济管理》2021年第2期。

6. 黄娅娜、贺俊：《"十五五"时期中国工业比重合理区间探析》，《改革》2024年第12期。

7. 林毅夫、文永恒、顾艳伟：《中国经济增长潜力展望：2020~2035、2035~2050》，《金融论坛》2022年第6期。

8. 刘世锦：《中国经济增长十年展望（2020~2029）：战役增长模式》，中信出版社2020年版。

9. 刘涛雄、戎珂、张亚迪：《数据资本估算及对中国经济增长的贡献》，《中国社会科学》2023年第10期。

10. 刘伟、范欣：《中国发展仍处于重要战略机遇期——中国潜在经济增长率与增长跨越》，《管理世界》2019年第1期。

11. 陆旸、蔡昉：《从人口红利到改革红利：基于中国潜在增长率的模拟》，《世界经济》2016年第1期。

12. 马晓河：《转型中国——跨越"中等收入陷阱"》，中国社会科学出版社 2020 年版。

13. 戚伟、樊杰、李佳洺等:《"十五五"期间我国城市化地区发展的战略重点》,《中国科学院院刊》2024 年第 4 期。

14. 徐翔、赵墨非:《数据资本与经济增长路径》,《经济研究》2020 年第 10 期。

15. 姚枝仲:《什么是真正的中等收入陷阱?》,《国际经济评论》2014 年第 6 期。

16. 张晓晶、汪勇:《社会主义现代化远景目标下的经济增长展望——基于潜在经济增长率的测算》,《中国社会科学》2023 年第 4 期。

17. 中国社会科学院宏观经济研究中心课题组:《未来 15 年中国经济增长潜力与"十四五"时期经济社会发展主要目标及指标研究》,《中国工业经济》2020 年第 4 期。

提升我国产业链供应链韧性和安全水平研究*

摘 要： 全球产业链供应链正在重塑，对我国产业链供应链韧性和安全产生了一定的冲击和影响，应对并确保我国产业链供应链韧性及其安全意义重大。基于国内外发展背景，立足产业链供应链韧性和安全核心内涵特征，从链条完整性、产业链上下游协同性、技术自主性和区域分布均衡性四个维度，结合全球市场占有率、出口依存度等细分指标，选取国内部分产业链供应链，对其韧性和安全水平进行分析评价，并提出提升我国产业链供应链韧性和安全水平的对策建议。

关键词： 产业链供应链　自主可控　韧性　安全

党的二十届三中全会提出，要"健全提升产业链供应链韧性和安全水平制度，抓紧打造自主可控的产业链供应链"。当前世界百年未有之大变局加速演进，国际环境错综复杂，全球经济下行压力较大，产业链供应链正在重塑，不稳定性不确定性因素增加，在全球生产体系变革的影响下，跨国企业原有的产业链供应链体系被瓦解重组，国内制造业产业链供应链韧性面临新挑战，如何应对并确保我国产业链供应链韧性及战略安全将成为当前亟待解决的重要问题，也是我国加快推进现代化产业体系建设的核心内容。

---

* 作者郭澄澄。

一、提升产业链供应链韧性与安全具有战略意义

进入21世纪以来，全球经济呈现缓慢增长趋势，中高通胀、中高债务风险、地缘政治冲突等不确定因素叠加，各类国际经济和政治争端加速了全球化逆流趋势，为我国产业链供应链运行带来不确定性影响的可能性增加。强化产业链供应链韧性，有利于化解国际环境对我国产业链供应链韧性可能带来的冲击风险，其战略意义主要体现为以下方面。

（一）增强国际竞争比较优势的现实要求

提升产业链供应链韧性是培育壮大新质生产力发展的重要路径，也是我国推进现代化产业体系发展的必要条件，更是应对外部中长期冲击影响和带来的可能性风险的重要举措，对我国深度参与区域价值链治理、提升产业链在国际分工中的市场优势和国际定价权具有重要意义，有利于我国积极承接国际产业转移和推动国内产业有序开展对外转移，重构全球价值链生产网络节点和区域产业链分工优势，突破国际技术封锁，增强全球对我国供应链的依赖。

（二）现代化产业体系建设经济平稳运行的内在要求

现代化产业体系应当具备智能化、绿色化、融合化三个基本特征，符合完整性、先进性、安全性三个基本要求（韩文秀，2023）。提升产业链供应链韧性，保障了国内生产供应体系在国际冲击和内部承压的条件下都能稳健运行，产品生产供应节奏保持有条不紊，能有效降低供需关系异常波动导致的物价影响，降低国内外经济环境中的不稳定、不确定因素和经济结构调整对宏观经济整体运行秩序造成的冲击。总体来看，我国外贸增速平稳，在支撑经济总量提升中发挥重要作用。据海关统计，2025年1~5月，我国货物贸易进出口总值17.94万亿元，同比增长了2.5%，其中出口额达到10.67万亿元，同比增长7.2%。伴随出口结构优化升级，近年来我国中高技术制造产品领域的多数行业出口额在出口总额中的占比仍然延续了持续增长的趋势，例如集成电路出口额占比从2020年的4.46%提升至2024年的4.48%；汽车

出口额占比从2020年的0.8%大幅提升至2024年的2.4%。

（三）夯实经济高质量发展"稳定器"的重要功能

围绕经济高质量发展提出的创新、协调、绿色、开放、共享五个方面的要求，提升产业链供应链韧性水平，对加强产业链主要环节的技术和资本投入，以及优化全部生产要素在产业链供应链不同环节的配置提出了更加明确的要求。为推动产业链供应链实现保障国内各生产部门有序高效运转的需求，带动国际产品市场对我国产业链供应链提供的中间投入产品的需求，就要求我国产业链供应链体系在存量结构优化和增量提升上，按照创新、协调、绿色、开放、共享发展的目标调整，稳固推进经济体系的高质量发展、新旧动能转换和新质生产力发展。

（四）确保国家战略物资安全的基础保障

党的二十届三中全会审议通过的《中共中央关于进一步全面深化改革、推进中国式现代化的决定》强调，建设国家战略腹地和关键产业备份。从统筹发展和安全的视角看，必须增强产业链供应链的韧性。特别是在国际分工背景下，必须掌握跨国产业链中的关键部分，尽量做到"你离不开我，但我离得开你"。提升产业链供应链韧性，确保维护产业链供应链的不可替代性，对增强国家战略资源的储备和调度能力，确保关键产业发展不受外部环境影响发挥了重要的保障作用。

二、产业链供应链韧性与安全的基本内涵、主要特征与内在关联

（一）产业链供应链韧性基本内涵

依据国内政策文件，与产业链供应链韧性内涵相关的表述，可追溯到2021年工业和信息化部、科技部等六部委印发的《关于加快培育发展制造业优质企业的指导意见》，提出了"要促进提升产业链供应链现代化水平，充分发挥优质企业在增强产业链供应链自主可控能力中的中坚作用"，明确了

产业链供应链韧性的内涵包括具备"现代化水平"和"自主可控性"。党的二十大报告进一步提出，要"坚持以推动高质量发展为主题，着力提高全要素生产率，着力提升产业链供应链韧性和安全水平"，着重从"科技"和"安全"的视角对产业链供应链的内涵进行了阐述。党的二十届三中全会强调，要"健全提升产业链供应链韧性和安全水平制度，抓紧打造自主可控的产业链供应链"，同时针对韧性制度的完善，提出了"全链条推进技术攻关、成果应用，建立产业链供应链安全风险评估和应对机制，完善产业在国内梯度有序转移的协作机制"，"建设国家战略腹地和关键产业备份，加快完善国家储备体系，完善战略性矿产资源探产供储销统筹和衔接体系"等相关表述，从"技术自主可控""产业链条完整""国内区域布局合理""关键产业可实现国内储备供应"等评价维度进一步丰富了产业链供应链韧性的内涵。

(二) 产业链供应链韧性主要特征

根据党的二十届三中全会等中央文件对产业链供应链韧性的相关要求，结合有关文献分析，本研究认为产业链供应链韧性主要体现在四个方面。

1. 完整的产业链条

韧性最初始的定义是指物理学中一个物体能够有效应对外部干扰、抵御风险冲击，在各方压力冲击下迅速恢复原样的能力。延伸到经济学领域，产业链供应链韧性就是要求产业链供应链作为一个运作系统，能够抵御国内外的复杂环境变化和外在风险冲击，保持经济体系的稳健运作。从这个角度看，形成门类较齐全的纵向产业链供应链上中下游各环节，保持产业链供应链内需市场运作的稳定性，以及完整的产业链供应链体系就显得尤为重要，也应是产业链供应链韧性内涵的基本要求，既要求能够具备高效率的部门联动响应机制，实现运转协同、一体化运作，同时也要求横向各产业链相似环节门类齐全、品种丰富，在某几类产品生产供应不足的同时，能够通过同类相似产品可替代，保证社会总需求不受到明显的冲击，从而将物价波动、物资短缺等风险因素控制在低位水平。

2. 较高技术自主可控能力

高技术领域目前已经成为国际竞争最前沿和主战场，深刻影响全球秩序和发展格局①。"国家之争就是实力之争，关键是科技创新能力之争"，需要"着力破解原始创新能力相对薄弱、关键核心技术受制于人等突出问题，加快实现高水平科技自立自强"。党的二十届三中全会针对工业母机、集成电路等7个重点产业链发展体制机制提出的"全链条推进技术攻关、成果应用，构建科技安全风险监测预警和应对体系，加强科技基础条件自主保障"，基于对科技自主可控性更加重视、增强我国科技竞争力和引领力的视角，为提升产业链供应链韧性提供了一个科学合理的阐释。实现产业链供应链韧性，要求"必须加强科技创新全领域布局、全链条部署，健全关键核心技术攻关体制机制，全面增强科技实力和创新能力"②。

3. 上下游产业协同性

产业链供应链的协同性不仅能够体现上下游产业链之间的内在关联，也是衡量产业链供应链韧性状态的重要标志。一是体现为产业上游供给与下游需求协同，例如，上游市场供应能力和下游市场需求带动能力分别体现了我国产业链对国际市场的依赖性和我国产品对国内外市场引致需求大小，可以衡量我国产业链供应链在国际市场分工中是否处于"难以替代"的自主可控地位；二是体现为产业链供应链协调性，从国内产业链供应链运转协同情况的整体情况看，上述韧性主要体现在某个产业链供应链具备一定的进口替代能力同时又较好促进了国内外下游市场需求扩张，上中下游环节能够协调运作，形成成本可控、自主生产和国际市场自主定价能力，具备一定的国际市场竞争优势。

4. 产业空间布局均衡性

我国国土空间辽阔，需要针对重点产业的空间数量进行统筹管理，合理进行产业需求测算和市场评估，才能更好地摸清产业空间布局的家底，并进行国内上中下游产业链跨区域资源调配和战略备份。因此，为形成链条完整、技术自主可控的产业链供应链体系，需要在中西部和东北地区围绕重点产业链供应链建立国内重点行业企业的技术研发分中心和海内外制造基地分中心，确保在区域内形成较为完整的产业链、创新链，同时在全国市场中也能形成

---

①② 阴和俊：《深化科技体制改革》，《人民日报》2024年8月22日。

产业市场分工比较优势，集聚上下游产业链供应链，在区域内围绕重点制造业形成配套完善的服务业供应体系，形成产业门类多样化、产品结构多元化、区域分布均衡化的产业空间发展格局。

（三）韧性与安全的关联性分析

提升产业链供应链的韧性，核心是通过增强产业链供应链链条完整性、技术自主性、产业链上下游协调性和区域空间布局均衡性，形成产业链供应链的抗压性和发展可持续性。通过增强产业链韧性可保障和提升产业链供应链安全性，因此，提升产业链供应链韧性是确保产业链供应链安全性的重要基础。从两者内在关联看，从一定意义上而言，提升产业链供应链韧性也是维系产业链供应链安全运转、提升国民经济体系抵御外部风险冲击影响能力的基本保障。

三、产业链供应链韧性与安全评价体系构建思路及其主要指标

（一）构建评价体系的基本思路

顺应国内外产业链供应链发展趋势，遵循党的二十届三中全会提出的产业链供应链韧性的核心内涵要求，形成本研究产业链供应链韧性与安全评价体系构建的基本思路：**一方面，既要充分体现对产业链供应链韧性的核心表述**，提升产业链供应链的自主可控性、增强产业链关键环节竞争力、建立产业链供应链安全风险评估和应对机制、完善产业在国内梯度有序转移的协作机制、建设国家战略腹地和关键产业备份等相关论述，构建产业链供应链韧性评价体系；**另一方面，也应基于确保产业链供应链完整性、先进性、安全性等基本原则**，综合考虑产业链供应链的国际竞争力、技术自主可控性、区域布局均衡性、上下游运转协同性和产业链供应链体系完备性等，从链条完整性、技术自主性、区域布局均衡性、产业链上下游协同性四个维度，结合具体行业在全球市场的占有率、出口依赖度等评价指标，构建产业链供应链韧性评价体系。

（二）指标体系构建的四个维度及其测度方法

基于产业链供应链韧性的内涵特征，依据"健全提升产业链供应链韧性和安全水平制度"的核心要求，将链条完整性、技术自主性、产业链上下游协同性和区域分布均衡性作为综合评价产业链供应链韧性与安全的四个基本维度，并在此基础上形成细分领域指标测度体系（见表1）。

表1 产业链供应链韧性评价指标

维度（内涵）	指标	测算方法	度量单位
链条完整性	全球市场占有率	国内产值/全球产值	%
	进口依赖度	该行业进口额/该行业总产值	%
技术自主性	研发投入强度	该行业R&D经费支出（或企业R&D投入）/行业GDP（或企业营业收入）	%
	自主创新强度	该行业国内专利申请量/该行业全球专利申请量	%
产业链上下游协同性	上游生产供应协同性	原材料国内供应产值、上游环节投入和本环节产出比值等	数值,%
	下游需求带动协同性	出口依赖度、行业销售利润等	%，数值
区域分布均衡性	国内产业链地区分布	东、中、西部等区域产值/全国产值	%

资料来源：笔者整理。

（三）产业选择和主要资料来源

按照完整、自主、协同和均衡四个方面的评价要求，本研究基于党的二十届三中全会提出的需要健全强化发展体制机制的重点产业链类别，选取集成电路、工业母机、医疗装备、仪器仪表、基础软件、工业软件、先进材料等7个产业链样本（见表2），开展产业链供应链韧性与安全指标体系评价和数据测算分析。

表2 部分产业链关联行业分类

序号	行业	上游产业链	中游产业链	下游产业链
1	集成电路	半导体	芯片设计、制造等	计算机、航空航天等
2	工业母机	传动装置等	金属机床	汽车行业、工程机械等

续表

序号	行业	上游产业链	中游产业链	下游产业链
3	医疗装备	医用材料和零部件	医疗设备、耗材制造	卫生服务业
4	仪器仪表	五金件、电子元器件等	仪器仪表设备	计算机通信等
5	工业软件	硬件设备、操作系统等	软件产品	汽车制造等
6	基础软件	存储器、网络设备等	操作系统等	应用软件业
7	先进材料	钢铁、有色金属等	基础材料等	电子信息、新能源汽车等

资料来源：笔者整理制作。

四、产业链供应链韧性测度基本标准和风险评价

在产业链完整性、技术自主性、产业链协同性与布局协调性四个维度基础上，通过针对本文所列的评价指标数据测算，并进行国内外对比分析，形成我国相关产业链供应链韧性与安全程度研判的基本结论。

（一）从链条完整性看，工业母机与医疗装备产业链条较为完整，并具有较强的产业链市场进口替代能力

全球市场占有率[①]与进口依赖度[②]可通过评价一个国家的产业链供应链在国际市场的规模优势和产业链供应链本土化生产供应能力，用于衡量产业链供应链融入全球市场分工网络的程度，以及国内产业链是否能够自主化运作，从上述两个方面评价链条的完整性。

从链条完整性维度看，上述衡量指标具有国际上一般认定的评价标准。全球市场占有率，以半导体和航空航天为代表的高技术产业为例，由于市场竞争激烈，高技术产业对市场占有率指标的评价标准要求较高，一般达到10%～30%的全球市场占有率仅为实现产业可持续运作的基本常态，当国际市场占有率超过30%，才可视为具有国际市场规模竞争优势、链条相对完备

[①] 全球市场占有率是指企业或产业在全球市场中的销售份额或客户数量比率，体现或反映该企业或产业在全球市场竞争地位和市场影响程度。

[②] 进口依赖度是衡量经济内外向程度的重要指标，是指一个国家或地区进口的商品和服务价值占其国内生产总值的比重，也是衡量经济内外向程度的重要指标，反映对外部市场的依赖程度，一定意义上也可判断产业链供应链受外部市场冲击影响的状态。

的产业。但在制造业尤其是传统制造业领域，市场占有率标准相对较低，一些细分制造产业只需达到3%以上的市场占有率，即可成为市场龙头产业。进口依赖度则是衡量经济外向程度的重要指标。根据国际经验，一般认为30%以下进口依赖度可认定为较低（如聚丙烯、甲醇、焦煤、玉米、玻璃等商品）；进口依赖度达到30%~60%则为中等水平（如乙二醇、塑料、菜油、白糖、棉花等商品）。

2023年我国集成电路产值占全球产值的比重测算，达到了全球市场占有率高的标准，但因同期我国集成电路进口比重相对较高，未来集成电路产业链的链条完整性仍有待提升，增强高端技术环节和核心中间品的自主可控性。工业母机和医疗装备产业链在2023年全球市场占有率均超过了30%，达到全球市场占有率较高的评价标准，与此同时，两者的进口依赖度均低于20%，按照国际评价标准可视为进口依赖度较低，因此，可初步认为，工业母机和医疗装备产业链的链条完整性更好。因此，通过全球市场占有率和进口依赖度两个基本指标的相互补充和参照分析，有利于针对链条完整性形成更为客观的评价标准。

（二）从技术自主性看，工业软件和医疗装备的产业链技术自主可控能力较强，集成电路与工业母机技术自主性逐步提升

研发投入强度和自主创新强度可作为评价产业链技术自主可控性的两个主要指标。原因在于，根据技术自主性的内涵界定，需满足技术创新能力强和自主可控性高两个方面要求，而研发投入强度高是产业链技术创新能力强的基础前提，自主创新强度用国内专利占全球专利申请的比重来度量，比重高则一定程度上体现了国内自主研发的专利技术在国际市场的影响力较高，在较大程度上表明技术的"卡脖子"风险较小、自主可控水平较高。

从产业链研发投入强度看，国内医疗装备领域的平均研发投入强度为9%，仪器仪表平均超过10%，工业软件研发投入强度约为10%，集成电路行业部分龙头企业如寒武纪的研发投入强度超过了90%，行业平均研发强度与美国、欧洲和中国台湾地区的差距逐年缩小，相比往年也呈现了较大幅度增长。从自主创新强度看，2024年末，我国集成电路专利申请量占全球比重

超过50%，已经成为全球第一大集成电路技术来源国；2023年我国的医学装备专利申请量达13.8万余件，占全球的67%；数控机床专利申请量占全球总申请量的80%以上；工业软件占比超过60%，排名全球首位。

整体来看，国内工业软件和医疗装备产业链在研发投入强度和自主创新（专利申请全球占比）实力上均体现了比较优势。集成电路产业链和工业母机产业链，近年来在自主创新能力上追赶加速，取得了积极成效。

（三）从产业链上下游协同性看，下游应用市场带动力较强，上游产能备份和技术配套能力需持续完善

产业链运转协同性主要体现为具备较强的上游生产供应能力和下游市场需求带动能力。从下游需求带动能力看，集成电路、工业母机等产业链涉及的应用范围分布广泛，未来市场消费和民间投资、吸引外资的潜力仍十分充足。伴随智能化、绿色化等新一轮全球技术发展趋势，我国传统装备行业加速转型升级，2024年国内装备制造业对全部规上工业增长贡献率超过40%，不仅在带动国内市场需求提升和拓展场景应用中发挥主要作用，在带动全球下游市场规模扩张中的作用也在不断增强。例如，2024年我国生产的新能源汽车在全球市场的占有率已经超过了70%，工业机器人占全球市场的50%，国产消费类无人机占据了全球74%的市场份额。从上游生产供应能力看，支撑集成电路制造的上游产业链环节需要进一步提升国际竞争力，美国等发达国家EDA/IP、逻辑芯片设计产能在全球仍占据近半数比重。在工业母机领域，上游的数控系统国际市场优势主要集中在日本和德国的三菱、西门子等国际厂商。在先进材料领域，根据国际发布的新材指数（Steel Ranking）[①]，中国宝武、鞍钢的技术竞争力评级达到全球A+水平，但钢材的原料如铁矿石等容易受国际矿产品价格波动影响，锂、钴等矿产资源的综合利用率需加快提升。

---

① 新材指数：根据钢铁企业技术竞争力和产品应用质量分级的理念，从营收能力、绿色生产能力、工艺智能化的综合应用能力，以及专利整体水平、高价值专利情况和专利布局能力等多个维度，评价钢铁企业的技术竞争力。

（四）从区域布局均衡性看，资源依赖型和市场寻求型产业链布局更均衡，技术和人才密集型产业链倾向于东部集聚

从国内产值地区占比分布情况看，集成电路产业链主要集中在东部发达省份。西部是全国集成电路的上游原材料工业硅的主要供应基地，如甘肃集聚了一批封装测试巨头企业，宁夏单晶硅产量规模优势显著，但附加值仍需进一步提升，需要进一步形成较为完备的产业链供应链系统。此外，工业母机和工业软件等对新一代信息技术依赖度较高的产业，重点制造业集群和主要生产基地也较多集中在东部沿海地区，2023年工业软件东部地区企业营业收入占全国比重超过80%。因东部地区人才集聚度高，产业链上下游配套较完善与研发设计行业基础较好，容易在前沿技术领域形成"扎堆"现象和对中西部省份的"虹吸效应"。

仪器仪表和先进材料领域，华东地区的产能占比均超过40%。其中先进材料产业在中南地区的产能占比超过30%。相比其他依赖计算机和信息通信领域"技术领先度"高的产业，上述行业更多需要资源能源的投入使用和下游应用市场的发展，中西部地区以相对丰富的资源能源储备和开放度不断提升的区域市场，建立了较完整的产业链供应链，形成了配套服务东部地区的生产制造体系，上述行业领域的产业链供应链跨区域协作分工水平更高。

在医疗设备领域，因其对复合型人才的需求大，研发门槛较高、研发周期长，相较其他技术要求相对单一的行业而言，具备高门槛设计研发能力的生产基地仍较多集中在长三角等东部省份。其中，江苏省和广东省无论从医疗器械企业数量还是研发能力上看，在国内都处于第一梯队水平。中西部省份的产值规模有待扩大，研发能力和产业集群层次有待提升。

（五）总体评价

从产业链完整性、技术自主性、产业链上下游协同性和区域分布协调性等维度分析，结合市场占有率和进口依赖度基本标准，多数产业链在与国内其他产业部门的关联性和协作性上均有较大进展，提升产业链供应链韧性与安全具备较好市场、产业和技术基础。因产业链本身特征不同，在对技术的要求高低和资源的获得难易等方面存在差异，中西部地区需要加快智能化等技术改造，加速传统行业向高端化转型，与东部地区形成各具优势的协作分工体系，提升关键环节的生产备份功能。

五、对策建议

为更加充分、主动应对全球产业链重构对我国部分产业链供应链形成的风险冲击，打通国内产业链研发、制造、流通、销售各环节的卡点、堵点，建议围绕提升国内产业链供应链及其配套产业链在链条的完整性、技术自主性、上下游协同性和区域布局均衡性，统筹谋划、协同推进，采取可行措施。

（一）增强产业链供应链链条完整性，打造完备的产业链供应链体系

拓展产业链稀缺资源供给渠道，增加资源全球性配置，加大对资源依赖型产业的技术投入，提高资源转化运用效率，加大产业结构调整力度，适度减少对国际市场的资源依赖。强化产业链供应链上下游分工协调，拓展国内市场应用空间，延长国内产业链供应链，促进东部与中西部区域产业链价值链更好地融入与对接。一方面，构建具有更多主动权的全球产业链供应链网络，尽可能保留外资或中外合资企业产业链的核心环节，增强海外产品技术研发向本土溢出效应，积极应对高技术领域制造业的潜在风险；另一方面，加强国内上下游产业链的配套协同和区域协同布局。运用举国体制和市场机制的力量，提升国内服务业的专业化水平，增强服务业与制造业的供需适配性，实现不同地区、不同部门和生产供需链条一体化运作，降低产业链供应链对外部资源和市场的依赖性。

（二）增强核心技术可控性，确保核心产业链供应链自主性

以技术创新为引领，强化产业链供应链的薄弱环节，是提升核心产业链供应链韧性的必要举措。当前国内发达省份已经建立了较为完整的产业链分工配套体系，在产业链完备度上已经具有一定优势，但仍需进一步营造技术自主可控、市场规模不断扩大的产业集聚生态。建议发挥大企业在技术、标

准、资金、人才等方面的主力军作用,带动中小企业、民营资本参与产业链创新和市场的拓展环节,夯实"稳链强链"的基础优势。鼓励行业龙头企业和研发实力较强的企业主动探索应用场景创新,促进科技创新链和产业链融合发展。

(三)提升产业链上下游协同性,夯实抵御外部冲击风险的基石

在能源资源类产业和高技能型制造业,积极发挥我国能源市场价格稳定、制造业基础好、产业链完备的既有优势。一方面,主动探索"自然资源寻求型"产业国际转移模式,主动承接发达国家的制造业产业链转移;另一方面,建议重视资源型产业链供应链安全保障体系建设,在西部地区建立区域内的仓储和研发基地,推动产业链条向下游高附加值延伸,积极融入全国、全球的产业链供应链网络。

(四)完善区域均衡性布局,促进现代产业体系可持续发展

聚焦核心产业链供应链,统筹国土空间规划、产业规划和区域规划,根据地区比较优势,因地制宜发展产业链优势环节,并加大财税、金融政策支持。逐步改变传统的单一产业支持政策,将政策支持的重点从单个产业向多个产业及其关联产业链供应链领域拓展。一是做好产业链发展动态评估,定期梳理重点产业链供应链领域的产品目录、企业名录、颠覆性技术目录,加强政策评估,为政府部门精准决策提供依据,及时防范应对部分产业链大规模无序外迁风险;二是通过实施超长期特别国债专项资金和贷款贴息等政策,对重点产业领域的企业设备更新改造等予以支持;三是加强跨区域的产业资源共享能力建设,建立企业之间、政府之间和政企之间的资源共享平台;四是完善面向重点产业链供应链的进出口政策体系,维护公平贸易环境。

参考文献:

1. 洪银兴、王坤沂:《新质生产力视角下产业链供应链韧性和安全性研究》,《经济研究》2024年第6期。

2. 刘维林、程倩、余泳泽:《双循环技术溢出视角下中国产业技术进步

的网络效应研究——基于全球生产网络下的全要素生产率增长与传导测算》，《管理世界》2023年第5期。

3. 倪红福、钟道诚、范子杰：《中国产业链风险敞口的测度、结构及国际比较——基于生产链长度视角》，《管理世界》2024年第4期。

4. 史沛然：《"韧性供应链"战略与中国在全球价值链中的角色再定位》，《太平洋学报》2022年第9期。

5. 孙天阳、张其仔、杨丹辉：《我国关键产业链供应链安全评估及提升措施》，《经济学家》2024年第6期。

6. 王泽彩：《提升产业链供应链韧性和安全水平的思考》，《人民论坛》2025年第9期。

7. 肖兴志、李少林：《大变局下的产业链韧性：生成逻辑、实践关切与政策取向》，《改革》2022年第11期。

8. 《中国共产党第二十届中央委员会第三次全体会议公报》，新华网，2024年7月18日。

9. Kniahin D, De Melo J, A Primer on Rules of Origin as Non-Tariff Barriers, *Journal of Risk and Financial Management*, Vol. 15, No. 7, 2022, P. 286.

10. Lee W, Mulabdic A, Ruta M, Third-country effects of regional trade agreements: A firm-level analysis, *Journal of International Economics*, Vol. 140, 2023, P. 103688.

内需篇
坚定不移扩内需稳就业

青年群体就业新趋势研究*

摘　要：在我国经济下行压力加大和劳动力市场结构变动的背景下，青年群体就业问题成为关注的热点。研究发现，近年来我国青年群体就业呈现出一些新特征和新趋势。从国际经验看，解决青年就业问题需要政府、企业、教育机构与青年自身形成创新合力。为解决我国青年就业问题，既要通过提高经济发展质量，增强吸纳就业能力，以产定教，建立敏捷响应市场的专业体系，向新而行，打造数字经济、绿色经济等就业增长极，也要构建灵活就业者的权益保护网以及激活中西部和基层的就业承载力，将青年就业压力转化为高质量发展动力。

关键词：青年群体　就业　新特征　新趋势

一、引言

青年是国家的未来和希望，其就业状况不仅关系到个人生活和家庭幸福，而且关系到经济发展和社会稳定。习近平总书记多次强调，要切实做好以高校毕业生为重点的青年就业工作。[①]

近年来，我国青年群体就业受经济、社会、技术、人口变化等多种因素影响，也出现新变化、新特点。我国对青年就业问题的关注也早已上升到决策层面，促进青年群体高质量充分就业成为就业政策的一个重要方面。2022年5月出台了《国务院办公厅关于进一步做好高校毕业生等青年就业创业工

---

* 作者姜雪。
① 《高校毕业生就业政策举措落实工作推进会召开》，中国政府网，2025年5月31日。

作的通知》(国办发〔2022〕13号),2024年9月出台了《国务院关于实施就业优先战略促进高质量充分就业的意见》,旨在完善青年群体就业支持政策,破解结构性就业矛盾,持续促进就业质的有效提升和量的合理增长。当前及未来一段时间要谨防青年失业规模加大、失业持续期延长,避免青年长期退出劳动力市场,对高校毕业生、新生代农民工、零工就业青年、女性青年等群体应予以重点关注。针对青年就业面临的新挑战和新问题,要强化就业优先导向,在积极开发高质量就业机会的基础上,要进一步完善政策、加强服务,注重多元主体参与,合力解决重点问题,提升青年就业工作的精细化水平,促进各类青年群体高质量充分就业。

二、我国青年群体画像

本研究主要分析我国青年群体就业新趋势、新特征以及面临的新问题和新挑战,需要首先对青年劳动力进行界定,并分析其与其他群体相比有哪些典型的特征。

(一) 我国青年劳动力指劳动力市场中16~24岁人群

青年在世界范围内的定义不尽相同,并且随着社会和经济的发展,其年龄段的划分也在不断变化。联合国将青年界定为15~24岁的群体;世界卫生组织将44岁以下的人定义为青年人;联合国教科文组织将16~45岁的人界定为青年;我国国家统计局将青年界定为15~34岁的人;共青团的划分标准是14~28岁;青年联合会将18~40岁的人定义为青年。在劳动就业领域,国际上分析青年就业一般采用15~24岁的标准,我国法定就业年龄为16岁,国家统计局在分析青年就业时,将青年就业群体定义为16~24岁的就业人员。值得说明的是,国际劳工组织将青年群体定义为15~24岁,且我国国家统计局在大部分分析情境下也都将青年群体定义为15~24岁。因此,本研究在进行国际比较和对多青年群体的一些特征进行刻画时,采用15~24岁的界定范围,我们认为这不会影响最终结果。

(二) 青年群体规模逐步缩小

受经济社会发展和人口政策的影响,我国人口结构不断变化,劳动力供给格局开始发生转变,如表1所示。2020年我国0~14岁人口、15~24岁人口、25~64岁人口和65岁以上人口的占比分别为18%、10.5%、58%和13.5%。与21世纪初相比,我国儿童人口比重呈现逐年下降趋势,0~14岁人口占总人口的比重由2001年的22.4%下降到2020年的18%,下降了4.4个百分点。老年人口比例则呈现上升趋势,我国65岁以上人口占比由2001年的7.6%上升到2020年的13.5%,上升了5.9个百分点,说明我国人口老龄化趋势进一步加剧,老年抚养比处于相对较高水平。从劳动年龄人口的比重看,2020年我国15~64岁劳动年龄人口占总人口的比重为68.5%,较2010年下降6个百分点。青年人口比重在2010年达到峰值后开始下降,2020年青年人口占总人口的比重为10.5%,较2010年下降了6.6个百分点,预计这一变化趋势将会持续。根据联合国人口司的预测,到2030年我国青年人口比重将持续走低,到2050年下降到6.5%,这将对劳动力总量将造成影响,与此同时,人口老龄化问题将更加严重。

表1　　　　我国人口结构变化和老年抚养比(2001~2050年)　　　单位:%

项目	2001年	2005年	2010年	2012年	2020年	2030年	2050年
0~14岁	22.4	19.6	16.6	16.5	18.0	12.1	9.9
15~24岁	14.8	14.6	17.1	15.6	10.5	12.4	6.5
25~64岁	55.2	56.8	57.4	58.5	58.0	57.1	52.6
65岁以上	7.6	9.1	8.9	9.4	13.5	18.3	30.9
老年抚养比	10.9	12.7	11.9	12.7	19.6	26.4	52.3

资料来源:2012年及以前资料来源于相应年份的《中国人口与就业统计年鉴》;2020年资料来源于第七次全国人口普查年鉴;2030年及2050年资料来源于联合国人口预测。老年抚养比为65岁以上人口数与15~64岁人口数之比,下文如无特殊说明,均来源于此。

(三)青年群体受教育水平明显提升

为实现建设现代化强国的目标,近年来我国一直实施教育优先的发展战略,国民教育体系不断完善,人口受教育水平持续提升。第七次全国人口普查数据显示,我国国民整体受教育水平进一步提升。

一是文盲率不断下降。 2020年文盲人口(15岁及以上不识字的人)减少到3775万人,人口文盲率下降至2.67%,与2010年第六次全国人口普查相比，文盲人口减少1690万人，文盲率下降1.4个百分点。

二是人均受教育年限逐步提高。 2020年我国15岁及以上人口的人均受教育年限达到9.91年，比2010年的9.05年提高了近1年。31个省份中，平均受教育年限在10年以上的省份有13个，在9~10年之间的省份有14个，在9年以下的省份仅有4个。高等教育毛入学率也不断提高，由2010年的26.5%提高到2023年的60.2%，提高了33.7个百分点。

三是人口受教育结构正在向更高水平发展。 2010~2020年我国具有大专及以上受教育程度的人口保持快速增长态势，该数据由2010年的1.18亿人增加到2.18亿人，10年间几乎翻番。同2010年第五次全国人口普查相比，每10万人中具有大专及以上文化程度的人数由8930人上升为15467人；具有高中文化程度的由14032人上升为15088人；具有初中文化程度的由38788人下降为34507人。

比较而言，青年人口的教育水平提升尤为显著。与2010年相比，2020年15~24岁青年人口中，初中及以下文化程度的比例从55.7%下降到28.5%，下降近一半。高中及以上各层次教育水平的比例从46.8%上升到72.7%，其中大学专科比例从9.8%上升到18.4%，大学本科比例从7.6%上升到17.6%。随着我国高等教育的不断发展，这一比例将继续上升，增长趋势还将持续下去（见图1）。

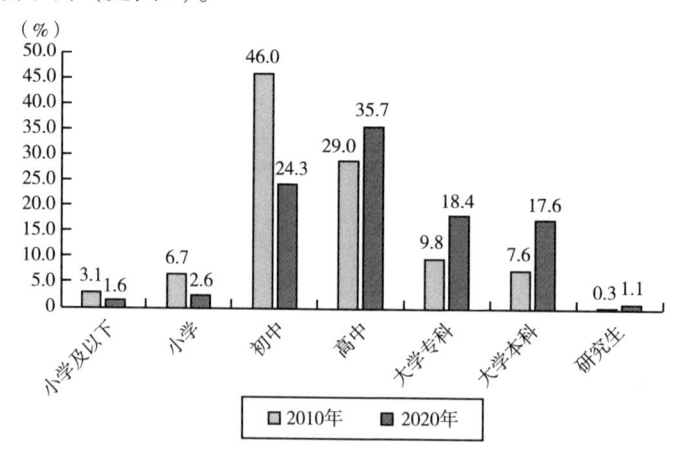

图1 15~24岁青年受教育情况比较（2010~2020年）

资料来源：根据第六次、第七次全国人口普查数据计算得到。

1997年高等教育并轨和之后的高校扩招以来,接受高等教育的人口数量在短期内迅速增加,高等教育逐步由精英化迈向大众化。2023年全国各类高等教育在学总规模达1047万人,预计2025年达到1222万人,我国每年高校毕业生已经占到新进入劳动力市场总数的近一半,如图2所示。毕业生的供给在短时间内快速、大规模增加,使得人力资源市场难以迅速消化,形成某种程度上的结构性供需不平衡。

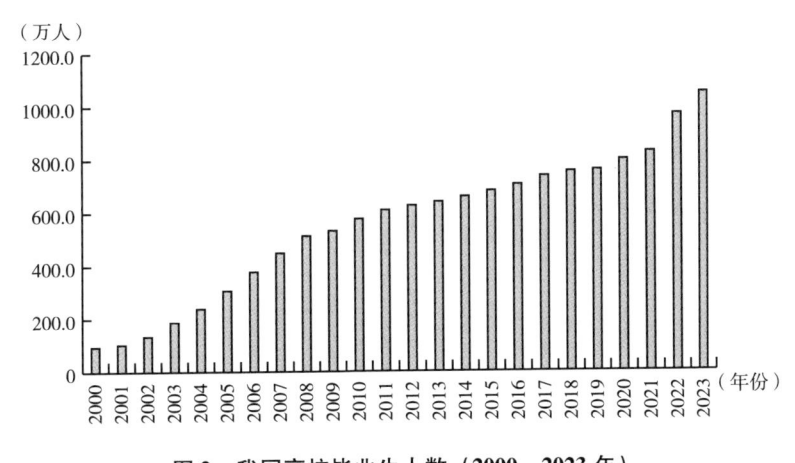

图2 我国高校毕业生人数（2000~2023年）

资料来源：国家统计局。

三、青年群体就业新趋势、新特征

受益于长期以来快速的经济增长,我国劳动力市场呈现健康发展态势,青年及总体的劳动参与率和就业率在世界上均处于相对较高水平,我国青年群体就业呈现出一些新特征和新趋势。

（一）青年劳动参与率有所下降

近年来,我国青年群体劳动参与率呈现显著下降趋势。根据第六次、第七次全国人口普查数据,我国青年劳动参与率从2010年的64.5%下降至2020年的58.3%。这一趋势与高龄劳动力（55岁以上）参与率的上升形成鲜明对比,后者从2010年的39.7%上升至2020年的45.2%。

从国际比较的角度看①，一方面，我国青年劳动参与率下降速度要明显高于其他国家。1990年我国青年劳动参与率为78.3%，到2023年下降到47.6%，下降了30.7个百分点。英国、美国、韩国和印度也呈现下降的趋势，但下降幅度并不大，如英国从1990年的71.7%下降到2023年的53.7%，下降了18个百分点，美国、韩国和印度则分别下降了10.2个、7.3个和16.4个百分点。日本和德国保持相对平稳的势头，总体呈现"U"型变化趋势。另一方面，我国青年劳动参与率与世界主要经济体的差异在逐渐缩小。与英国、美国、德国、韩国、日本和印度等世界主要经济体相比，我国青年劳动参与率在2005年以前都是最高的，例如，1994年我国为73.7%，较英国高近10个百分点。2010年时我国为57.4%，与英国持平，但此后长期低于英国同期水平（见图3）。

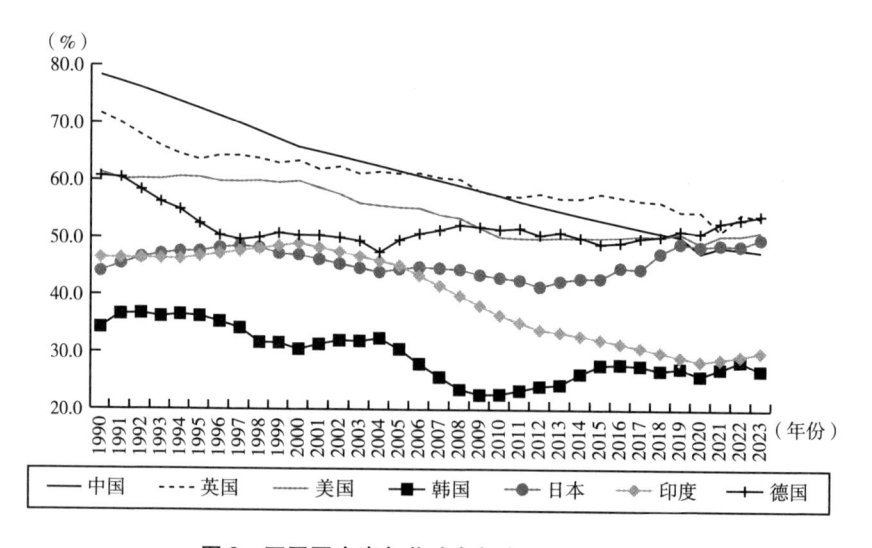

图3 不同国家青年劳动参与率（15~24岁）

资料来源：国际劳工组织。

---

① 基于数据可比较性，我们采用国际劳工组织的数据对不同国家青年劳动参与率进行国际比较和分析，与国家统计局公布的历次人口普查数据会存在差异，但两个统计口径的总体变化趋势是一致的。

（二）青年就业结构发生较大变化

受经济社会、教育以及人口结构等方面的影响，我国青年在就业身份、就业行业、就业类型、就业地域等方面都发生了显著的变化。

1. 就业身份的变化：雇员身份比重提升，自营劳动者比重显著下降[①]

近些年，我国青年就业人员的就业身份结构发生了显著变化，在16~19岁以及20~24岁的青年人口中，就业身份为雇员的青年就业人员的比重显著增加，2023年该比重分别达到了80.4%和88.1%，较2018年分别提高5.1个和6.4个百分点；而自营劳动者的比重明显降低，2007~2023年，16~19岁青年就业人员的自营劳动者比重由59.4%下降到16.3%，减少了43.1个百分点，同样地，20~24岁青年群体的自营劳动者占比由53.4%下降到9.9%，下降了43.5个百分点。就业身份为雇主和家庭帮工的比重略有波动，雇主的占比稍有上升，家庭帮工的占比则在16~19岁青年群体中略有上升，在20~24岁青年群体中略有下降，但总体占比仍然较低。对于16~19岁低龄青年就业者而言，家庭帮工仍然是解决就业的主要补充手段之一，这也是为什么过去16年内低龄青年组别中以家庭帮工身份就业的比例呈现略有上升的趋势。另外，20~24岁青年群体比16~19岁青年群体更倾向于做雇员，对自营劳动者的接受程度相对更低。如2023年，16~19岁青年群体中，雇员的占比较20~24岁低8.3个百分点，而自营劳动者占比则较20~24岁青

---

① 雇员：指为取得劳动报酬而为单位或雇主工作的人员。雇主：指自负盈亏或与合伙人共负盈亏，具有生产经营决策权，其报酬直接取决于生产、经营利润，雇用其他人为自己工作并向被雇用人支付工资的人员。自营劳动者：指自负盈亏或与合伙人共负盈亏，具有生产经营决策权，既不被雇也不雇用他人的人员。如果有亲属帮忙但不支付工资，经营者本人仍属自营劳动者。家庭帮工：指为家庭成员或亲属经营的公司、企业或生意工作，但无经营决策权，也不领取报酬的人员，也称无酬家庭帮工。依赖性合同工：指依靠商业订单，为其他经济单位或通过其他经济单位进行生产或服务的人。他们没有生产经营决策权，在组织和执行工作、获取收入或进入市场方面依赖其他单位，但又不是其雇员。这是一项新的就业身份分类。根据以上指标解释，企业法人为雇主，企业高管为雇员，企业股东要看具体情况，因为有的企业员工也持股，有的股东可能另有工作，要根据具体情况判断。个体户经营者如果雇用别人，其就业身份是雇主。滴滴司机属于依赖性合同工，主要依赖滴滴平台的订单才能接触到客户，并提供接送服务。

年群体高6.4个百分点。

2. 就业行业的变化：服务行业就业比重提升，存在显著年龄和性别差异

近年来，我国产业结构不断升级，第三产业占国内生产总值的比重由2011年的45.2%提高到2023年的56.7%。随着产业结构调整，就业人口的产业分布也发生了较大变化，第三产业吸纳就业人数不断增加，青年群体在不同产业间的分布也发生了较大变化，且不同年龄和性别之间也存在明显差异。

从青年群体总体情况看，服务业就业比例明显提升，且高于整体就业人员。城镇就业人员数据表明，2011~2023年，16~19岁和20~24岁青年就业群体中，服务业就业比例分别从43.3%和54.4%上升到67%和72.5%，上升幅度明显高于全体城镇就业人员。对于青年群体而言，2018~2019年是重要的转折点，16~19岁和20~24岁青年的服务业就业比例在这一年均提高超过4个百分点，在2019年接近或超过70%，这一比例受新冠疫情影响略有波动，但并不影响整体上升趋势。当然，尽管有大量青年就业人口进入了服务业，但对于青年群体而言，制造业依然是他们最主要的就业行业，但也是下降幅度最大的行业。其中，16~19岁和20~24岁青年群体中从事制造业的比例分别达到26.1%和19.9%，分别较2011年提高12.1个和10.3个百分点。

3. 就业地域的变化：高线级城市向低线级城市的转移

近年来，随着低线级城市生活水平不断提升，生活成本优势更加凸显，叠加新冠疫情以来部分企业和产业向低线级城市转移，青年群体就业由高线级城市向低线级城市转移的趋势明显。

智联招聘《2023年高校毕业生就业报告》显示，新一线/二线城市吸纳毕业生比例达58%，较2019年上升12个百分点。麦可思研究院数据也显示，2023届本科毕业生在地级市及以下城市就业占比为34.7%，同比提升4.2个百分点。2019~2023年，不同线级的数字经济岗位也呈现不同的增长势头，北上广深等高线级城市、成都杭州等新一线城市以及地级市及以下的城市，四年平均增速分别为18%、25%和37%，这也充分说明低线级城市通过产业多元化发展，对青年群体的吸引力和吸纳能力不断提升。

（三）当前青年就业群体更倾向于实现自我价值

当代青年成长于物质生活和精神生活都更为富足的年代，相较于以往的青年群体，他们的生活水平实现了质的跃升，高质量发展有了更加丰盈、更为坚实的物质基础①。他们更在意能否实现自我价值，中国青少年研究中心调查表明，"00后"群体"马斯洛需求层次"呈现"倒金字塔"：81.6%的受访者将"自我实现"置于生存需求之前，相较"90后"群体该比例提升27个百分点②。

这一特征在青年群体就业和择业的过程中表现得相当明显，B站《2023青年职业观白皮书》揭示，62.3%的用户认为"工作应该成为个人价值的延伸"，这一认知人群占比在"Z世代"中比"80后"高出41个百分点。德勤《全球人力资本趋势报告》揭示，78%的中国企业HR认为，现行考核体系难以量化"价值认同"等软性指标，导致青年员工流失率较"70后"高出2.3倍。

四、促进青年群体就业的国际经验借鉴

解决青年就业问题本质上是重塑人力资本价值创造方式的系统性工程，需要政府、企业、教育机构与青年自身形成创新合力。近年来，全球青年就业治理正呈现"政策工具精细化、技能培养终身化、就业形态多元化、治理机制全球化"的新趋势。

（一）政策体系构建：政府主导与多方协同的治理框架

1. 法律保障与顶层设计

一些国家出台了专门的法律法规，作为促进青年就业的法律依据。德国通过《职业教育法》确立"双元制"教育体系的法律地位，要求企业必须承担职业培训责任，2023年青年制造业就业率提升至58%。日本《职业能力开

---

① 《新时代的中国青年白皮书》，中华人民共和国国务院新闻办公室，2022年。
② 张旭东、孙宏艳：《从"90后"到"00后"中国少年儿童发展状况调查报告》，中国青年出版社2016年版。

发促进法》规定企业需将工资总额的1.5%用于员工培训，有效缓解了产业结构转型期的技能错配问题。美国《劳动力创新与机会法案》（WIOA）建立了联邦—州—地方三级就业服务体系，2024年青年重点群体就业服务覆盖率提升至89%。同时，日本实行以《青年就业促进法》为中心的综合性青年就业政策，韩国通过《青年雇佣促进特别法》，推进青年雇佣义务化。通过立法保障，进一步强化了各方对青年就业的重视程度，相关政策的出台也实现了有法可依、有章可循。

2. 财政支持机制创新

不少国家和地区通过建立完善的财政支持政策，鼓励和促进青年群体就业创业。欧盟实施"青年保障计划"的全面覆盖，该政策自2013年开始启动，承诺为所有25岁以下失业青年在4个月内提供就业、培训或继续教育机会。2021~2027年预算增至890亿欧元，覆盖欧盟27国。芬兰2013~2023年累计投入23亿欧元，人均扶持成本约为8500欧元，参与青年在6个月内就业/教育转化率达72%（欧盟平均水平为56%）。实施过程中，企业每雇用一名青年可获得6000欧元补贴，且前6个月社保费用减免50%。意大利Develhope公司实施"就业后付费"模式，学员找到工作后分期偿还培训费用，项目完成率达82%，显著降低青年参与门槛。德国"保护学徒岗位"计划为企业提供最高6000欧元/年的补贴，新冠疫情期间学徒岗位保留率维持在92%。巴西"百万机会"项目采用PPP模式，政府每投入1雷亚尔撬动企业3.2雷亚尔配套资金，3个月创造5000个数字技能岗位。

此外，美国实施税收优惠与创业支持双轮驱动。在工作机会税收抵免方面，雇用16~39岁贫困社区青年，企业可获2400~9600美元/人税收抵免。这一政策取得了积极的成效，2022年惠及58万青年，企业实际减税47亿美元。在小企业管理局（SBA）贷款计划方面，美国实施青年创业贷款，30岁以下创业者可获得5万~500万美元贷款，首年利率补贴2%，政府承担贷款违约损失的75%，2023年共发放32亿美元支持青年科技创业。

3. 跨部门协同机制

青年就业涉及各个部门，因此各国在出台相关政策的过程中，都积极发挥相关部门的作用。如日本的文部科学省、厚生劳动省、经济产业省等部门与学校、地方政府、工商企业通力协作，积极提升青年职业能力。另外，青年就业涉及很多方面内容，各国注重采取一揽子综合政策措施。如韩国从加强对青年和企业的支援力度、鼓励创业、创造新的就业岗位和机会、建立青年就业服务体系等多方面加强青年就业支持，运用预算、税制、金融、改善制度等多个政策手段。2023年为职业高中学生提供人均3.6次企业实习机会。欧盟"青年保障计划"建立成员国数据共享平台，实现失业青年4个月内100%获得就业服务。北欧建立了全民参与的"就业安全网"，如瑞典马尔默市青年就业中心，合并原属就业局、社保局、教育局的7个科室，设立"一站式服务中心"，同时与宜家、爱立信等企业建立数据直连系统，实时推送岗位需求。服务还包括心理咨询（卫生局派驻专家）、技能培训（教育局定制课程）、创业支持（经济局+商业银行）等，2023年该市青年长期失业率仅1.9%，为欧盟最低水平。

（二）教育体系改革：产教融合与终身学习

1. 职业教育转型升级

发达国家通过构建"政企校"协同生态体系，打通终身学习通道，促进职业教育成功转型升级，同时也有力地促进了青年群体就业。

德国推行"双元制教育"数字化转型，通过课程数字化升级，2023年新增工业4.0维护技师、数字孪生技术员等12个职业资格，数字化覆盖97%的制造业工种。其中，慕尼黑应用技术大学与企业合作开发VR焊接模拟系统，使培训效率提升40%，材料浪费减少65%。企业也深度参与该项目，西门子每年投入2.3亿欧元更新培训中心设备，2023年建立5G智能工厂实训基地，培训学徒2800名。博世集团与职业院校共建AI质检课程，学员结业后直接上岗，技能匹配度达94%（德国传统课程为76%）。

瑞士推行职业教育与高等教育的贯通，实施职业学士学位制度。按照该制度，完成学徒制的学生可通过2年学习获得应用科技大学学位，2023年37%的学徒选择此路径（2015年仅12%）。职业教育毕业生高等教育入学率从2010年的15%提升至2023年的41%。瑞士在全球技能指数排名中连续8年居首位，企业对新员工的满意度为89%。日本大力推行产教融合的"实践型人才"培养改革举措,通过设立专门的职业大学,促进职业教育改革。

2. 高等教育就业导向改革

美国推行"Work College"模式,将校园运营岗位全部向学生开放,建立社区学院与产业需求的精准对接机制,毕业生起薪较传统院校高18%。加州社区学院系统与硅谷科技企业合作,开发了"半导体制造工程师"快速通道项目。学生完成12个月培训(含6个月带薪实习),即可获得应用科学副学士学位和应用材料公司的入职资格。日本早稻田大学设立"职业锚定学分",要求学生在制造业企业完成200小时的实践后方可毕业。德国慕尼黑工业大学建立"企业命题—学生组队—导师指导"的三螺旋创新模式,创业项目转化率达23%。

3. 终身技能培养体系

法国"个人培训账户"制度允许劳动者每年累积500欧元培训基金,2024年青年使用率达67%。英国推行"数字技能通行证",建立跨行业认证的127项数字能力标准。韩国扩大终身教育券使用范围,低收入青年可免费获取价值300万韩元的培训课程。新加坡实施技能提升与高等教育融合项目,通过建立终身学习账户,25岁以上公民获1000新元初始额度,用于支付人工智能、数据分析等800多门课程费用。此外,淡马锡控股与新加坡理工大学共建"绿色金融实验室",课程内容由星展银行、凯德集团等企业定制,毕业生100%获可持续发展相关岗位录用。从成效看,企业反馈显示,参与计划毕业生生产力提升27%,培训成本降低40%。数字经济从业者占比从2015年的12%升至2023年的31%。

(三)经济形态创新:新业态发展与岗位创造

1. 数字经济赋能就业

数字经济正重构全球青年就业图景,发达国家经验表明,将数字技术、教育变革与产业转型系统耦合,可以实现青年就业从"数量增长"到"质量跃升"的跨越。

德国实施工业4.0驱动制造业数字化转型。2023年制造业数字化岗位达210万个,其中35岁以下青年占比58%。宝马集团雷根斯堡工厂部署3200

台协作机器人，创造数字维护技师、AI 质检员等新岗位 1200 个。青年员工通过 AR 远程指导系统培训周期从 6 个月缩短至 6 周，生产效率提升 40%。美国硅谷生态与零工经济融合，2023 年美国数字零工从业者达 730 万人，25～34 岁青年占比 62%。掌握 Python、云计算技能的自由职业者时薪比传统岗位高 217%。例如，亚马逊技术学院为无技术背景青年提供 9 个月的机器学习与 AWS 开发培训，87% 的毕业生进入科技企业，平均年薪 12 万美元。新加坡推行全民数字技能升级战略。

2. 绿色经济转型

绿色经济转型正重塑全球青年就业格局，发达国家通过将绿色发展、技术创新与就业政策激励系统融合发展，不仅实现碳中和目标，更是创造高质量青年就业的战略性选择。

德国实施《可再生能源法》，2023 年可再生能源行业就业人数达 48 万人，其中 35 岁以下青年占比 62%；同时建立"绿色双元制"教育体系。美国实施清洁能源计划，投入 3690 亿美元支持清洁能源，2023 年新增太阳能安装工 14.2 万人、电池工程师 6.8 万人，其中 25～34 岁青年占比 71%。荷兰大力发展循环经济，2023 年再生资源行业从业者达 32 万人，青年创业者占比 41%，塑料回收、生物基材料等领域初创企业获 14 亿欧元风险投资。循环设计工程师年薪达 6.5 万欧元，比传统制造业高出 22%；二手电商平台运营岗时薪 35 欧元，超零售业 89%。

3. 零工经济规范发展

发达国家零工经济规范发展绝非限制创新，而是通过权益保障—技能升级—职业发展的系统设计，将青年就业从"生存型打零工"转向"发展型新职业"，为数字经济时代劳动力市场变革提供可持续的解决方案。

欧盟通过《平台工作指令》（2023）确立"数字劳工"身份认定标准，符合经济依赖、算法控制、收入占比超 50% 任一条件即认定为雇员，强制平台为其缴纳社保。美国通过 ABC 测试标准（加州 AB5 法案），认定零工者为雇员，需满足平台不控制工作方式、工作内容非平台主业、劳动者有独立从业行为的几个条件。联邦政府拨款 50 亿美元设立基金，平台每完成 1000 单需缴纳 5 美元用于骑手技能培训。加州法案实施后，零工者的医保覆盖率从 13% 提升至 62%，平均时薪从 18 美元增至 26 美元。日本推行"副业促进计划"，允许国企员工每周从事 20 小时灵活工作，青年兼职创业率提升至 29%。

（四）特殊群体支持：精准施策与权益保障

从各国情况看，政策比较关注以下几类青年就业群体。

首先是毕业生群体，重点帮助其实现从学校到工作的过渡，提升就业能力。例如，日本厚生劳动省出台包括应届毕业生职业培训、就业咨询窗口等在内的多项政策，为青年提供就业、创业支持；德国积极加强双元制教育，提升毕业生职业技能水平。

其次是就业困难青年群体，其中非正规就业青年、"尼特族"等往往作为施策的重点，主要目标在于帮助他们重新融入劳动力市场及社会。英国劳工部启动了社区行动计划和个案后续管理项目，都是向青年就业特困群体提供的就业项目。德国实施 JUMP 青年失业救助计划，重点关注对象就包括长期失业青年、女性青年以及弱势移民青年。新西兰为残障青年提供"就业教练"，2023 年支持 3278 人实现稳定就业。法国"青年承诺协议"建立企业失信名单制度，确保未成年劳动者薪酬权益，协议执行率提升至 89%。巴西在贫民窟设立"数字赋能中心"，配备 VR 设备开展沉浸式技能培训。韩国实施"她科技"计划后，女性青年在 STEM 领域就业占比从 21% 提升至 38%。联合国妇女署在肯尼亚推行"数字牧羊人"项目，通过区块链技术帮助牧区女性实现产品溯源，收入提升 2.3 倍。德国设立"重返计划"，为育儿后的女性提供弹性工程师岗位，岗位保留率达 91%。

五、促进我国青年群体就业的政策建议

我国青年就业问题的破解需要建立系统性的制度设计，通过提高经济发展质量，增强吸纳就业能力，以产定教，建立敏捷响应市场的专业体系，向新而行，打造数字经济、绿色经济等就业增长极，构建灵活就业者的权益保护网以及激活中西部和基层的就业承载力，将青年就业压力转化为高质量发展动力。

一是建立经济发展与扩大就业联动机制。这是我国经济社会发展的基本

要求，也是实现充分就业的根本保障。具体而言，需要建立实现经济发展与就业增长的宏观综合政策体系设计和运行机制，包括实行更加有利于促进就业的财政保障政策、税收优惠政策、金融支持政策和对外贸易政策等。同时，从体制、政策和工作体系入手完善就业工作体系，建立健全就业组织体系、职业培训体系、公共就业服务体系等。从扩大就业的角度去关注青年就业的问题，从解决就业的方式、渠道入手去缓解青年就业压力。

二是加强职业培训，提高青年就业能力。青年就业能力不足、工作技能或经验缺乏是青年就业遇到的主要困难。针对这一难题，要根据社会、经济发展的要求，统筹普通高等教育与职业教育的健康协调发展，提高青年总体受教育程度、文化素质和就业技能，在缩短劳动者就业周期的同时提高供给质量。

三是建立完善的青年公共就业服务体系。各级公共就业服务机构应在进一步完善自身体制和能力建设的基础上，最大限度地为青年就业提供免费优质就业服务，特别是劳动力市场供求关系和职业培训方面的信息服务。加强青年组织、教育行政部门以及劳动和社会保障部门、城乡社区管理机构之间的横向沟通与合作，建立起制度化的劳动力市场调节机制和对失业率的政策调控机制。

四是积极促进高校毕业生就业。促进高校毕业生就业是一项系统工程，需要政府、高校、企业和毕业生共同努力。政府应加强顶层设计，推动高等教育改革，完善有关法律法规，为大学生创造公平的就业环境；高校在课程设计中应明确设定要培养的核心能力及指标，强化就业服务工作，提高就业服务人员的专业化程度；企业应强化基础设施和平台建设，配合学校课程，提供学生实习机会，协助学校评估其课程设计与教学内容是否符合产业发展与就业需求；毕业生要夯实专业基础，提高综合素质，不断增强自身的人力资本，这是最终实现人岗有效匹配的关键所在。

五是推动实现青年农民工充分就业、稳定就业和高质量就业。要按照新型工业化、新型城镇化进程阶段特征，经济增长方式转型升级、产业结构调整优化，以及劳动力资源供给和结构变化新趋势的现实要求，着眼于实现农民工特别是青年农民工充分就业、稳定就业、可持续发展和高质量就业，统筹制定和完善青年农民工就业政策体系，建立完善统一的人力资源市场，加强就业公共服务能力建设，切实实现就业公共服务均等化。同时，应进一步细化针对青年农民工群体的政策设计和实施方式，根据青年农民工的特点和需求，为其提供更多的就业机会，提高政策的有效覆盖率和效用。

六是完善青年就业扶持政策和项目。当前我国已经出台了一系列的青年就业促进政策，并且起到了非常积极的作用，但是针对社会经济形势的变化，还需要进一步调整和完善。具体而言，应在总结过去成功政策措施的基础上，将其中一些具有长效机制的政策和措施上升为法律，将促进青年就业问题纳入法治化的轨道，建立规范化、科学化的管理体制。另外，通过借鉴国外经验，立足我国实际，加大对青年就业、创业的扶持力度，推出一些更有针对性的青年就业项目，积极促进青年就业。同时，还要对青年女性、少数民族青年、青年残疾人、青年贫困人群和低文化程度人群等就业弱势群体给予更多的关注，加大就业优惠政策的扶持力度。

七是完善新业态青年从业人员政策支持和权益保障。研究新就业形态中的劳动关系认定问题，制定工资工时等有关劳动基准，确立劳动权益基本保护标准，完善劳动争议处理方法，针对不同细分行业出台专项用工指引，完善劳动基准，积极探索建立新就业形态从业人员的职业伤害保障和失业保险制度。同时要发挥平台企业协调劳动关系的主动性，加强行业工会建设，为新业态从业青年创造良好的就业环境。建立健全支持灵活就业人员的职业培训政策，加强对新职业的认定，依托规模较大的平台企业，积极开展职业技能提升行动，完善适合新职业的职业培训补贴申领办法。加强青年就业权益保障。健全就业权益保障机制，凝聚司法、劳动监察、劳动仲裁、法律援助、高校、社会组织等多方力量，针对青年就业权益保障问题，建立多元共治机制。加强就业歧视治理，完善相关法律法规，规范企业用工方式，对尚未纳入劳动关系法律调整范围内的实习生、见习期毕业生等群体的劳动报酬、工时等基本劳动权益进行保障，对不合理解雇等问题加大整治力度。

参考文献：

1. 陈颖瑛、何文炯：《现阶段我国城镇青年的失业问题探讨》，《技术经济与管理研究》2005年第6期。

2. 代懋、杨伟国：《英国青年就业政策的转型及其启示》，《欧洲研究》2013年第2期。

3. 段大勇：《当前我国青年失业问题探析》，《前沿》2004年第12期。

4. 姜照辉：《经济危机时代各国青年就业政策分析》，《中国青年研究》2012年第1期。

5. 赖德胜、何勤：《当前青年群体就业的新趋势新变化》，《人民论坛》2023年第11期。

6. 李长安、杨贺：《全球青年失业问题及治理：对中国的启示》，《中国劳动》2022年第6期。

7. 仝秀珍、王乾明：《韩国青年失业的原因及治理对我国的启示》，《中国外资》2012年第2期。

8. 王美艳：《当前青年就业新态势及应对策略》，《人民论坛》2021年第15期。

9. 王蓉蓉：《大城市青年就业现状探析——以上海为例》，《南京人口管理干部学院学报》2012年第7期。

10. 许小玲：《青年失业问题探析：一项来自上海市宝山区的调查》，《青年研究》2003年第4期。

11. Christopher W. "These aren't the jobs we want": youth unemployment and anti-work politics in Khayelitsha, Cape Town, *Social Dynamics*, Vol. 47, No. 3, 2021.

12. International Labor Organization. Global Employment Trends for Youth 2023: Investing in Transforming Futures for Young People, 2023.

13. Mac Donald R, Marshm J. Missing School: Educational Engagement, Youth Transitions and Social Exclusion. *Youth & Society*, Vol. 36, No. 2, 2004.

14. Montenegro C. E. Job Security and the Age-composition of Employment: Evidence from Chile. *Esudios de Economía*, No. 2, 2007.

15. Nedelkoska L, Quintini G. Automation, skills use and training, *OECD Social, Employment and Migration Working Papers* No. 202 (Paris, OECD), 2018.

16. O'Higgins N. Rising to the youth employment challenge: New Evidence on Key Policy Issues. Geneva: International Labor Organization, 2017.

17. Shim M, Yang H-S, Lee S. Technological progress and youth employment, *Working Paper*, No. 2018 – 31 (Economic Research Institute, Bank of Korea), 2018.

18. Wei-Jun Jean Yeung, Emily Rauscher. Youth Early Employment and Behavior Problems: Human Capital and Social Network Pathways to Adulthood. *Sociological Perspectives*, 2014.

扩大县域消费增长潜能研究*

摘　要：近年来，我国县域消费市场快速发展，县域正成为"扩内需、促消费"的重点领域和潜力地区。数据显示，2024年县域消费品零售额占社会消费品零售总额的比重达到38.8%，比上年提高0.4个百分点，县域消费市场规模进一步扩大，但与52.3%的人口比重相比，仍有较大提升空间。因此，如何进一步释放县域消费潜能成为当前和今后一段时期大力提振消费、释放消费潜能的重要发力点。本研究聚焦县域消费的阶段性特征，立足理论前沿和县域实际，总结提炼出当前影响县域消费增长潜能的三大因素，包括县域居民收入、新型城镇化建设以及新业态新模式的涌现，并预测到2030年县域消费增长潜在规模或将达到16万亿~20万亿元，在此基础上进一步分析现状问题和制约因素，针对当前形势和短板提出下一步要紧紧把握统筹推进新型城镇化和乡村全面振兴的重要机遇期，顺应县域消费特点加快补齐短板、筑牢长板，着力扩大县域消费增长潜能。

关键词：县域消费　增长潜能　规模预测　制约因素

县域消费潜能是指县域消费者尚未释放出来的消费需求。党中央、国务院高度重视县域消费发展和扩大县域消费增长潜能。2022年4月，国务院办公厅印发的《关于进一步释放消费潜力促进消费持续恢复的意见》强调"全面创新提质，着力稳住消费基本盘，充分挖掘县乡消费潜力"。2024年，中央经济工作会议明确"大力提振消费、提高投资效益，全方位扩大国内需

---

* 作者姚晓明。

求"是 2025 年经济工作的重点任务之一。中共中央、国务院印发的《乡村全面振兴规划（2024—2027 年）》对"全面促进农村消费"作出部署，提出"推进县域商业体系建设"。综上，改善县域居民消费质量，全面释放县域居民消费潜力，提高县域居民的消费水平，是当前我国经济社会发展的必然要求。

一、当前县域消费基础好、势头强，供需两端呈现"双升级"的新特征

近年来，县域消费对我国消费增长的驱动作用越来越强劲。特别是一二线城市关于"消费降级"的讨论不绝于耳，而县域消费却"逆势上涨"，从消费总量、消费群体、消费能力等方面都呈现出"消费升级"的势头。供需两侧更是呈现出消费供给下沉和消费需求上行的鲜明特征。研究显示，县域消费市场的蓬勃发展不仅为全国消费增长注入了新动能，也为城乡融合发展提供了有力支撑，展现出巨大的潜力和活力[①]。

（一）县域消费规模和结构稳步提升

1. 在规模上，县域消费正成为形成强大国内市场的重要板块

首先，县域经济蓬勃发展，消费总量不断扩张。2023 年，全国县域地区生产总值达到 48.3 万亿元，较 2011 年的 24.1 万亿元，增长 1 倍以上，占全国国内生产总值的 38.3%，比 2022 年提高 0.2 个百分点。其中，2023 年我国"千亿县"数量达到 59 个，比上年增加 5 个，占全国经济总量的 7.6%。随着县域经济的快速增长，县域消费规模持续扩大。国家统计局数据显示，2021 年以镇区为主的县城与农村消费品零售额增速均高于城市，分别高出 2.3 个和 1.7 个百分点。近年来，我国县域消费市场快速发展。2024 年县域消费市场规模进一步扩大，县域消费品零售额占社会消费品零售总额的比重达到 38.8%（见图 1），比上年提高 0.4 个百分点，但与 52.3% 的人口比重

---

① 谭静：《发挥县域消费在经济恢复中的拉动作用》，《财政科学》2023 年第 7 期。

相比①，仍有较大的提升空间。可以说，数亿人口的县域地区是我国消费市场的重要组成部分，也是蕴藏巨大消费潜力的"新蓝海"。

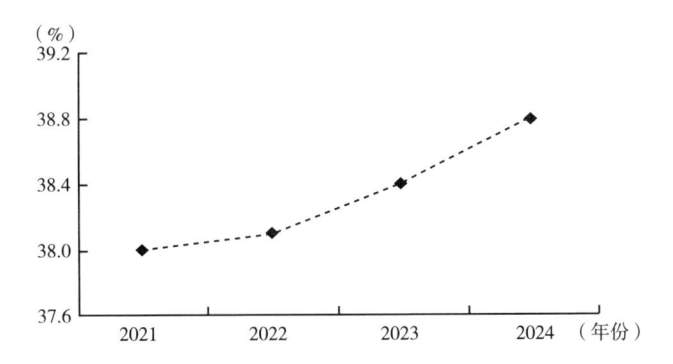

图 1 近年来县域消费品零售额占社会消费品零售总额比重变化情况

资料来源：笔者整理。

其次，县域地区拥有超全国一半以上的人口规模②。县域地区超大规模的常住人口是县域消费市场潜在增长动力的重要保障。根据第七次全国人口普查数据，2020年全国农村常住人口超过5亿，县城常住人口1.6亿。由此推算，县域消费市场人口规模保守估计也有6亿以上。与此同时，随着新型城镇化建设深入推进，农村转移人口进一步向县城和小城镇集聚，县域消费市场将有坚实的人口基础作为支撑。另外，县域青年群体和银发群体是消费主力军，也将为县域消费增长注入持续动力，推动消费结构优化和消费潜力释放。据麦肯锡报告，到2030年，我国居民端消费总量将达到65.3万亿元，其中超过66%的增长将来自三线及以下地区，特别是县乡市场。

此外，县域居民消费能力不断增强。县域居民收入增长是县域消费市场快速发展的主要动力。国家统计局数据显示，自2010年以来，农村居民人均可支配收入增速连续15年高于城镇居民（见图2）。农村居民人均可支配收入增长幅度较大，对释放县域消费潜力有着突出作用③。2024年，农村居民

---

① 资料来源于《中国县域发展潜力报告2024》。
② 沈迟：《完善县乡消费市场满足人民群众对美好生活的追求》，《中国经济评论》2021年第3期。
③ 张蔚菊：《更大力度释放县域消费潜力》，《群众》2022年第18期。

人均可支配收入为23119元，同比增长6.6%，较城镇居民快2个百分点。城乡居民收入比持续缩小，由2021年的2.5缩小至2024年的2.32。与此同时，县域居民人均消费支出不断上涨。特别是农村地区，自2008年起，农村居民人均消费支出增速连续17年高于城镇居民。2024年，农村居民人均消费支出19280元，增长6.1%，增速较城镇居民高出1.4个百分点。

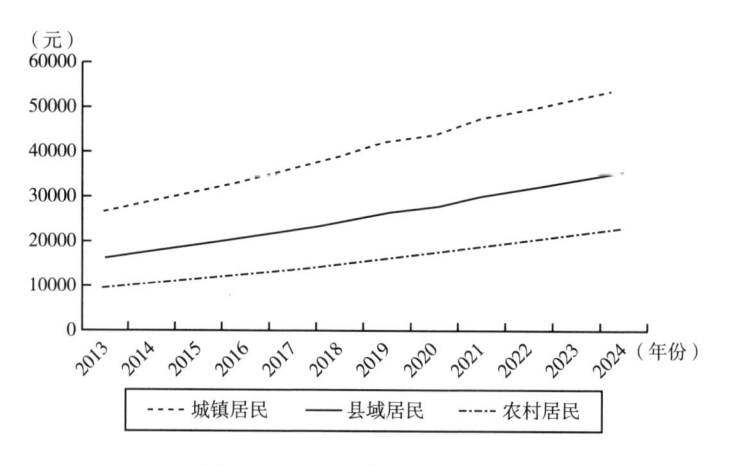

图2　县域居民人均可支配收入

资料来源：国家统计局，县域居民人均可支配收入按城镇占40%、农村占60%进行估算。

2. 在结构上，县域消费升级趋势明显，展现出旺盛的消费活力

县域作为连接城乡的"中转站"，不再是简单的"下沉市场"。随着新型城镇化和乡村振兴战略的深入推进，县域居民的消费结构不断优化，正在从生存型消费向发展型消费转变。过去，县域居民的消费主要集中在食品、服饰等基本生活用品上，而现在，越来越多的消费者将目光投向提升生活质量和享受生活的发展型消费之中。近年来，县乡地区的恩格尔系数持续下降。全国农民和城镇居民的恩格尔系数分别从2014年的33.6%和30.0%，下降到2023年的32.4%和28.8%。越来越多的预算被用于购买高档耐用品、医疗保健、教育文化娱乐等方面。

在县城，居民的消费观念从"重产品"转向"重品牌"，许多大型连锁品牌在县域市场快速发展，其年复合增长率显著高于一线城市。随着大型超市、商业圈和商业地产的进驻，使新的消费业态在县域加速形成。一些地区顺应消费升级的新趋势，着力推动新兴商服业态的发展，使过去以"小、散、乱"为

特点的传统商服业实现了转型升级。这些变化不仅推动了县域消费市场的繁荣,也为县域经济的高质量发展注入了新的活力①。

在农村,农村居民的发展型和享受型消费占比日益提升。农村居民在交通通信、教育文化娱乐以及医疗保健等升级服务类消费支出占比从30.7%增长至33.7%,消费结构优化、升级特征显著。展望未来,随着乡村振兴战略和数字乡村发展深入推进,农村居民收入水平逐步提高,消费能力显著增强,对多样化、高质量产品和服务的需求还会不断增加(见图3)。

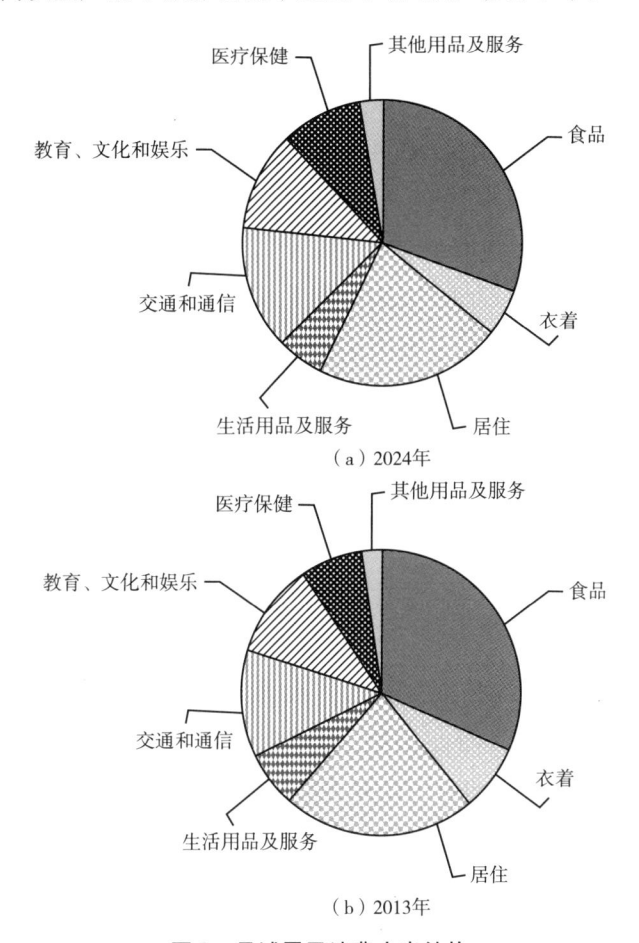

(a)2024年

(b)2013年

图3 县域居民消费支出结构

资料来源:国家统计局。

---

① 甘申:《县域发展消费主导型经济的探索》,《中国集体经济》2017年第1期。

（二）供需耦合新特征推动县域消费不断向好

随着县域居民消费能力的增强、消费基础设施的改善、消费场景的创新，近年来县域消费保持较快增速，并呈现出消费供给下沉、消费需求上行的新趋势，进一步推动县域消费向好发展。

1. 品牌下沉，品质上行

从供给侧看，越来越多原本集中在大城市的消费品牌向县域下沉，将县域市场作为新的增长点和突破口。以餐饮品牌为例，麦当劳、肯德基、海底捞等头部餐企都将目光转向下沉市场，并将下沉市场作为布局新门店的重点。研究显示，2024年上半年，县域餐饮新开商户占全国新开商户的比重达32.9%，较上年同期提升3.5个百分点。另外，星巴克、瑞幸等连锁咖啡品牌大举进军县域市场。截至2024年底，星巴克门店已覆盖1000多个县域市场，仅2024年就新进入166个县域市场。值得注意的是，虽然全国餐饮收入整体增速放缓，但区域市场分化明显，以县域为代表的下沉市场成为新的增长点，2024年上半年县域餐饮消费额和订单量分别同比增长21.4%和26.6%，高于全国平均水平。

从需求侧看，县域消费者的消费意愿向品质化升级转变，不断向大城市看齐靠拢。县域消费不再拘泥于生活必需品，人们对于衣食住行的品质有了更高追求。在传统消费领域，新能源汽车、智能家电等成为热点。其中，县乡地区纯电汽车渗透率从2022年的4%上升到了2023年的17%。2023年，烘干机、集成灶、净水机、洗碗机等升级类产品在县域走俏，增幅分别达到363%、138%、78%和65%。同期，在健康消费领域，婴童营养产品增长高达624%，红参、园参等滋补产品成交额增长超10倍。2025年春节期间，高端滋补品受到县域农村消费者欢迎，灵芝孢子粉销量增长4.8倍，鲜炖燕窝销量增长146%。另外，电煮锅销量增长超10倍，早餐机销量增长8.6倍，智能浴室柜、智能坐便器等智能家居产品销量也大幅增长，反映出县乡消费者生活品质的提升。

2. 文体消费下沉，旅游热度上行

从供给侧看，文艺演出和体育赛事等文体活动呈现出全面落户县域小城的态势，为县域文旅消费开辟新赛道，注入新活力。早在2021年，中国演出行业协会就监测到音乐节的举办地从一线城市逐渐向三四线城市甚至县城下沉，并且这种趋势在不断强化。数据显示，2023年包括县城在内的低线级城市共举办124场音乐节，仅次于新一线城市举办数量，并且有6成的音乐节选择在三四线城市及县乡地区举办。2024年在湖州市安吉县举办的安吉青年大麓音乐节，3天时间就吸引了8万余人，直接创造门票收入3600万元，带动交通、住宿、餐饮等消费1.2亿元。类似的体育赛事带火县域文旅市场。2024年国庆期间，"村BA"举办地台江县共接待游客19.79万人次，同比增长54.41%，实现旅游综合收入2.24亿元，同比增长60%；"村超"举办地榕江县共接待游客49.89万人次，同比增长24.82%，实现旅游综合收入6.02亿元，同比增长21.99%。

从需求侧看，如今许多人已不满足于大众化的旅游模式，而是追求个性化、体验感好、高性价比的旅游方式，县域旅游成为逃离城市喧嚣的理想选择，近年来备受青睐。《全国县域旅游发展研究报告2024》显示，2023年全国1800多个县域旅游总收入和接待游客总人数同比分别增长41.19%、35.18%。与一二线旅游城市相比，县域旅游目的地呈现出游客数量少、不拥挤，住宿、餐饮、娱乐等消费价格低、性价比高，游览体验感更好。2024年国庆期间，某网上旅游平台显示，县域旅游日均订单同比增长40%，全国近百个县城的高星级酒店、民宿一房难求，预订增幅达5成，安吉、平潭、景洪等地国庆首日订单分别增长86%、67%和50%。根据美团旅行的数据，2025年春节旅游消费集中在一些热门县城，包括桂林阳朔县、洛阳栾川县、湖州长兴县等。而这种消费热度也表现出明显的县域辐射效应，像大兴安岭呼玛县、喀什疏附县等地都成为春节期间的旅游"黑马"。

3. 新兴业态下沉，消费场景上行

从供给侧看，随着数字经济蓬勃发展，县域消费新业态、新模式层出不穷。数字化赋能提升了县域居民的消费体验。在县城，以即时零售为代表的新业态给居民生活带来极大便利。2024年上半年，各地县城超市的外卖订单同比增长69%，其中大型商超的订单同比增长76%。在农村，截至2024年6月，农村网民数已达3.04亿人，互联网普及率提升到63.8%，推动社交电商、直播电商等新模式进一步下沉，农村网商数达到1853.2万家，同比增长7.6%。此外，首店经济落户县城，新业态加速涌现。近年来县域经济的新布局、新发展，首店下沉趋势愈加明显。首店进驻县城，意味着该地区的消费市场正在吸引更多新品牌和新业态，包括新的零售模式、创新的餐饮服务、特色的文化和娱乐设施等，显著提升了当地居民的生活质量和消费体验。在高线级城市流行的露营、剧本杀、沉浸式剧场、潮玩店等新兴业态，也越来越多地出现在县域地区。

从需求侧看，县域消费者的购物习惯正经历着从线下到线上的转变，线上消费大幅增长。传统消费业态与新兴互联网技术、物流配送相结合，"线上＋线下"消费场景日益丰富，形成线上线下融合发展的新格局。县域地区线上新业态的普及，使得县域居民可以有效突破线下传统销售或传统电商的壁垒，实现消费端与生产端直接对接。美团数据显示，县域生活服务消费订单占全国的比重持续增加，从2019年的23.8%上升至2023年第三季度的30.6%。2024年前三季度，农村网上零售额同比增长9.4%，其中农产品网上零售额同比增长21.7%。

二、县域消费增长潜能的主要影响因素和预测

随着县域居民收入增长、新型城镇化建设的深入推进和消费业态的持续创新，县域消费市场正迎来前所未有的发展机遇。本节从影响机制和预测分析两个维度，综合预测县域消费增长潜能的规模。

（一）县域消费增长潜能的主要影响因素

消费潜能指的是蕴藏在消费者身上尚未释放出来的消费需求。已有研究发现影响消费潜能的主要因素，既包括收入等一般性因素，也包括特定地域、人群等的特色影响因素，是多个维度共同作用的客观事实。本研究进一步聚焦于县域消费的一般性规律和特殊属性，并结合现阶段县域消费发展趋势特点，综合分析县域消费增长潜能的影响因素。

1. 提升县域居民收入水平是扩大县域消费增长潜能的关键

消费经济经典理论已经证明，收入是影响其消费支出和消费水平的决定

性因素，收入水平越高越能够提高个人的消费水平。增加居民收入有利于发挥消费对经济发展的基础性作用。提高县域居民收入水平，能够有效释放消费潜力，拉动内需增长。事实上，县域居民收入增长是近年来县域消费市场快速发展的主要动力。主要表现在县域内的农村居民人均可支配收入增长幅度较大。国家统计局数据显示，2024年，全国居民人均可支配收入41314元，比上年增长5.3%，其中城镇居民人均可支配收入54188元，增长4.6%，农村居民人均可支配收入23119元，增长6.6%（见表1）。

表1　　　　　　　　　　2024年城乡居民收入情况

城镇居民	绝对量（元）	占比（%）	农村居民	绝对量（元）	占比（%）
人均可支配收入	54188	—	人均可支配收入	23119	—
工资性收入	32899	60.7	工资性收入	9799	42.4
经营净收入	6244	11.5	经营净收入	7845	33.9
财产净收入	5455	10.1	财产净收入	580	2.5
转移净收入	9590	17.7	转移净收入	4895	21.2

资料来源：国家统计局。

持久收入假说将消费者的收入分为暂时性收入和持久性收入两部分，"持久收入"即消费者可以预期的那部分收入，而"暂时收入"则是不可预测的，具有偶然性的收入。随着信用消费的普及以及社会保障制度的不断完善，处于年轻阶段且工作稳定的个体更倾向于依据持久收入来规划贵重且必要的跨期消费支出，而将暂时性收入用于短期消费。持久收入假说为解释县域消费潜能释放缓慢提供了理论依据：由于县域居民的持久收入增长相对有限，他们对高端消费品的需求增长也较为平缓。这一现象表明，县域居民的消费行为更注重长期收入的稳定性和消费的平滑性，而非短期收入的波动。总体来看，持久收入假说通过强调长期收入预期和消费平滑行为，为理解县域消费的稳定性及其结构性特征提供了重要视角，同时也揭示了县域消费市场在升级过程中面临的挑战。

县域居民的收入结构应介于城镇居民和农村居民之间。从收入来源来看，工资性收入是县域居民最主要的收入来源，占比为50%左右（介于城镇居民的60.7%和农村居民的42.4%之间），反映了县域居民对稳定就业的依赖程度较高。经营净收入在县域居民收入中也占据重要地位，占比为20%~25%（介于城镇居民的 11.5% 和农村居民的 33.9% 之间），表明县域居民通过个体经营、农业或小微企业等方式获得收入的比重较大。财产净收入在县域居民收入中占比较低，为 5%～8%（介于城镇居民的 10.1% 和农村居民的 2.5% 之间），说明县域居民通过财产性收入（如租金、利息等）获得的收益相对有限。转移净收入在县域居民收入中占比为 15%～20%（介于城镇居民的 17.7% 和农村居民的 21.2% 之间），体现了政府转移支付（如养老金、补贴等）对县域居民收入的重要补充作用。总体来看，县域居民的收入结构以工资性收入和经营净收入为主，财产净收入占比较低，转移净收入则起到一定的支撑作用。这种收入结构反映了县域居民在经济活动中的多样性和对政策支持的依赖性，同时也为释放县域消费潜能提供了结构性基础。

2. 新型城镇化建设是激发县域消费潜能释放的推动力

县城是我国城镇体系的重要组成部分，推进以县城为重要载体的城镇化建设，既是我国国民经济结构战略性调整的重要抓手，也是乡村振兴和新型城镇化的必然选择。

已有研究显示，城镇化对居民消费的增长起到显著的促进作用。相关研究可以追溯到 1979 年诺贝尔经济学奖获得者刘易斯针对发展中国家提出的"二元经济结构模型"，该理论认为农村剩余劳动力可以通过转移到工业部门从而促进经济增长。现有文献对城镇化与消费的研究强调城镇化进程可以通过提升居民收入来促进消费以及强调城镇化通过集聚效应和规模效应来扩大消费需求。范剑平和向书坚（1999）[1] 指出，改革开放以来，城镇人口比重的提高并没有使消费水平较高的城镇居民消费份额相应提高，城镇化对居民消费率上升的贡献几乎为零，城乡居民非自然收入差距是造成我国居民消费不足问题的首要原因。方福前（2021）[2] 研究表明，未来 15 年我国居民消费需求的潜在增长点主要集中在农村居民消费增长、城镇化发展、中西部居民消费增长、养老产品和医疗服务需求增长以及把我国居民一部分外需回流为

---

[1] 范剑平、向书坚：《我国城乡人口二元社会结构对居民消费率的影响》，《管理世界》1999 年第 5 期。

[2] 方福前：《中国居民消费潜力及增长点分析——基于 2035 年基本实现社会主义现代化的目标》，《经济学动态》2021 年第 2 期。

内需上，在未来15年中，若能把城乡收入差距由目前的2.65∶1缩小到1.65∶1，将会极大提升居民消费水平和总需求水平。

新型城镇化对农村居民的消费水平和消费结构均具有明显的促进作用。其扩大内需的作用机制主要体现在四个方面：农村人口迁移、人口市民化、城乡公共服务改善以及产业结构优化，这些机制被认为是实现投资规模和质量双重提升的重要途径。国内学者将城镇化发展与居民收入增长之间的传导机制分为直接机制和间接机制。直接机制包括扩张效应和质量效应。其中，扩张效应表现为人口规模的快速扩大，市民化进程显著提升了消费需求。质量效应则体现在城镇化进程中新增人口身份转变带来的素质提升。间接机制则涉及居民收入变动和政府支出两方面。从宏观消费经济理论来看，收入变动带来的收入效应、财富效应和分配效应对居民消费水平产生了重要影响，而政府支出对公共服务的完善则是促进消费提升的重要推动力。然而，也有部分学者通过消费率分析得出了相反的结论，认为新型城镇化进程中的其他因素也可能会对居民消费提升产生阻碍作用。

3. 新业态新模式的涌现是促进县域消费潜能转化为实际消费的催化剂

消费业态的多样性、发展水平和创新程度是塑造居民消费行为的关键因素。随着"互联网+"等数字技术与传统消费领域的深度融合，消费新业态和新模式迅速崛起，县域消费场景也呈现出多样化发展趋势。首先，商圈、商业综合体和购物中心等现代消费空间逐步向县域集聚，消费场景的兴起推动了连锁品牌下沉县域市场，零食、茶饮、服饰、婴幼儿教育等优品品牌纷纷聚焦县域，丰富了县域市场的商品种类并提升了供给质量。其次，社区消费场景不断创新，沉浸式、互动式和体验式消费场景不断涌现，老字号品牌、新潮玩品牌以及本土特色商品纷纷入驻，形成了具有规模效应和品牌集聚效应的特色街区。最后，大型商业综合体通过举办特色活动，制造网络热点、引领消费潮流，网络新品牌进驻商圈和商场逐渐成为常态，进一步丰富了农村居民的消费场景和消费方式。这些变化不仅推动了县域消费市场的升级，也为县域经济注入了新的活力。

随着农村数字化水平的不断提升、信息化基础设施的持续完善，电商下沉已成为明显的发展趋势。麦肯锡报告预测，到2030年，消费规模中超过

66%的增长将来自包括三线及以下市场在内的下沉市场。这一预测进一步表明，下沉市场将成为未来消费增长的主要动力来源。第54次《中国互联网络发展状况统计报告》显示，截至2024年6月，我国农村网民规模达3.04亿人，占网民整体的27.7%；农村地区互联网普及率为63.8%。与此同时，农村物流水平也不断提升，2023年全国邮政普遍服务农村投递路线达到10万条。电商平台的下沉促进了农村网络零售市场的繁荣。商务部数据显示，2024年上半年，我国乡村消费品零售额为3.14万亿元，同比增长4.5%，增速高于城镇0.9个百分点；全国农村网络零售额同比增长9.4%。农村电商的蓬勃发展与电商平台的下沉趋势，将显著激发我国县域地区的消费潜力，下沉市场日渐成为县域消费增长的新引擎。

（二）县域消费增长潜能规模预测分析

在上文县域消费增长潜能主要影响因素的基础上，进一步采用情景分析法，分别从居民收入增长、新型城镇化建设、新业态新模式涌现等方面，预测未来县域消费潜能规模大小，并综合分析判断三者共同作用下的县域消费潜能会达到什么程度。

1. 预计到2030年由于收入增长可产生6万亿元的县域消费增长潜能

假设2024年县域居民人均可支配收入为城镇和农村居民收入的加权平均值，权重可以根据县域人口中城镇和农村居民的比例确定①。假设县域居民中城镇人口占比为40%，农村人口占比为60%，则县域居民人均可支配收入为34075元。另外，假设未来城镇居民收入年均增长4.5%，农村居民收入年均增长6.5%，则未来县域居民收入年均增长5.7%。

根据持久收入假说，消费增长主要依赖于持久收入的增长。如表2所示，预计2025~2030年，县域居民人均可支配收入将从36000元增长至47490元，年均增长5.7%。另外，假设县域居民的消费倾向：高情景消费倾向为0.8，中情景消费倾向为0.75，低情景消费倾向为0.7。因此，县域人均消费增长潜能=县域居民人均可支配收入×消费倾向。消费潜能预计：高情景下，

---

① 城镇居民人均可支配收入：54188元，增长4.6%；农村居民人均可支配收入：23119元，增长6.6%。

消费支出从28800元增长至37992元，县域人均消费潜能增长9000余元；中情景下，消费支出从27000元增长至35618元，县域人均消费潜能增长约8600元；低情景下，消费支出从25200元增长至33243元，县域人均消费潜能增长约8000元（见图4）。若县域地区以7亿人口计算，到2030年预计收入增长可能产生5.6万亿元到6.3万亿元的消费潜能，取中间值6万亿元。

表2　　　　　　　　　县域居民人均可支配收入预测　　　　　　　　　单位：元

项目	2025年	2026年	2027年	2028年	2029年	2030年
县域居民收入预测	36000	38052	40220	42510	44930	47490

资料来源：国家统计局，笔者测算。

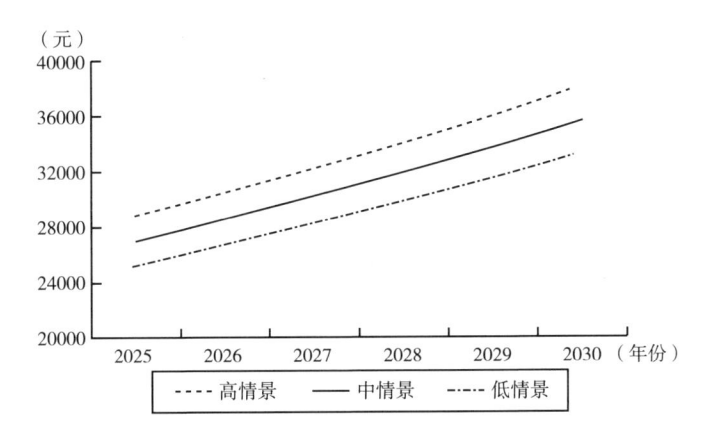

图4　县域居民人均消费潜能预测

资料来源：国家统计局，笔者测算。

2. 预计到2030年由于推进新型城镇化建设可产生10万亿元的县域消费增长潜能

根据国家统计局数据，2022年我国城镇化率约为65%，县域消费规模占全国消费总额的40%左右。假设2022年县域消费总额为20万亿元，以此为基数，结合新型城镇化建设对消费潜能的推动作用，预测2030年县域消费潜能规模。

采用情景分析法，设定高、中、低三种情景，分别对应不同的城镇化推进速度、政策支持力度和居民收入增长水平。高情景假定年均城镇化率提高1%，2030年城镇化率将达到73%。政府大力投入公共服务和基础设施建设，居民收入年均增长8%。消费潜能年均增长10%。中情景年均城镇化率提高0.7%，2030年城镇化率将达到71.2%。政府适度投入公共服务和基础设施建设，居民收入年均增长6%。消费潜能年均增长7%。低情景年均城镇化率提高0.4%，2030年城镇化率将达到69.4%。政府投入有限，居民收入年均增长4%。消费潜能年均增长4%，如表3所示。

高情景：在快速城镇化、高收入增长和政策大力支持下，2030年县域消费规模有望达到42.87万亿元。

中情景：在稳步城镇化、中等收入增长和适度政策支持下，2030年县域消费规模预计为34.36万亿元。

低情景：在缓慢城镇化、低收入增长和有限政策支持下，2030年县域消费规模预计为27.37万亿元。

表3　　　　　　　　　　　预测结果

情景	年均城镇化率提升（%）	2030年城镇化率（%）	居民收入年均增长（%）	消费潜能年均增长（%）	2030年县域消费规模（万亿元）
高情景	1	73	8	10	42.87
中情景	0.7	71.2	6	7	34.36
低情景	0.4	69.4	4	4	27.37

资料来源：国家统计局，笔者测算。

综合来看，若以社会消费品零售总额年均增长3.5%计算，预计2030年县域消费潜能规模在1.03万亿~16.53万亿元之间，保守估计可产生10万亿元的消费潜能，具体规模还取决于城镇化推进速度、政策支持力度和居民收入增长水平。

为实现县域消费潜能的最大化，建议加快城镇化进程，通过政策引导和市场机制加速农村人口向城镇转移。加大政府投入，增加公共服务和基础设施建设的投入，改善居民生活质量。促进收入增长，通过产业升级和就业促进提高居民收入水平。优化消费环境，完善县域商业设施，提升消费便利性和体验感。这些措施将有助于推动县域消费潜能的释放，为经济持续发展提供强劲动力。

3. 预计到2030年由于新业态新模式涌现可产生14.5万亿元的县域消费增长潜能

假定2022年县域消费总额为20万亿元，以此为基数，结合新业态新模式对消费潜能的推动作用，设定高、中、低三种情景，分别对应不同的消费业态发展水平和政策支持力度。**高情景**：新业态新模式快速普及，电商下沉和消费场景创新高度活跃。政府大力支持数字化基础设施建设和消费业态创新。消费潜能年均增长12%。**中情景**：新业态新模式稳步推进，电商下沉和消费场景创新适度活跃。政府适度支持数字化基础设施建设和消费业态创新。消费潜能年均增长9%。**低情景**：新业态新模式发展缓慢，电商下沉和消费场景创新有限。政府支持力度有限，数字化基础设施建设和消费业态创新进展缓慢。消费潜能年均增长6%，如表4所示。

表4　　　　　　　　　　　　　预测结果

情景	消费业态发展水平	政策支持力度	消费潜能年均增长（%）	2030年县域消费规模（万亿元）
高情景	快速普及	大力支持	12	49.52
中情景	稳步推进	适度支持	9	39.85
低情景	发展缓慢	支持有限	6	31.88

资料来源：国家统计局，笔者测算。

综合来看，若以社会消费品零售总额年均增长3.5%计算，预计2030年县域消费潜能规模在5.54万亿~23.18万亿元之间，保守估计可产生14.5万亿元的消费潜能，具体规模取决于新业态新模式的发展水平和政策支持力度。

为实现县域消费潜能的最大化，建议加快消费业态创新，推动"互联网+"与消费场景深度融合。完善数字化基础设施，提升电商和物流服务水平。优化消费环境，打造多元化消费场景，吸引优质品牌下沉到县域市场。加强政策支持，出台激励政策，支持县域消费业态创新和消费市场升级。这些措施将有助于释放县域消费潜能，为经济持续发展提供强劲动力。

4. 综合预计到2030年县域消费增长潜能可达16万亿~20万亿元

考虑到居民收入增长、新型城镇化建设、新业态新模式涌现等的影响是交织叠加的，如推进新型城镇化建设亦会带动县域居民收入增长，另外科技进步在催生新业态新模式的同时,也可能同步推动居民收入增长和新型城镇化建设。因此,基于上述分析,综合评估县域消费增长潜能规模可达16万亿~20万亿元。

三、进一步扩大县域消费增长潜能面临的现实环境和制约因素

进一步扩大县域消费增长潜能离不开准确把握县域消费市场的现实环境和阶段性特征,以及中长期制约因素,系统分析制约县域消费潜能释放和扩张的主要原因,以期为制定相关政策找准发力重点和方向。

(一)从短期看,释放县域消费潜能会受到现阶段县域市场三个"尚未完成"的转变的限制

尽管近年来县域消费市场环境显著改善,但当前县域地区在消费基础设施上、消费习惯上、消费能力上仍有局限,或将阻碍消费潜能的持续释放。具体表现在以下三个方面。

1. "消费末梢"尚未完全成为"消费节点"

从供给端来看,尽管县域消费市场展现出强劲的增长势头和巨大潜力,但其在商业体系中的地位仍然处于"消费末梢"。

一方面,县域消费品质和服务较大城市仍有差距。与大城市相比,县域市场规模偏小、消费水平偏低、集聚消费功能偏弱,一些大型商贸企业布局动力不足,一定程度上制约了县域消费供给端的发展,还不足以匹配县乡居民消费升级需求。据中国消费者协会报告,21.8%的受访者表示连锁或品牌零售店数量不足,29.7%的受访者表示农村商品种类少。此外,一些连锁品牌进入县域市场后,服务标准有所降低,甚至一些"山寨"品牌盲目跟风,影响了县域市场的品牌形象和消费体验。中国消费者协会调查显示,27.5%的消费者表示遇见过"三无"产品,24.8%的消费者反映在农村集贸市场遇到过假冒伪劣产品。

另一方面,县域消费基础设施仍不完善。仅就县域流通体系而言,目前仍有一些县乡村的数字基础设施建设滞后,冷链物流、集配中心等流通设施建设存在短板,导致物流成本高、配送效率低,"最后一公里"问题尚未有

效解决。特别是广大农村地区，由于村庄分散，需要更长的物流配送时间，长期影响农村居民的消费体验。据调查，通常一二线城市消费者可以享受网购当日或次日达服务，但多数农村消费者表示需要3~4天，甚至5天以上。此外，农村电商发展缺乏人才支撑，物流人员服务水平参差不齐，也制约了县域消费发展。

2."消费体验"尚未完全成为"消费习惯"

当前，县域消费市场仍以对一二线城市消费场景、生活方式的复刻、模仿为主，而这种体验式消费还没有完全转化为稳定的消费习惯。

一方面，县域消费仍处于量变阶段而未发生质的改变。以咖啡为例，尽管县域市场咖啡店年新增量超过50%，但据《科学》（Science）杂志统计，我国一二线城市人均咖啡消费量超过300杯/年，而2023年我国人均年消费量16.74杯。这表明包括县乡在内的低线级地区人均咖啡饮用量远不及一二线城市，县域咖啡消费仍以体验为主。调查显示，县城新开咖啡店需要2年甚至更长时间回笼资金，而一线城市咖啡店只需6个月就能回本。此外，由"体验"向"习惯"转变，还取决于县域消费者消费能力的提升和消费环境的改善。

另一方面，季节性返乡潮短暂点燃县域消费，但并非常态化。春节期间，大量在外工作人员返乡，为县域消费带来庞大的消费群体，同时返乡人员也将大城市形成的消费习惯带到县乡，特别是一些新兴消费，推动了县域消费市场的繁荣。美团数据显示，2024年春节，县域地区呈现消费高峰，外卖订单同比增长39%，连锁品牌（如喜茶、奈雪的茶等）订单更是暴涨400%。但这样的消费景象仅存在短暂几天，随着假期结束，返乡人员返回工作地，县域市场消费热度很快下降，并回归到原本的消费模式和习惯。

3."消费潜力"尚未完全成为"消费动力"

从常住人口结构看，县域地区主要呈现中等收入群体占比偏低、老龄人口比重偏高的特点。这既是县域消费应发展的重点，也是县域消费的难点和潜力所在，而目前这部分消费潜能尚未有效释放。

一方面，与大城市相比，县域中等收入群体规模偏小，这部分人群的消费潜能还未大规模形成。中等收入群体是消费的主力军。我国中等收入群体虽然已经超过 4 亿人，但主要分布在城市地区，广大县乡地区的中等收入群体规模还比较小。从城乡分布看，城镇中等收入群体比重约是农村中等收入群体比重的 2.88 倍。其中，一二线城市中等收入者比重分别为 71.4% 和 62.7%，远高于包括县城在内的低线级地区。

另一方面，县域地区一些领域的消费群体已经形成，但受消费场景、消费观念等方面制约，导致这部分消费市场尚未有效激活。以养老为例，相较于大城市，县域地区人口老龄化问题更为严重，潜在养老服务需求规模更大。七普数据显示，2020 年我国乡村地区 60 岁及以上人口比重达到 23.81%，65 岁及以上人口比重达到 17.72%，分别高出城市 7.99 个和 6.61 个百分点。然而目前县域养老服务市场发展水平不高。在供给端，县域养老服务产业的投资意愿低。县域地区人口规模相对较小，配套服务设施还不完善，导致前期投资大、成本回收周期长，企业不愿投。在需求端，县域地区传统养老观念强。相较于城市，"养儿防老"的观念更加根深蒂固，一定程度上制约了县域养老服务消费潜能的释放。

（二）从中长期看，扩大县域消费增长潜能还面临着"三重制约"

当前县域消费潜能释放还面临着来自供给端、需求端以及流动端的制约，阻碍消费潜能扩大。

1. 从供给端看，县域市场品质不高、消费场景不足、供给质量不优等因素制约了县域消费潜能的释放

一方面，大部分县域地区的商业体系还不健全，高品质商品与服务供给存在不足。调研发现，部分县域商业网点规模偏小、业态简单、布局分散，存在互补性差、同质化严重以及辐射能力弱等问题，难以提供多样化的商品和服务，缺乏品牌化、地方特色化商品。而且，县域商业的经营主体也较为单一，通常由少数几个传统企业占据市场，缺乏创新型企业、高科技企业等参与。普遍反映，现有商业业态和消费场景难以满足县域消费者对高品质消费服务的需求，制约了县域消费市场的发展和升级。尤其在农村地区，商业设施更加不健全。有研究表明，我国农村人均商业面积仅为城市的 1/10，超过一半的县城没有 3 万平方米以上的商业综合体。1/3 的乡镇没有商品交易市场，53%的村没有50平方米以上的综合日用商店，农村地区互联网普及率为52.3%，比城市低24.1个百分点。

另一方面，县域市场存在"假冒伪劣""三无"产品，商品和服务供给质量不高。中国消费者协会调研数据显示，超过一半的消费者在农村集贸市场中碰到过问题商品。24.8%的消费者反映在农村集贸市场遇到过假冒伪劣产品，27.5%的消费者表示遇见过"三无"产品，且这两类问题商品在集贸市场均呈现逐年增长的趋势，不仅扰乱了市场秩序，更影响了县乡消费环境。

2. 从需求端看，收入、社保、数字鸿沟等因素妨碍县域消费潜能进一步扩大

一是县乡居民收入较低、渠道较窄。从绝对收入看，农村居民收入增长速度快于城镇，但在收入总额上，农村居民人均可支配收入仍显著低于城镇。从收入来源看，农村居民收入渠道偏窄。2022年第三季度，农村居民人均可支配收入中工资性收入和经营性收入占比为75.4%，比城镇居民高3.9个百分点，财产性收入占比仅为2.7%，比城镇居民低8.1个百分点。可见，得益于工资性收入稳步提高和经营性收入的增加，农村消费才具有可持续性。事实上，农村居民财产性收入仍有增长空间，这也为农村居民收入持续增长和消费潜力不断释放提供支撑。

二是县乡居民社会保障相对不足，影响消费意愿转换成实际消费。当前，县乡居民养老、医疗等社会保险水平较城镇职工有一定差距，导致县域居民消费信心不足，普遍"不敢消费"，使县域居民多有"高储蓄"理念，挤占了消费空间，成为制约县域消费增长的重要因素[①]。

三是县乡居民还面临较大的数字鸿沟，存在不会消费的现象。随着网络购物、线上支付的普及，一些县域居民还面临数字鸿沟制约消费潜能释放。数据显示，截至2022年6月，农村地区互联网普及率为58.8%，与城镇地区互联网普及率（82.9%）相比存在较大差距。同时，农村老龄群体对手机功能的适应能力不足，也阻碍了消费需求的释放。50岁以上农民占不使用智能手机群体的97.05%。

---

① 牛娟：《浅析县域市场消费升级路径》，《山西农经》2021年第18期。

3. 从流通端看，释放县域消费潜能被卡在了两个"一公里"

相较城市，县域尤其是乡镇、农村的商业基础设施和物流设施现代化水平偏低，且相关配套服务不足，物流发展基础薄弱，经营主体多元、资源分散且功能单一、使用率偏低①。三级物流节点网络尚未实现农村全覆盖，尤其是偏远山区和贫困地区物流服务不完善，物流经营收益偏低，可持续发展受阻。县域物流企业服务半径大，主要依赖公路运输，导致物流成本高、效率低，同时冷链物流、配送中心等基础设施分拣及数字化水平偏低，消费品和服务从县城到乡镇尤其是到农村的下行链路亟须补齐短板、提升效能。

部分农村地区物流基础建设不完善，导致快递取件困难、快递容易丢失、快递售后服务难进行等问题，在一定程度上挫伤了农村居民的消费信心，限制了县乡居民消费潜能释放。调研发现：一方面，由于农村地域广阔、分散，快递只能配送到乡镇上，在镇和村之间没有做到很好的衔接，同时快递费用二次加价问题仍较突出，农村居民不能获得和城镇居民同样的购物体验，打击了农村居民的消费心理；另一方面，由于县域乡镇商贸设施条件不足和商贸流通信息不畅，造成农产品库存积压变质、流通损坏，给农村居民造成了较大的损失，也限制了农村消费的水平。

四、进一步扩大县域消费增长潜能的举措建议

2024年底召开的中央经济工作会议把大力提振消费作为当前经济工作的首要任务。正在崛起中的县域消费成为"扩内需、促消费"的重要环节，下一步要紧紧把握统筹推进新型城镇化和乡村全面振兴的重要机遇期，顺应县域消费特点加快补齐短板、筑牢长板，着力扩大县域消费增长潜能。

（一）增强县域居民消费能力，完善长期收入增长机制

充分释放县域消费潜能关键在于增强县域居民的消费能力。为此，需实施就业优先政策，完善就业公共服务体系，提升劳动者的就业创业能力，并

---

① 韩艳旗、吕惠：《充分挖掘县乡消费潜力加快构建双循环新发展格局》，《全国流通经济》2021年第6期。

促进重点群体就业，从而通过就业带动县域居民增收。同时，应提高劳动报酬在初次分配中的比重，健全生产要素参与分配机制，优化再分配调节机制，持续改善县域居民的收入分配结构。通过加大减税降费力度，激发县域市场主体特别是中小微企业的活力。针对农村居民增收，要深入推进农村承包地"三权分置"改革，完善承包地经营权流转价格形成机制，稳慎推进农村宅基地制度改革，有序推进农村集体经营性建设用地入市改革。推进农村集体资产清产核资，将经营性资产量化分配给集体成员，推动农村资源变资产、资金变股金、农民变股东，有效提高农民的财产性收入。此外，继续巩固脱贫攻坚成果，增加财政转移支付，强化对农民生产生活的公共财力保障，发挥财政资金的再分配调节作用，进一步提升农民的保障性收入。

（二）完善消费基础设施，畅通供需循环

当前，我国正深入实施县域商业三年行动，加快补齐乡村商业短板，构建设施完善、双向顺畅的农村流通网络。健全县乡村三级商业体系是释放县域消费潜能的基础。建议加快推动县城商业街区升级改造，积极引入品牌首店，增强县城商业辐射能力。鼓励传统百货店、老旧厂房等向消费体验、休闲娱乐、文化创意等消费业态转型，打造集演艺、美食、新零售于一体的文旅消费新地标。深入挖掘县域文化，规划建设一批具有地域特色的商业街区。大力推动乡镇商贸中心、中小型超市、集贸市场升级改造，鼓励发展特色夜市、娱乐休闲等业态，建立健全乡镇居民生活服务圈，提高乡镇商业集聚能力。加大农村综合性商业设施建设投入力度，适度给予税收补贴，打造成农村生活综合服务点，满足农村居民消费需求。同时，加强县乡地区流通设施建设，引导电商企业、物流企业下沉布局商业网点、集配中心、快递驿站等设施，鼓励各家快递公司联合建立一体化的服务机制，完善多式联运物流通道体系，进一步缩短配送时间，降低物流成本。

（三）积极打造消费新场景，擦亮地方特色品牌

创新消费场景是激发县域消费潜能的关键举措。建议加快补齐县乡地区数字基础设施短板，积极推进数字乡村计划，提升高速网络覆盖率和服务质

量。鼓励县域传统零售企业引入智能化设备和技术，升级自助结账系统、智能货架等设施，提升购物体验。加快推进电子商务进村入户，鼓励电商平台与农村合作社合作，推广农产品直播带货等活动，促进农产品上行。重点扶持具有地方特色的农产品、手工艺品、传统食品等的开发和挖掘，支持注册地理标志商标和农产品标识，提升产品的地域特色和品牌价值。借助电商平台，打造地方特色产品展销专区，集中展示和销售当地特色产品。此外，鼓励农村地区因地制宜发展乡村旅游、休闲农业、自驾游等消费新业态。

（四）提升县域综合承载能力，分类培育发展地方特色消费中心

参照城市功能推进县城基础设施建设，因地制宜补齐短板弱项，吸引优质公共服务资源进入县城，引导社会资本参与县城建设，提升公共服务设施、市政公用设施、环境基础设施建设水平。推进县城更新，提升其现代化水平和便利化程度，更好满足农民到县城就业安家需求和县城居民生产生活需要。规划建设一批消费中心镇、专业镇、重点镇、特色镇等，以点带面，培育城乡融合的有效载体。另外，建议"十五五"时期要立足县乡地区自然、文化、历史等特色资源，筛选出具有比较优势的特色消费赛道，找准定位，分类培育成为地方特色消费中心。在一定区域和消费领域，地方特色消费中心要发挥特色优势和影响力，形成具有独特风格和吸引力的消费目的地，构建起覆盖全国大市场的消费空间格局，为消费者提供优质消费体验，进一步推动地方经济多元化发展。

（五）建立健全县乡村三级物流配送体系，以数字赋能畅通县域流通网络

畅通物流体系，在解决好工业品"最后一公里"难题的前提下，更重要的是打通农产品上行"最初一公里"。一方面，要科学规划物流线路和辐射范围，降低配送损耗及成本，加强到村物流站点建设，在乡、村两级设置便民驿站，提供网络通信、金融储蓄、报刊订阅、代销代购等便民服务的快递物流点，让商品下沉至县乡市场的渠道更畅通。另一方面，要积极培育深耕本地的物流企业，推动电商下沉市场，主动到乡村布局物流配送网点。提升

农产品物流配送、分拣加工等电子商务基础设施数字化、网络化、智能化水平。利用"农商互联"机制,为新兴农业生产主体、企业提供仓储、分拣、打包、冷链、快递等标准化服务,推动农产品供应链转型升级,推进农产品上行,实现从基地到超市、从乡村到城市的有效连接。此外,利用数字化设施对县乡村三级物流配送体系进行升级改造。建立农村商业信息化管理平台,提高农村商业网点及小微企业的销售与运营环节的数字化水平,促进物流、信息流和资金流的有效整合,提升农村商业流通体系的现代化水平。

（六）完善县乡社会保障体系,提高县域居民消费意愿

完善社会保障体系是增强县域居民消费信心的重要因素。针对县域居民关心的养老、教育和医疗等问题,提升农村社会保障水平至关重要。首先,应加大对教育资源的投入,确保国家义务教育政策的有效实施,特别是要降低农村家庭的教育成本,并提高农村孩子的教育水平。其次,在医疗保障方面,建立健全包括公共卫生和养老保险在内的多种保障机制,推广"医联体"模式,通过专家下基层服务、培训以及远程医疗会诊等手段,强化基层医疗卫生服务能力,使更多村民受益。此外,逐步提高农村居民最低生活保障标准,构建县乡村三级衔接的养老服务体系,发展普及性和互助性的养老服务,以减轻农村居民在看病和养老方面的经济压力。

（七）推动县乡市场开放和加强监管,优化消费环境

开放包容的市场环境和强有力的监管是扩大县域消费增长潜能的重要保障。建议鼓励县乡市场开放、竞争,消除地方保护主义和市场封锁行为,促进资源、信息和商品的自由流动。营造良好的法治环境和商业氛围,与行业协会合作,定期举办招商推介活动,搭建政企沟通平台,为企业提供一站式服务。简化审批流程,降低市场准入门槛,为外来投资者提供便利。强化市场监管和执法监督,重点打击假冒伪劣商品,保护消费者权益,维护市场公平竞争。加强县乡地区消费领域信用体系建设,健全守信激励和失信惩戒机制,加大假冒伪劣惩处力度,改善县域消费环境。

参考文献：

1. 陈晨：《全面建成小康社会后中国城镇居民消费潜力的测算研究》，湖北工业大学，2020 年。

2. 方福前：《中国居民消费潜力及增长点分析——基于 2035 年基本实现社会主义现代化的目标》，《经济学动态》2021 年第 2 期。

3. 集美大学、福建省人民政府发展研究中心联合课题组、林媛媛：《加快释放县域消费潜力研究》，《发展研究》2024 年第 9 期。

4. 冀红梅、王覃刚：《居民消费潜力的测算与区域差异性分析》，《商业经济研究》2024 年第 2 期。

5. 蒋胜男：《县域消费"升级"的双重视角、内在机理与优化路径》，《农村经济与科技》2024 年第 19 期。

6. 秦晓娟、孔祥利：《省域内农村居民消费潜能模型构建与实证研究》，《统计与信息论坛》2015 年第 11 期。

7. 臧旭恒、易行健：《中国居民消费不足与新发展格局下的消费潜力释放（上）》，《消费经济》2023 年第 1 期。

8. 臧旭恒、易行健：《中国居民消费不足与新发展格局下的消费潜力释放（下）》，《消费经济》2023 年第 2 期。

9. 张效莉、余颖博：《我国居民消费潜力测度及其影响因素研究——基于对上海、天津等 11 个省市数据的实证分析》，《价格理论与实践》2022 年第 3 期。

10. 周南南、邵长銮：《我国居民消费潜力多维测度及时空演进探究》，《湘潭大学学报（哲学社会科学版）》2022 年第 6 期。

11. 周绍杰、张泽邦、薛婧：《理解中国消费问题：典型事实、影响因素及政策建议》，《云南社会科学》2023 年第 4 期。

国际比较视域下提振居民消费的政策发力点研究 *

摘　要：2025年2月国务院常务会议指出要切实转变观念，把提振消费摆到更加突出的位置。当前我国居民消费占GDP的比重有提升空间，对经济增长的驱动作用仍有挖掘空间。在此背景下，本文以疫情防控期间各国出台的提振消费政策工具为考察对象，开展国际比较研究。并基于此提出了有针对性的政策建议。本文的研究提供了更具国际性、全局性的研究视野，为我国扩大内需，提振消费提供了一定的政策借鉴。

关键词：提振消费　国际比较　财政政策

一、引言

2025年2月10日召开的国务院常务会议指出，提振消费是扩大内需、做大做强国内大循环的重中之重。要切实转变观念，把提振消费摆到更加突出位置。因此未来一段时间如何通过提振居民消费实现经济增长动力的转换是实现我国高质量发展的关键。根据居民消费经典理论，居民收入是决定居民消费的最关键变量。回顾历史，各国均试图通过提升居民收入来提振居民消费。其中范围最广、力度最大、影响最深的就是新冠疫情期间各国（地区）出台的以直接现金补贴、消费券发放、失业救济和薪酬保护等为代表的一系列提振消费政策。

---

* 作者沙学康，本文原载于《经济导刊》2025年第5期。

国内外学者关于政府政策对消费影响的研究较为丰富，从观点来看大致可分为两派。一派学者认为财政支出会抑制居民消费。例如，萨瑟兰（1997）发现，政府财力不足时的扩张性财政政策会导致居民认为未来会发生增税和可支配收入减少，因此会增加储蓄、降低消费欲望，从而得出财政支出在一定程度上对居民消费具有替代效应的结论。卞志村、杨源源（2016）通过构建动态随机一般均衡模型，发现政府投资性和消费性支出会挤出居民消费。达伍德和弗朗索瓦（2018）则采用协整面板模型，实证估计了24个非洲国家居民消费和政府消费间的替代关系。研究发现居民消费和政府消费之间存在跨期替代，这就导致扩张性财政政策会降低居民消费需求。

另一派学者认为财政支出会促进居民消费。例如，温桂芳、马栓友、赵萍等（2003）认为，财政支出会促进社会需求扩张，其机理在于财政支出规模的扩大提高了居民消费意愿。李晓嘉、蒋承等（2016）基于空间杜宾模型对我国省级财政支出与居民消费的关系进行实证分析，发现相邻省的经济性支出和民生性支出促进了本省的居民消费。金姆等（2021）评估了新冠疫情期间韩国出台的"韩国经济影响补助金（KEIP）"政策对消费的刺激作用，发现KEIP计划显著刺激了居民消费，且该政策乘数约为0.5。切蒂等（2024）使用私营部门大数据测算了疫情防控期间美国多轮经济刺激计划对居民消费的影响，发现现金支付导致疫情初期居民消费支出急剧增加，但在疫情后期的效用则大幅下降。

尽管大量学者对政府政策的消费提振效应开展了理论和实证分析，但结合新冠疫情期间的大规模提振消费政策开展的跨国研究尚不多见。为此，本文系统梳理了新冠疫情期间全球各国出台的提振消费政策举措，并比较我国与其他国家政策侧重点的差别。相较于前人的研究，本文具有以下几点边际贡献：一是更具"国际视野"。目前研究政府政策对居民消费提振作用的理论和实证研究大多聚焦于单一国家，尽管有部分研究涉及跨国研究，但年限相对久远且缺乏时效性。二是更具"全局视野"。相较于研究某个单一政策工具的效果，本文对于当下各国（地区）使用的主要提振消费政策工具均进行了分析，这使得研究更具系统性和全面性。三是更注重政策价值的挖掘。本文为我国接下来进一步优化提振消费政策提供了有针对性的政策建议。

二、应对收入下行和消费不振的国际政策工具分析

疫情防控期间病毒肆虐的恐慌效应和社交距离拉长的封锁效应叠加，快速对世界各国（地区）经济发展和国内消费造成重创，导致居民部门资产负债表收缩，形成了"预期低迷—消费收缩—失业激增—收入下降"的负向循环链条。在此背景下，全球各国（地区）纷纷瞄准负向循环各环节出台有针对性的"一揽子"促消费政策，以期打破循环、拉动消费、重振增长。其采用的主要政策工具可归纳为以下几类。

（一）发放直接现金补贴

国外通过直接现金补贴改善居民收入拉动消费，其中以美国和日本规模最大、最具代表性。美国方面，疫情防控期间三次向低收入纳税人发放直接现金补贴，总计超过8500亿美元。2020年3月，美国颁布了首轮应对新冠疫情的经济法案《冠状病毒援助、救济和经济安全（CARES）法案》，该法案规定向年收入不超过75000美元的纳税人提供一次性1200美元现金支付，另外给每名儿童额外提供500美元。2020年12月，《冠状病毒应对和救济补充拨款法案》延续了现金支付政策，规定向年收入不超过75000美元的纳税人再次提供600美元的现金支付，每名儿童额外提供600美元。2021年3月，《美国救助计划（ARPA）法案》加大了现金补贴力度，规定每人1400美元，每名儿童额外增加1400美元。日本方面，疫情防控期间先是通过第一轮紧急经济对策向所有日本居民发放额度为10万日元的一次性直接现金补贴。随后又通过2021年的第四轮经济刺激计划针对18岁以下儿童、低收入家庭等特定群体发放额外现金补贴。

（二）发放大规模消费券

国外通过发放消费券刺激餐饮、零售和旅游等受疫情影响较大的行业的本地消费。例如，日本曾于新冠疫情期间推出全民性的"Go To"经济复苏计划，其中"Go To Travel"旅游补助对旅行产生的交通、住宿、购物等费用补贴50%。"Go To Eat"餐饮补助给指定平台提供最高25%的餐饮折扣。

"Go To Event"文化与娱乐补贴提供电影、演出、体育赛事门票折扣。澳大利亚则于2020年末推出"Stay and Spend"计划,政府为消费者提供100澳元的电子消费券,并规定这些券必须在本地酒店、餐馆等场所消费。新加坡于2020年向所有新加坡公民发放了100新加坡元的电子消费券,用于刺激餐饮、零售和旅游等领域消费。韩国也于2021年7月向80%的国民发放25万韩元电子消费券,刺激旅游、餐饮、文化活动等行业的消费。中国香港地区于2022年为每名香港居民发放10000港元电子消费券,同时推出本地游补贴,鼓励市民在港消费。

(三)提供大力度失业救济

国外通过放宽失业保险门槛、发放额外失业补助等方式稳住居民信心。例如,美国面对疫情防控期间飙升至14.8%的失业率,打出两张牌进行应对。第一张牌是扩大失业保险覆盖面。将失业救济资格扩大至自雇人员、独立承包商、零工经济从业者等不满足传统失业保险资格的群体。第二张牌是发放临时失业补助(Federal Pandemic Unemployment Compensation,FPUC)。联邦政府于2020年3~7月期间为失业人员提供了额外的每周600美元失业补助。2020年12月后,失业补助金降至每周300美元并持续发放至2021年9月。根据相关学者的研究,美国有大约50%的失业救助领取人所获得的失业救济金比他们在工作期间获得的收入还要多,意味着该政策达到了预期目标。加拿大也采取了类似的策略,一方面通过加拿大紧急响应福利(CERB)发放额外的失业补助。2020年3~9月加拿大政府通过CERB计划向因疫情失业或收入下降至少40%的劳动者发放每月2000加元的补助。另一方面,扩大就业保险(Employment Insurance,EI)覆盖面。疫情防控期间,加拿大政府将EI的适用范围扩展至自雇人士和那些没有达到传统失业保险条件的人群,根据收入水平向失业者提供最高可达595加元/周的失业救济。

(四)设立薪酬保护计划

国外通过薪酬保护计划为企业提供补贴从而保障就业、避免裁员。例如,美国推出了以保障居民就业为核心目标的薪酬保护计划（paycheck protection program，PPP），该计划通过为小企业提供无偿贷款使得其能够继续支付员工工资，防止大规模裁员。根据美联储统计数据，PPP 计划在疫情初期保住了约 5000 万人的工作岗位。澳大利亚则以向企业提供工资补贴的方式开展薪酬保护。2020 年 3 月至 2021 年 3 月，澳大利亚推出了 Job Keeper 计划，该计划规定受疫情影响收入下降的企业每雇佣一名符合条件的员工，每两周可获得 1500 澳元的补贴。加拿大也采取了类似的手段，2020 年 3 月至 2021 年 10 月，为防止企业倒闭，鼓励雇主留住员工，政府通过加拿大紧急工资补助计划（canada emergency wage subsidy，CEWS）向企业补贴企业员工工资的 75%，每位员工每周最高可获补助 847 加元。

三、充分发挥政策提振消费作用的启示与教训

（一）国外提振消费政策特点

国外提振消费政策轮次较多、规模稳定。 首先，国外提振消费注重政策的及时性和连续性。例如，美国在 2020 年 3 月疫情初期快速出台第一轮救助计划，对居民就业、收入和消费提供支持。随后面对疫情的反复和经济的波动，美国又及时出台了第二轮、第三轮经济刺激计划。其次，注重政策的稳定性。稳定性集中表现在每一轮政策提供的支持力度稳中有增、实施期限保持稳定、覆盖面逐渐扩大。例如，从第一轮至第三轮刺激计划，美国向低收入居民提供的直接现金补贴额度从 1200 美元/人稳步提升至 1400 美元/人，提供失业救济金的期限从三个月逐步延长至六个月，覆盖范围也扩大至个体户和零工经济从业者。最后，注重政策的可预期性。各国政府通过媒体宣传、深度沟通、政策指导等多种方式加强了居民对政策的积极预期。以日本为例，首相及政府高层定期召开新闻发布会，向国民说明财政支持政策，强调补助金的发放方式、申请流程及预计效果。

国外提振消费往往聚焦重点人群。 理论表明由于低收入家庭边际消费倾向更高，因此同样规模的财政补贴对于低收入家庭的提振消费作用更为显著。疫情防控期间，西方国家出台的提振消费政策的一大特点是聚焦特定人群尤

其是低收入人群，试图通过"以小搏大"的方式以最低财政成本最大化刺激消费。国际货币基金组织对于美国"CARES"法案中的直接现金补贴和失业救济金政策进行了对比研究，发现由于失业救济金能更大程度上地惠及低收入群体，因此其刺激消费和产出的作用相对更大。

（二）深刻教训

提振消费政策效应持续性较差。以失业救济、薪酬保护、转移支付、消费补贴等为代表的提振消费政策属于周期性政策，对于打通阻碍居民消费提升的结构性堵点作用有限，因此其政策效果持续性不足。从主要发达国家疫情前后居民消费数据来看，美国、日本、加拿大等国疫情前居民消费同比增速保持在2.6%、1.1%、5.1%左右，疫情期间出台提振消费政策后居民消费增速短暂冲高至8%、6%、11%，但疫情结束后随着政策退坡，居民消费增速快速回落至疫情前水平。

向居民部门提供的转移支付大多被用于储蓄。疫情防控期间国外向居民提供的现金转移支付，后被证明更多转化为居民储蓄而非消费。例如，美国每周家庭脉搏调查（HPS）数据显示，除了第一轮经济刺激计划的资金大多被用于购买生活必需品外，第二轮、第三轮刺激计划期间，50%以上居民将救济资金用于偿还债务和储蓄。美联储数据显示，截至2023年，美国家庭累计超额储蓄超2万亿美元，但消费支出增速却从2021年第四季度的3.3%降至2024年的2.8%。

依托财政工具的提振消费计划增加了债务不可持续的风险。根据IMF的统计数据，疫情防控期间美国、英国、日本、韩国、加拿大等发达国家财政刺激政策规模占GDP比重高达25.5%、19.3%、16.7%、6.4%和15.92%，给疫情后的债务化解遗留了巨大压力。具体到提振消费政策方面，新冠疫情期间西方国家出台的提振消费的财政政策资金来源主要是通过大规模发行政府债务获得的。根据课题组测算，加拿大、美国、日本等财政刺激政策规模较大的国家出台的提振消费政策分别导致中央政府债务占GDP比重提高2.64个、2.03个和0.75个百分点，较大地加重了政府债务压力。尽管提振消费政策拉动了经济增长，但从数据来看经济增长并不能完全抵销债务增速。例如，美国、英国、法国等国家疫后政府债务占 GDP 比重仍然持续上升，债务不可持续风险一直在加大（见图1）。

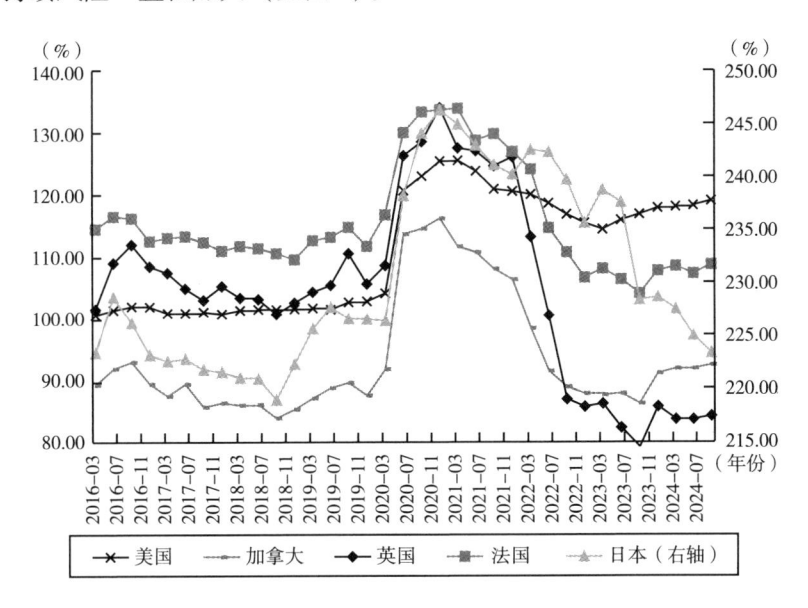

图 1 各国政府债务占 GDP 比重

资料来源：Wind。

过度补贴是导致大规模顽固通胀的成因之一。 大规模的财政直接补贴增加了总需求，造成了疫情后期以来西方国家持续的高通胀。分析各国核心 CPI 数据发现，自 2021 年 1 月起核心通货膨胀快速上升，持续了将近两年后，才于 2023 年后以相对缓慢的速率下降，且迄今为止尚未恢复至疫情前水平（见图2）。美联储对各国财政政策拉动通胀的点数进行了测算，发现大规模财政刺激计划分别导致美国、加拿大、英国、欧元区、新兴市场国家通胀总计抬升 2.5 个、2.4 个、1.6 个、1.8 个、1.4 个百分点。财政政策导致"超额通胀"的本质原因在于过度补贴。澳大利亚学者对疫情防控期间政府出台的 Job Keeper 计划进行深入调研后发现，该计划通过提供过度补偿造成了一系列激励扭曲。这些激励扭曲一方面包括削弱了兼职员工寻找工作的意愿，另一方面间接鼓励了企业限制其生产以便有资格获得大额补贴。量化测算后发现，Job Keeper 平均给企业带来了 193% 的超额补偿。

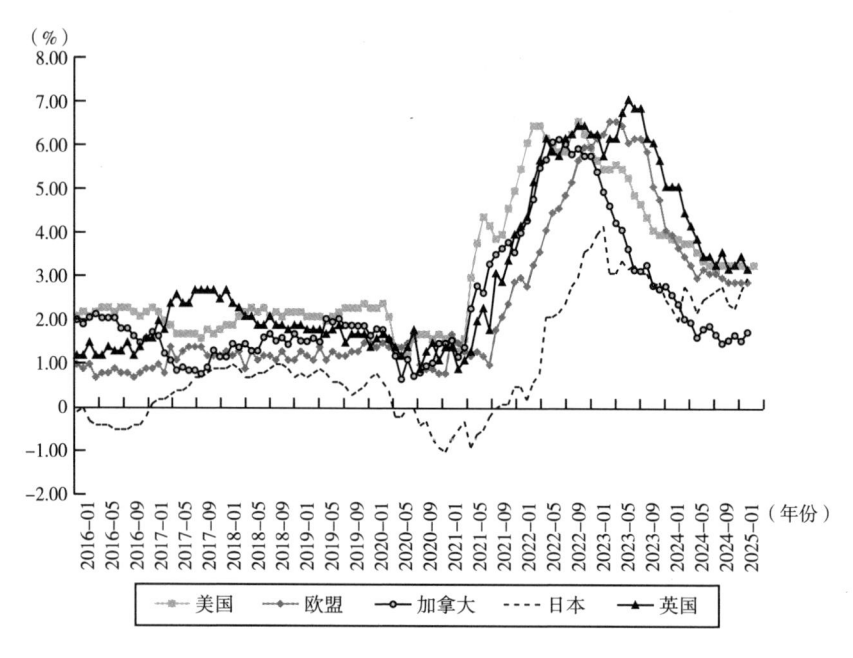

图 2　各国核心通胀率

资料来源：Wind。

四、优化完善我国提振消费政策的思考

今年政府工作报告指出：促进消费和投资更好结合，加快补上内需特别是消费短板，使内需成为拉动经济增长的主动力和稳定锚。提振消费已经是我国当前重要的政策发力点。参考国外提振消费的教训和启示，本文探索形成了有力有效提振我国居民消费的政策思考。

以提升居民收入为支撑点。一是持续完善最低工资调整机制。鼓励地方研究设计与通货膨胀、居民信心等挂钩的最低工资标准动态调整方案，定期开展最低工资标准变动研讨会并形成具体调整思路。二是探索针对重点群体进行精准转移支付的必要性与可行性。组织相关部门联合高校、科研机构等开展针对低收入群体发放精准转移支付的可行性研究。探索根据家庭经济状况、人口结构、抚养负担等多因素设计差异化的有条件和无条件转移支付政策的可行性。三是抓紧实施重点领域、重点行业、城乡基层和中小微企业就业支持计划。督促有关部门研究制定重点领域、重点行业清单，建立统一大数据平台组织企业进行申报。

以促进服务消费为着力点。 一是大力推动文体旅游消费提质升级。鼓励地方结合自身特色打造"文化IP+旅游体验"新模式,支持景区结合自身条件有序推进人工智能、低空经济、具身智能等的场景化应用。二是大力推动入境消费的便利化。进一步扩大外卡受理范围,通过升级受理终端设备和赋能商户等方式,提升商户受理和服务境外游客的能力。在国际消费中心城市的机场、商圈、景区部署AI多语言导览机器人,支持50种语言实时翻译,探索与境外知名社交平台联动推送个性化旅游攻略。三是大力推动银发消费潜力的释放。引导互联网、大数据、人工智能等新兴技术企业在老年消费领域拓展应用,开发适合老年人使用的智能购物平台、在线医疗问诊系统、虚拟旅游体验等数字化消费产品和服务,拓展老年消费的场景和渠道。

以活跃新型消费为增长点。 一是远近结合挖掘新型消费潜力。充分把握新型消费领域的增长机会,通过大力度政策支持构建更加成熟的消费场景。短期内,加速推进智能穿戴、超高清视频、健康轻食、国潮国货、智能家居等相对成熟、更受年轻人欢迎领域新技术新产品的开发与应用推广;长期内,围绕虚拟现实、脑机接口、人工智能家居、高端医疗与体检、养老服务等方兴未艾的消费场景开展充分研究,针对可能的细分消费场景开展宣传并探索相关消费补贴。二是城乡结合挖掘新型消费潜力。一方面结合城市更新和新型城镇化建设,推动重点商贸街巷改造升级,持续优化城市新型消费场景;另一方面,加强县域商业街区改造,提升县域消费场所质量,为新型消费落地提供场景支持(见表1)。

表1　　　　　　　　　　　消费领域新增长点

增长点类别	具体领域	主要驱动因素
健康与养生消费	健康轻食、零添加调味品、营养零食、低糖饮料	健康意识提升,消费者对食品健康化需求增加
	功能性保健品(如防脱发、补气血产品)	年轻一代对健康需求增加,保健消费年轻化
	高端医疗与体检、私人医疗服务	消费者对疾病预防和保健需求增加
	健身器材与服务(如Keep等)	健身需求增长,线上健身服务兴起

续表

增长点类别	具体领域	主要驱动因素
绿色与可持续消费	新能源汽车、绿色住宅	政策支持与环保意识增强
	环保家电（如节能冰箱、空气净化器）	消费者对环保产品认可度提高
数字经济消费	电子商务、直播电商、数字支付	数字技术普及，消费模式数字化
	在线医疗、在线教育	线上服务需求增加
银发经济	养老服务、老年护理、适老化产品	人口老龄化加剧，养老需求多元化
	老年旅游、老年娱乐	老年群体消费能力提升
国潮与本土品牌消费	国潮服装、鞋类、美妆	消费者对本土品牌偏好增强
宠物经济	宠物食品、宠物用品、宠物医疗	宠物家庭化，宠物消费市场扩大
便捷与懒人科技	家用电器智能化（如智能电饭煲）、预制菜	消费者对便捷生活需求增加
新兴科技消费	虚拟现实（VR）、人工智能家居	科技创新与消费升级
文化与体验消费	文化旅游、新式茶饮、微短剧、IP玩具	消费者对文化体验和精神消费需求增加

资料来源：笔者根据公开资料整理。

参考文献：

1. 卞志村、杨源源：《结构性财政调控与新常态下财政工具选择》，《经济研究》2016年第3期。

2. 陈安平、杜金沛：《中国的财政支出与城乡收入差距》，《统计研究》2010年第11期。

3. 陈宝东、邓晓兰：《中国地方债务扩张对地方财政可持续性的影响分析》，《经济学家》2018年第10期。

4. 丛树春：《财政支出结构对居民消费的影响差异分析——以1994－2010年的数据为例》，《中国总会计师》2014年第4期。

5. 邓旋：《财政支出规模，结构与城乡收入不平等》，《经济评论》2011年第4期。

6. 董黎明、满清龙：《地方财政支出对城乡收入差距的影响效应研究》，

《财政研究》2017年第8期。

7. 贾俊雪、宁静：《地方政府支出规模与结构的居民收入分配效应及制度根源》，《经济理论与经济管理》2011年第8期。

8. 李晓嘉、蒋承、吴老二：《地方财政支出对居民消费的空间效应研究》，《世界经济文汇》2016年第1期。

9. 李雪：《财政支出及其结构影响居民消费的非线性效应研究》云南大学2017年论文。

10. 李永友、丛树海：《居民消费与中国财政政策的有效性：基于居民最优消费决策行为的经验分析》，《世界经济》2006年第5期。

11. 廖信林：《财政支出，城市化对城乡收入差距的作用机理及动态分析》，《软科学》2012年第4期。

12. 台航、刘栩畅：《财政支出结构与居民内需扩大：理论分析与跨国证据》，《宏观经济研究》2019年第7期。

13. Sutherland A. Fiscal crises and aggregate demand: can high public debt reverse the effects of fiscal policy? *Journal of Public Economics*, Vol. 65, No. 2, 1997, pp. 147–162.

产业篇
完善现代化产业体系

财税政策助推未来产业发展研究

——基于财税政策有效性、适度性、动态性的分析*

摘　要： 前瞻布局未来产业，不仅是培育新质生产力、建设现代产业体系、催生发展新动能的关键举措，而且是占据全球科技产业发展高地、赢得国际竞争的战略选择。从产业发展规律看，未来产业具有前沿性强、模糊性大和风险性高等"三大特征"，对财税支持政策提出了新的更高要求。基于理论逻辑和实践分析发现，财税政策在助推未来产业发展方面是有效的、适度的和动态的；各类政策工具分别通过成本调节机制和行为引导机制，调整各类主体行为的成本收益和风险特征，进而影响企业决策和要素集聚。针对当前财税支持政策尚未有效适配未来产业发展需求的现实，建议建立未来产业投入增长机制，健全前端扶持政策体系，推动要素集聚和主体协同，创新风险补偿工具，健全动态调整机制，构建全方位、立体化动态政策体系，增强财政政策的支持强度和前瞻性、普惠性、补偿性、动态性。

关键词： 未来产业　财税政策　作用机制

未来产业是经济增长中最活跃力量，也是衡量国家科技创新和综合实力的重要标志。党的二十届三中全会提出"建立未来产业投入增长机制"，表明党中央对未来产业的认识更加全面深刻，前瞻性布局未来产业被置于更加

---

* 作者陈凯。

突出的位置。未来产业的战略性和正外部性等特征，决定了布局未来产业既需要发挥市场在资源配置中的决定性作用，也需要更好地发挥政府的作用。财政作为国家治理的基础和重要支柱，财税政策在支持未来产业发展中扮演重要角色。然而，从现有文献看，大部分文献集中于对未来产业内涵、特征、演进规律的分析，鲜有围绕未来产业支持政策特别是财税政策的深入研究。因此，立足未来产业发展特征和财税政策作用机理，完善助推未来产业发展的财税政策体系具有重要的理论价值和现实意义。

一、未来产业具有"三大特征"

全面深入认识未来产业，应从战略性新兴产业出发——战略性新兴产业是"新而已兴"，未来产业是"新而未兴"（谢科范等，2022），未来产业是"明天"的战略性新兴产业。因此，未来产业具有自身独有特征。

（一）未来产业的提出及其内涵

"未来产业（industries of the future）"一词最早由英、法等国提出并开始推进（Green & Diana，1987）。此后，未来产业主要出现在产业实践层面。1993年美国能源部为提高能源和资源效率开始实施"未来产业技术计划"，1997年进一步纳入农业等部门，并将该技术升级为"国家未来产业计划"（states industries of the future）。直至2016年，美国 Alec Ross 出版 *The Industries of the Future* 一书在全球范围得到极大反响，也引起了学术界广泛关注，标志着未来产业研究进入系统化阶段（谢科范等，2022）。我国关于未来产业的讨论和研究起步较晚，1980年前后学术界开始关注"未来产业"，但并未上升为主流共识。我国提出了将未来产业置于新质生产力话语体系，由此关于未来产业的学术文献和研究报道迅速增加，研究视角也更加全面深入。

尽管近年来学者从不同角度围绕未来产业开展研究探讨，但对其概念及其内涵外延尚未形成统一意见（陈志，2021；徐凌验和胡拥军，2024；付天运，2025）。部分学者分别从技术属性（朱金宜，2023）、时间属性（李晓华，2025）、战略属性（李子文，2024）等角度对未来产业做了界定。目前，《〈中共中央关于进一步深化改革、推进中国式现代化的决定〉辅导读本》给出的官方定义是，未来产业由前沿技术驱动，当前处于孕育萌发阶段或产业化初期，是具有显著战略性、引领性、颠覆性和不确定性的前瞻性新兴产业（见表1）。

表1　　　　　　　　　　当前视角下未来产业的内容

时间	依据	未来产业内容
2024年1月	工信部《关于推动未来产业创新发展的实施意见》（工信部联科〔2024〕12号）	未来产业六大方向——未来制造、未来信息、未来材料、未来能源、未来空间、未来健康
2023年8月	工信部《新产业标准化领航工程实施方案（2023－2035年）》工信部联科〔2023〕118号	九大未来产业：元宇宙、脑机接口、量子信息、人形机器人、生成式人工智能、生物制造、未来显示、未来网络、新型储能

资料来源：笔者绘制。

（二）与战略性新兴产业相比，未来产业具有三大特征

全面客观认识未来产业，应以较为接近的战略性新兴产业为基准，深刻把握特点、科学精准施策。

从发展阶段看，未来产业的前沿性强。 未来产业处于产业生命周期初创阶段，是面向未来10～15年长期培育的产业；而战略性新兴产业处于产业生命周期成长阶段，是面向未来3～5年内可发展成熟的产业，是未来产业进一步成长聚焦的结果。因此，未来产业是战略性新兴产业的前身，周期更长、科技含量更高，更加具有前沿性。

从产业边界看，未来产业的模糊性大。 未来产业是基于未来技术突破和场景应用的，具有一定的前瞻性和不确定性，其产业边界相对模糊，如未来信息、未来制造、未来能源和未来健康等；而战略性新兴产业已经延伸出明确的产业形态，产业边界相对清晰和固定，如新一代信息技术、高端装备制造、新能源产业和生物医药等。因此，未来产业是产业内涵尚未明晰的形态，产业边界、发展方向和潜在主体具有模糊性。

从发展风险看，未来产业的风险性高。 未来产业面临着从研发到落地全周期的发展风险，存在产业方向研判失误、技术研发停滞、成果转化困难、

投资衔接不畅、失去未来竞争主动权等风险因素（付天运，2025），任何环节"跃升"的失利都意味着失败，沉没成本较高；而战略性新兴产业已经跨越高风险阶段，其发展方向更为明确，面临的风险已显著下降。因此，未来产业处于尚未经过技术路径验证、产业化测试、商业化推广的时期，面临的风险更大。

二、财税政策助推未来产业发展的逻辑机理

发展未来产业需要更好发挥政府作用，其三大特征进一步决定了其支持政策需体现出更强的针对性。要从财税政策工具的基本机理出发，结合未来产业发展规律，明确不同工具的政策着力点以及作用机理，为系统谋划助推未来产业发展的财税政策体系和提高政策有效性奠定坚实理论基础。

（一）财税政策与未来产业的关系

财税政策助推未来产业发展具有有效性。未来产业通常涉及前沿技术领域，具有高投入、高风险以及强外溢性的特点。如果完全依赖市场机制，容易出现市场失灵，因此未来产业的发展需要发挥政府"看得见的手"作用。财税政策通过多种工具和手段，如财政补贴、税收政策、政府采购、准财政工具等为未来产业提供资金支持、优化市场环境、促进技术创新和产业升级，从而推动未来产业的培育和发展。从供给侧看，财政支出能够发挥对基础研究和科技创新的资金支持作用；从需求侧看，政府采购、用户补贴等方式能够发挥需求拉动作用。因此，财税政策助推未来产业发展具有必要性和可行性。

财税政策助推未来产业发展应把握好边界。未来产业发展过程中，财税政策扮演着重要角色，但并非所有未来产业都需要或适合由财税政策直接支持。一方面，部分未来产业领域的市场需求明确、竞争充分，可以通过市场机制实现自我发展。如2024年底横空出世的DeepSeek并非政府干预的结果，而是市场自发的产物。政府的过度干预可能导致企业创新能力不足、过度依赖财政支持、丧失市场竞争力，难以形成可持续的商业模式。另一方面，财政资源有限，过度支持某些未来产业可能导致资源浪费，影响整体经济效率和财政经济安全。同时，科技政策、产业政策、货币政策等工具也能对未来

产业发展起到良好支持引导作用，而不是单方面由财税政策支持。总体来看，财税政策应把握好边界，避免"大包大揽"，既要避免过度干预市场，也要避免资源浪费和低效使用。

财税政策助推未来产业发展应注重前端支持保障和后端精准导向并重。任何产业从诞生到成熟的每个阶段，都会和财税政策产生千丝万缕的联系，未来产业亦然。需要指出的是，不同未来产业的发展进程和同一未来产业不同阶段中，政府扮演角色可能存在差异，财税政策也应发挥不同的作用。首先，财税政策应该发挥前端支持保障作用。从财政史维度看，不论是财税体制还是财税政策的设计总体上滞后于生产力的产生与发展（谷成等，2025）。未来产业等新质生产力尚处于模糊阶段时，需要大量企业不断试错、相互竞争，而政府具有认知局限难以进行预判式的规划设计，或盲目的政策干预容易造成财政资源损失。因此，在未来产业发展前期，财税政策应体现普惠性，营造良好的科技创新生态，注重充分发挥市场在资源配置中的决定性作用，避免扭曲资源配置。其次，财税政策应该发挥后端精准导向作用。在未来产业等新质生产力发展前景逐步明确阶段，特别是市场在资源配置中的局限凸显时，需要更好地发挥政府作用。因此，在未来产业发展中后期，财税政策应体现靶向性，通过合理的财税制度设计对经济活动承担的风险进行补偿，推动外部效应内部化，为未来产业发展带来正向激励。**当然，并非所有的未来产业发展中后期都需要财税政策精准导向功能，但该类市场主导未来产业的全生命周期都离不开财税政策的前端支持保障作用。**

（二）财税政策工具助推未来产业发展的作用机制

1. 成本调节机制

部分财税政策，如财政补贴（研发）、费用加计扣除、固定资产折旧、税收减免等方式，能够改善企业研发或生产经营的成本和收益，影响企业的决策，为未来产业发展提供动力。因此，将财税政策影响科技创新和生产经营成本和收益，改善财务状况、促进未来产业发展的作用路径称为成本调节机制。通过该机制能够将正外部性行为产生的外部收益内部化，起到弥补市场失灵的作用。根据作用时点的不同，可以进一步分为前端成本调节机制和后端成本调节机制。

一是前端成本调节机制。未来产业的前沿性决定了其研发创新过程的资金密集性和长周期性，需要大量的长期资金投入，容易出现市场失灵。而财政补贴（研发）、费用加计扣除、资产加速折旧等方式能够直接降低或间接补偿创新活动投入成本，实现对创新成本的战略性分担，从而影响各类主体的成本收益格局，重塑研发决策的经济逻辑。例如，按照R&D投入强度给予的补助奖励，直接改善了企业当期的创新成本，对研发投入形成了正向激励。另外，研发补贴按照研发费用加计扣除政策以超比例税收抵免（如200%）实质降低企业当期研发边际成本，形成"研发投入－税收节约"的自我强化循环。**该类政策工具的着力点是增加补贴收入或降低应税所得，并在当期享受政策红利，即具有事前扶持的属性。**

二是后端成本调节机制。企业所得税税率优惠、增值税加计抵减、减免政策、延期缴纳、亏损结转等工具能够通过不同类型的优惠方式，提升创新成果的经济回报率，增强企业投资的积极性。例如，高新技术企业15%的企业所得税优惠税率通过差异化税制设计，直接降低税费成本，使企业创新投入的税后回报率大幅提升，显著改善创新项目的财务可行性和企业投资意愿。又如，递延纳税、分期纳税等方式能够优化企业现金流，缓解短期资金压力。**该类政策工具的着力点是企业收入或利润，需在企业已经具有营收或获利能力时获得政策激励，即具有事后激励属性。**

2. 行为引导机制

还有部分财税政策，如财政补贴（消费）、政府引导基金（未来产业基金）、政府采购等方式，能够分散企业和社会资本投资风险、创造消费需求和场景，从而改善企业预期，影响企业决策。因此，将财税政策分散风险和创造需求，进而影响企业预期的作用路径称为"行为引导机制"。根据作用对象的不同，可以进一步分为要素引导机制和需求引导机制。

一是要素引导机制。未来产业属于资金密集型和人才密集型产业，在市场机制下难以在短期内快速获得资金和人力资本保障。财政科技支出、政府引导基金（未来产业基金）、人才税收优惠等政策能够引导并加快政府资金、社会资金以及人力资本集聚，推动未来产业发展。如政府引导基金采用股权投资等市场化方式,能够引导带动社会资金和耐心资本加速向未来产业领域集聚。**该类政策工具的着力点是分散企业风险,进而吸引资金和人力资本等要素集聚,具有集聚要素的属性。**

二是需求引导机制。未来产业的发展不仅依托技术推动,而且需要市场需求支撑跨越创新的"死亡之谷"和"达尔文海"(中国社会科学研究院工业经济研究所课题组,2023)。在颠覆性技术进入产业化初期阶段,新产品通常因可靠性偏低、缺乏价格优势等特点而难以打开市场,而政府采购、消费补贴等政策工具能够帮助企业拓展政府消费市场和引导消费者购买,增加市场需求,从而一定程度上获得收入回报和验证新技术。**该类政策工具的着力点是通过政府消费和扩大社会消费创造应用场景,加快企业投资回报,具有引导需求的属性。**

三、财税政策是助推未来产业发展的现实基础

近年来,在加快推进高质量发展实践中,我国已经初步构建了适应未来产业形成的财税政策基本框架,在鼓励科技创新、促进产业创新和商业化应用等方面发挥了重要导向作用。

(一) 当前支持未来产业发展的财税政策现状

财政支出强度逐步增加。财政支出政策是促进未来产业发展的重要工具。近年来,我国综合运用财政补贴、政府采购、引导基金等工具,在科技创新、产品创新、产业升级、人才培育等方面进行了多维度、全方位支持。第一,财政科技支出稳步增长。2023年我国财政科技支出规模达到10567亿元,占一般公共预算支出的3.5%,较2012年提高0.4个百分点[①],科技创新成为财政支出的重点领域予以优先保障。第二,政策工具不断丰富。整合优化相关财政科技创新专项资金,聚焦重点产业链和关键环节,支持攻关突破一批短板弱项技术。充分发挥好财政资金"四两拨千斤"的撬动作用,推动金融资源和社会资本更多投向科技创新,促进各类创新资源向企业聚集。通过落

---

① 根据财政部《2023年财政收支情况》及历年财政决算数据整理计算得到。

实完善首台（套）重大技术装备、新材料首批次应用保险补偿政策等，以市场化方式破解初期应用瓶颈，促进各类创新资源向企业聚集。

税收政策不断细化。税收政策是促进未来产业发展的核心政策工具，通过市场化方式激励和引导新型要素资源配置，推动布局未来产业。第一，逐渐形成涵盖创新链、产业链、资金链、人才链的多税种、全流程科技创新税收优惠政策体系。增值税、企业所得税、个人所得税、关税等税收优惠，遍布创业投资、研究与试验开发、成果转化、重点产业发展、全产业链等相关领域，对激发企业创新活力、打好关键技术攻坚战和促进高质量发展发挥了重要作用。第二，研发费用加计扣除政策不断优化、持续加力。作为国家鼓励科技创新的重要政策抓手，研发费用加计扣除政策适用行业范围从科技型中小企业逐步拓展至所有符合条件行业，加计扣除比例从50%逐步提高至100%。2023年3月，国务院常务会议决定，将符合条件行业企业研发费用税前加计扣除比例提高至100%的政策，作为一项制度性安排长期实施。2023年全国提前享受研发费用加计扣除政策的企业超过40万户，累计享受研发费用加计扣除金额1.85万亿元[①]。第三，积极探索吸引科技创新人才的税收优惠政策。目前，先后在粤港澳大湾区、横琴粤澳深度合作区、海南自由贸易港等地出台了吸引高端人才和紧缺人才的低税负优惠政策等。

（二）财税政策助推未来产业发展亟须转型

前沿性特征下，政策发力点应侧重前期基础研究和原始创新。由于产业生命周期不同阶段的重点任务和面临的问题不同，政策侧重点会有所差异。培育未来产业几乎是从源头开始全链条推进孵化转化、工艺熟化、产品研发、用户培育、市场开拓等，每个环节都需要大量的资金支持，特别是在前期更需要耐心资本的加持。因此，支持未来产业发展的财税政策，应靠前发力、前移企业获益时点，通过加大财政补贴或税收优惠支持科技创新，分散企业研发风险、提升研发投入能力，确保基础研究与技术应用并重。

模糊性特征下，政策目标应从精准性支持到方向性引导。尽管精准性支

---

① 国新办举行税收服务高质量发展新闻发布会［EB/OL］. http：//www.scio.gov.cn/live/2024/33197/index.html.

持政策的链条更短、效率更高，但是未来产业面临多条技术路线、多种应用场景、多元产业方向，精准性财税支持政策的风险较大。特别是我国未来产业与发达国家大致处于相同的起始阶段，并没有成熟的发展路径、发展模式可供参考（芮明杰，2025）。因此，财税支持政策应聚焦方向性引导，将政策覆盖面扩大到领域和行业层面，从更多采用定点的财政补贴政策转向更加普惠性的税费优惠政策。

风险性特征下，政策客体从特定企业变为多元主体。与战略性新兴产业主要由龙头企业或大型企业承担、政策支持对象相对明确不同，未来产业尚处于孵化培育阶段，哪些企业能够率先突破、杀出重围尚有较大的不确定性。特别是大型企业进军新兴领域时通常会面临路径依赖或利益冲突，未必会在未来产业培育中更占优势。因此财税政策在支持未来产业发展时不宜押宝在特定企业身上，应该采用"面上政策"，尤其是加大对中小企业科技创新和成果转化的财税支持力度。

四、财税政策支持未来产业发展的国际经验和启示

为在未来产业发展中取得一席之地，各国积极布局未来产业发展，并建立了灵活多元的投入资助机制。本文聚焦多元化政策工具、事前研发费用扣除、成果转化专利盒制度和准财政工具进行国际比较分析。

（一）美国

一是强化政策引导。2019年2月美国白宫科技政策办公室发布《美国将主导未来产业》（*America Will Dominate the Industries of the Future*）报告，提出打造独特的研发生态系统的政策理念，以确保美国在未来产业中占主导地位。2020年3月美国国会通过《2020年未来产业法案》（*Industries of the Future Act of* 2020），要求联邦政府加大对研发投资、基础设施投资、劳动力发展的投资，到2025年达到每年100亿美元的未来产业投资。美国总统科技顾问委员会在2020年6月发布《关于加强美国未来产业领导地位的建议》，提出了支持未来产业发展的三大支柱——建立政府、工业和学术界共同参与的科技创新体制、创建未来产业研究机构、培养未来劳动力。**二是加大财政投入**。

《2021年确保美国在科技方面保持全球领先地位的法案》明确加大联邦基础研究投资，法案授权经费总额将从2021财年的176亿美元增加到2031财年的345亿美元。《NSF未来法案》提出加大对基础研究和STEM教育，2026年NSF（国家科学基金会）经费将较2021年增长43.5%。**三是加快培养劳动力**。美国在谋划未来产业发展时，同时将未来劳动力的发展同步谋划。

（二）欧盟

一是欧盟设立综合性发展战略。欧盟在2019年8月设立了"欧盟未来基金"，帮助成员国增加战略行业的投资，以应对科技前沿领域的竞争。2021年3月，欧盟委员会发布《欧洲地平线2021–2024》，计划在2021~2027年投入955亿元助力欧盟科技发展。欧盟成员国也出台了长期、多元化的资金支持政策。德国通过提高税收免征额、减少企业投资额、提供电费补贴、提供股权投资等方式支持未来产业发展。**二是成员国出台细化的发展战略**。德国在2005年《高技术战略》框架下启动了高科技创业基金（HTGF），为处于研发阶段且存在一定风险的科创企业提供政策资助。德国政府计划到2025年实现联邦政府研发投入占GDP 3.5%。德国联邦政府、州政府联合政策性银行和大型企业设置了高科技创业基金，对创新型中小企业给予风险投资支持，如高科技创业基金（HTGF）、欧盟复兴计划创新项目（ERP）、INVEST风险资本补贴计划。法国以未来投资牵引未来产业发展。法国在2008年设立了战略投资基金，重点支持数字经济、纳米技术、生物技术、可再生能源、低碳汽车等战略性新兴产业和未来产业领域。法国在未来10年计划向研发领域增加250亿欧元，确保2030年实现3%的研发经费投入强度。

（三）日本

一是技术预测调查作为未来产业发展的基础。日本高度重视开展科技预测和趋势分析，日本科技政策研究所每五年开展一次展望未来30年的大范围全国技术预测调查，利用地平线扫描法、愿景构建、德尔菲法、跨学科分析、情景构建等方式跟踪研判未来科技社会发展趋势。该调查注重与外部专家合作，形成了由2000多名来自学术界和产业界组成的科技专家网络（S&T Experts Network）。2019 年发布的第 11 次技术预测报告提出了 16 个特定技术发展领域，包括 8 个跨学科科技领域和 8 个特定科技领域。**二是多元政策工具协同发力**。2021 年公布的《第六期科学技术创新基本计划》提出未来 5 年政府研发投入达 30 万亿日元，政府和民间研发投入达 120 万亿日元的目标，大力支持科技创新。2021 年 4 月日本对 SBIR（Small/Startup Business Innovation Research）制度进行改革，聚焦初创企业从研发初期阶段到产业化应用阶段，设定特定新技术补助金等为初创企业提供"一体化"支持。同时，日本通过稳定的财政科技支出、推进产学研研究、设立与国际接轨的政府基金支持基础研究，通过运用研发税收制度、促进研究成果公共采购等政策工具吸引私人投资。

（四）启示

一是建立多元政策支持体系。各国通过税收、补贴等优惠政策，以及专项投资、吸引社会资本、政府采购等多元化的资金投入和引导方式，支持企业开展突破性技术创新与应用。如美国 2021 财年《国防授权法案》中的"为美国半导体生产创造有益的激励措施"给予半导体研发和制造企业 150 亿美元税收减免；《NSF 未来法案》提出向未来产业投资 726 亿元，加大政府专项投资；对未来产业重点领域提供种子补助金和研究补助金两种资助。德国通过研发税收免税额、减少企业投资额、提供电费补贴、提供股权投资等方式支持未来产业发展。

二是完善研发费用税收优惠政策。从国际实践看，研发费用税收优惠是各国的通行做法，但是优惠方式存在差异。大多数发达国家实施研发费用税收抵免政策。当前，实施研发费用加计扣除的国家主要是中国、巴西、印度、南非等发展中国家，而美国、德国、法国、日本、澳大利亚等大部分发达国家已经转变为税收抵免政策（薛薇和王晓冬，2022）。法国在 2008 年将增量研发税收优惠政策改为总量优惠，最高抵免率由 10% 提高至 30%。美国也于 2008 年将简易抵免法下的抵免率从 12% 上调到 14%。韩国在 2009 年将中小企业研发总量税收优惠抵免率从 15% 提高到 25%。部分国家实施增量优惠或混合优惠模式。虽然研发费用总量优惠是常用的优惠模式，但是越来越多的国家采取增量优惠或混合优惠方式。

三是注重发挥准财政工具作用。 美国多个联邦政府部门联合建立"种子基金",作为启动未来产业研究的重要基础,以撬动社会资本。随着运行模式和商业模式逐渐成熟,联邦资金逐渐退出,社会资本和市场资本将占主导地位。欧盟2019年设立了"欧洲未来基金",帮助成员国增加战略行业投资。法国2008年就设立了战略投资基金,重点支持数字经济、纳米技术、生物技术等战略性新兴领域和未来产业领域。

五、财税政策助推未来产业发展的政策建议

未来产业是国际竞争的重要战场。应明确财税政策助推未来产业发展遵循的基本原则和坚持的政策取向,立足未来产业的前沿性、模糊性和风险性特性,锚定促进未来产业发展的关键环节,应以财税政策工具的作用机理为基点,以助推未来产业发展为出发点和落脚点,更加注重系统集成,更加注重重点突出,更加注重动态适配,加快构建适应未来产业发展的财税政策体系,从支持强度和前瞻性、普惠性、补偿性、动态性等方面协同发力,扮演未来产业发展的"轻推者"和"引导者"。

(一) 加大政策支持力度,建立未来产业投入增长机制

总结深圳实践经验,探索设立中央未来产业发展专项资金,引导各地因地制宜设立地方未来产业专项资金,通过无偿资助、财政奖补、贷款贴息、风险补偿、股权投资等方式专项支持未来产业发展。探索建立国家未来产业基金,鼓励地方设立未来产业专项基金,引导政府投资基金加大对未来产业投入力度。划定各类政府产业引导基金支持未来产业最低比例,引导各类政府产业引导基金以一定比例支持未来产业,并适当引导大企业提高对创业企业出资比例。建立财政科技支出、政府引导基金与市场化投资基金等的联动机制。加大中央预算内投资、专项债和超长期特别国债等对国家重大科技项目、新型基础设施和应用场景建设的支持力度。用活用好财政科技资金和政府引导基金,建立未来产业投资联动机制,推动国家中小企业发展基金、制造业转型升级基金等加大对未来产业投入,积极引入金融机构、产业基金、民营企业等社会资本,充分发挥财政资金的杠杆放大效应。

（二）前移政策作用节点，健全前端扶持政策体系

创新研发费用税收优惠方式，实施税收抵免和税收返还模式。探索实行研发费用税收抵免方式，并考虑对当年不足抵减的科技型中小企业部分或研发投入强大达到一定比例的大型企业后，可以进行一定比例的税收返还。设置事后的差异化亏损弥补期限。我国企业亏损弥补结转年限一般为5年，高新技术企业和科技型中小企业为10年，而未来产业的研发投入周期更长，难以充分匹配。建议根据企业研发强度，设置15年、20年等更长的亏损弥补期限。允许鼓励类项目技术研发设备实行特别折旧、缩短无形资产摊销年限，研究允许购置仪器设备与基础研发形成的资本性支出作为当前费用支出。

（三）增强政策普惠性，支持要素集聚和主体协同

加大对高端人才培养支持力度。通过专项基金或重点项目方式支持开展专项前沿科技人才、专家等培育工作。完善人力资源税收政策，允许急需高端人才工资按一定比例在企业所得税前加计扣除。在企业职工教育经费税前扣除方面，增加对技术人员教育经费加计扣除的优惠政策。推动个税优惠政策试点扩围。扩大吸引高端紧缺人才个人所得税政策试点地区，将人才奖励或住房补贴等免征个人所得税。完善科研成果转化税收优惠政策。将企业等微观主体科研人员纳入职务科技成果转化现金奖励的个人所得税政策范围（计金标和李震，2024），给予各类研发人员更大的税收优惠空间，完善支持科研人才培养的税收政策体系。鼓励科研人员通过科技入股形式加入企业并对其成果转化收入和股权投资实行税收优惠，对高端科技人员取得有关科技成果奖励、股权激励，按一定比例减免或暂免征收个人所得税，允许职工教育经费在企业所得税前全额扣除。

（四）共担技术研发和成果转化风险，创新风险补偿政策工具

指导地方设立科技创新和成果转化风险补偿专项资金，做大风险补偿资金池，科学分散风险，激励银行等金融机构加大对科技创新和成果转化支持力度。健全政府性融资担保体系，充分发挥国家融资担保基金体系作用，引

导地方政府性融资担保、再担保机构提供担保支持,提高对科技创新企业风险分担比例(如三档分别提高5%)、担保金额和补偿力度。建立科技风险准备金制度,允许未来产业投资企业按一定比例计提风险准备金并予以税前扣除。建立健全适应未来产业特点的长周期考核评价机制,强化"募投管退"全流程管理。完善尽职免责、容错容亏机制。针对政府资金支持方面,对科技领域投资未能实现预期目标,但依照国家有关决策、规定实施,且勤勉尽责未谋取私利的,不作负面评价。针对高端人才引育方面,优化鼓励原创、宽容失败的创新创业环境,激发高层次创新人才的创新活力和动力。

(五)增强政策动态性,及时调整优化政策方向和力度

及时更新财税政策支持领域。鉴于行业性的研发费用120%加计扣除政策集中在集成电路和工业母机行业,而大量新兴产业和未来产业只能适用100%加计扣除的一般性政策,建议及时拓宽研发费用加计扣除等政策的适用范围,加大对人工智能、生物医药、量子技术等未来产业方向的税收支持力度,突出对创新行为和创新主体的政策导向。优化优惠政策适用对象确定方式。我国当前大量的税收优惠政策通过正向列举的方式确定适用对象,部分未来产业方向可能难以提前准确感知和及时调整纳入。例如,目前我国技术转让所得税收优惠政策在2015年确定,并未及时将数字技术、人工智能等新兴领域纳入适用范围。建议以5年为周期,及时更新支持产业发展的税收优惠政策适用对象,将发展方向基本清晰的未来产业及时纳入适用范围。

参考文献:

1. 陈劲、朱子钦:《未来产业——引领创新的战略布局(第1版)》,机械工业出版社2023年版。

2. 陈志:《全球未来产业变革趋势及政策跃迁》,《人民论坛》2023年第16期。

3. 付天运:《培育新质生产力的战略选择:未来产业的基本意涵、体系架构与发展图景》,《新疆师范大学学报(哲学社会科学版)》2025年第3期。

4. 谷成、秦亦兵、王巍:《促进新质生产力形成与发展的税收思考》,

《国际税收》2025 年第 1 期。

5. 何代欣、郑淼云、周赟娓等：《充实完善因地制宜发展新质生产力的税收政策工具箱》，《国际税收》2025 年第 1 期。

6. 计金标、李震：《税收政策推动新质生产力发展：基于技术创新视角》，《税务研究》2024 年第 11 期。

7. 李晓华、王怡帆：《未来产业的演化机制与产业政策选择》，《改革》2021 年第 2 期。

8. 李晓华：《未来产业的内涵、特征、难点及进路》，《新疆师范大学学报（哲学社会科学版）》2025 年第 3 期。

9. 李子文：《构建支持未来产业发展的政策体系》，《智慧中国》2024 年第 5 期。

10. 刘芳雄、汪一林：《税收优惠支持科技创新：经验、问题与建议》，《税务研究》2023 年第 9 期。

11. 马朝良：《未来产业发展的全球模式和主要演化路径研究》，中国经济出版社 2024 年版。

12. 谢科范等：《未来产业：内涵特征、成长模式与发展策略》，《新经济导刊》2022 年第 3 期。

13. 徐捷：《税收助推新质生产力发展的内在逻辑与实践进路》，《当代财经》2024 年第 10 期。

14. 徐凌验、胡拥军：《全球三大重大前沿技术发展趋势及未来产业前瞻布局展望》，《中国物价》2024 年第 6 期。

15. 薛薇、王晓冬：《研发费用加计扣除政策研究》，《国际税收》2022 年第 8 期。

16. 朱金宜：《未来产业，创造更"酷"的世界》，《人民日报海外版》2023 年 1 月 13 日。

17. Green, Diana. Promoting the Industries of the Future : The Search for an Industrial Strategy in Britain and France. *Journal of Public Policy*, Vol. 2, No. 4, 1987.

基于微观指标的第三产业月度增长预测模型研究*

摘　要：第三产业在国民经济中占据关键地位，然而现有统计数据仅局限于季度频率的第三产业增加值和月度频率的服务业生产指数这两个指标，不仅难以从月度层面了解第三产业的发展运行情况，也难以从结构层面了解各行业月度的增长情况。本研究聚焦于第三产业月度增长预测，旨在构建基于微观指标的混频预测模型（MIDAS），提升预测的准确性与时效性。

本研究的创新之处在于突破传统预测模型的局限，引入丰富的微观指标并运用混频技术，将原有的季度预测频率提高到月度，为准确把握第三产业运行提供了更科学的依据。首先，从数据的相关性、可得性、时效性三个原则出发，收集企业经营、行业景气、服务价格等微观数据，构建用于实证的数据基础。其次，构建单变量、多变量、无限制、自回归等多种混频模型，整合不同频率数据信息，进行总量和分行业两个维度的实证检验。最后，构建差分自回归移动平均模型（ARIMA）与 MIDAS 模型进行预测比较。

但研究也存在微观数据获取成本较高、部分行业微观数据完整性不足等局限。未来研究可致力于拓展微观资料来源、优化数据处理方法，进一步完善基于微观指标的第三产业月度增长混频预测模型，为经济发展提供更精准的预测服务。

关键词：混频模型　第三产业　月度预测

---

*　作者靳睿，本文部分内容原载于《中国物价》2025 年第 7 期。

一、引言

近些年，随着我国经济结构的持续优化，第三产业的比重稳定在50%左右。2024年，我国第三产业增加值占GDP的比重达到56.7%，对经济增长的贡献率为56.2%。第三产业不仅涵盖了金融、物流、信息技术服务等现代服务业，还包括传统的餐饮、零售等行业，其广泛的产业范畴吸纳了大量劳动力，成为推动经济增长和促进就业的关键力量。然而，现有统计数据仅局限于季度频率的第三产业增加值和月度频率的服务业生产指数这两个指标，意味着政策制定者每季度才能获取一次较为全面的第三产业经济运行状况信息，不仅难以从月度层面了解第三产业的发展运行情况，也难以从结构层面了解各行业月度的增长情况。在经济形势变化迅速的情况下，可能会导致政策调整滞后于实际经济变化，无法及时应对经济中的突发问题或趋势变化。

鉴于第三产业统计数据在时效和结构等方面的局限性，不同学者在加强预测方面做了大量工作。总的看，存在两方面不足。一方面，传统的第三产业增长预测难以实现精准的月度预测。如通货膨胀率、利率等月度指标，往往被平均后降为季度数据，作为季度频率的第三产业增加值的解释变量进行实证预测。这些预测方法虽然能在一定程度上把握宏观经济的发展态势，但预测的基础数据相对老旧，难以及时反映经济活动的变化。另一方面，基于宏观数据的预测往往忽视了微观经济主体行为。传统预测方法往往忽视了不同行业、企业和消费者行为对第三产业增长的影响。金融与餐饮虽同属第三产业，二者对相关宏观经济变量的敏感度却截然不同，金融行业对利率变动极为敏感，而餐饮行业更多受消费者收入和消费偏好的影响。企业的成本、利润、研发投入等可能催生新的服务模式或产品，开拓新的市场需求，从而推动行业增长。消费者的消费偏好、消费能力和消费决策的变化对第三产业发展也会产生影响。传统预测方法未能充分考虑这些微观因素，导致预测结果与实际增长情况存在一定偏差。

本研究旨在构建基于微观指标的第三产业月度增长预测模型，提高预测的时效性和准确性。一是增强预测时效性，满足高频预测需求。利用混频模型整合不同频率数据信息的优势，充分利用微观数据的高频特性与宏观数据的趋势特征，实现对第三产业增长的月度预测，为制定政策提供更具时效性的科学依据。二是提高预测准确性，反映行业微观动态。通过挖掘和筛选与第三产业增长密切相关的微观指标，克服传统宏观指标预测的局限性，构建能够更准确反映第三产业月度增长趋势的预测模型，降低预测误差，提高预测精度。

本研究按照数据收集与预处理、模型构建与估计、模型检验与优化、实证结果分析与模型应用、研究总结与展望等传统技术路线开展研究。一是微观指标的选取与数据整理。微观指标依据相关性、可得性、时效性和稳定性等原则进行选取。相关性原则要求所选指标与第三产业增长具有内在的经济联系；可得性原则确保指标数据能够通过合理途径获取；时效性原则保证指标能够及时反映经济活动的最新动态。二是混频模型构建与估计。模型选择依据阐述。对不同行业的构建混频模型进行深入分析，比较它们在处理微观指标数据和预测第三产业增长方面的优缺点。结合本研究的数据规模、变量类型、时间序列特征等特点，阐述选择特定模型或模型组合的依据。三是实证结果分析与模型应用。运用构建好的预测模型对第三产业月度增长进行预测，并将预测结果与实际值进行对比分析。计算预测误差指标，如均方误差（MSE）、平均绝对误差（MAE）、平均绝对百分比误差（MAPE）等，评估模型的预测准确性。

二、第三产业相关变量指标的选取与数据收集整理

本部分从数据的相关性、可得性、时效性三个原则出发，从企业经营、行业景气、价格等维度收集微观数据，使用均值插补等方法整理数据，并进行平稳性检验，构建用于实证的数据基础。

（一）微观指标选取原则

1. 相关性原则

相关性原则是微观指标选取的核心准则。所选指标必须与第三产业的发展紧密相连，能够直观或间接地反映出第三产业的经济活动、市场活力以及增长趋势。例如，企业订单量这一指标，直接体现了市场对第三产业企业所提供服务或产品的需求程度，与企业的业务规模和第三产业的整体发展状况息息相关。当市场需求旺盛时，企业订单量增加，企业会相应扩大生产规模、

增加服务供给，从而带动整个第三产业的发展。反之，订单量减少则可能预示着市场需求疲软，第三产业发展面临挑战。只有确保指标与研究对象具有高度相关性，基于这些指标开展的分析和研究才能精准反映第三产业的实际情况，为后续实证提供坚实可靠的数据支撑。

2. 可得性原则

可得性是指标选取过程中不可忽视的重要因素。在实际研究中，无论指标在理论上与第三产业发展的相关性有多高，如果其数据无法通过合理途径获取，就无法在研究中发挥实际作用。数据获取渠道主要包括官方统计部门发布的数据、专业数据库、企业公开报告以及市场调研等。官方统计部门的数据具有权威性和全面性，如国家统计局发布的各类统计年鉴，涵盖了丰富的经济数据，为研究提供了宏观层面的支撑；专业数据库则针对特定领域或行业，提供更为细致和深入的数据。因此，在选取指标时，必须充分考虑数据的可获取性，确保研究能够顺利开展。

3. 时效性原则

时效性原则是指数据更新要及时。经济活动处于动态变化之中，第三产业也不例外。第三产业增加值一般为当季第一个月更新上一季度同比数据。因此，所选月度指标应最多滞后三个月方可具备时效性，才能在预测中及时反映当前的经济状况和市场趋势。时效性强的指标能够让我们紧跟第三产业的发展步伐，及时捕捉到市场变化的信号，为政策制定和企业决策提供及时、准确的信息支持，从而做出更具针对性和前瞻性的决策。

（二）具体微观指标选取

1. 企业经营类指标

企业营业收入、利润等指标是衡量企业经营成果的关键指标，它直接反映了企业在一定时期内通过销售商品或提供服务所获得的总收入或总利润，通常会对第三产业的增长产生积极的推动作用。

2. 服务业 PMI 分项指标

服务业采购经理指数（PMI）中有新订单指数、业务活动预期指数、投入品价格指数、销售价格指数、从业人员指数等分项指数。它们从企业经营的微观层面反映了服务业企业的景气程度，是衡量服务业生产变化的重要指标。

3. 价格指数

价格指数可以反映市场价格的变化趋势，其中的邮递、租房、家庭等服务类价格指数，可以为第三产业的预测提供关于经济发展方向的重要线索。如果 CPI 位于合理区间，有利于更好激励"收入—消费"良性循环；而如果 CPI 持续上升，可能意味着消费者的生活成本增加，从而影响他们对第三产业服务的需求。

4. 货币供应量和贷款市场报价利率

货币供应量（M0、M1、M2）和贷款市场报价利率（LPR）与金融业增加值统计之间存在着密切的关系。2024 年第一季度以来，金融业增加值的季度核算方式进行了优化调整，优化后的核算方式主要参考银行利润指标进行推算。M0 等货币供应量和 LPR 等指标共同反映了金融体系的运行状况和对实体经济的支持力度，反映经济活动的活跃程度和资金的流动性，对金融业增加值的统计核算具有很强的相关性。

5. 其他相关性强的微观指标

客流量和货运量从不同角度反映了第三产业经济活动的情况。客流量主要反映人员流动，与旅游、商务等第三产业领域密切相关；货运量则反映商品流通，与电商、物流等第三产业领域紧密相连。二者不仅与交通运输服务业增加值高度相关，同时可以提供更全面的经济活动信息，从而提高对第三产业的预测准确性。

电影票房收入和电影观影人次作为电影产业的重要微观指标，与第三产业的作用密切相关。电影产业属于第三产业中的娱乐业，其发展不仅直接推动了文化产业的繁荣，还促进了影视制作、发行、放映等相关环节的发展，为第三产业创造了大量的就业机会和经济效益。同时，观影人次的增加也表明消费者对文化娱乐产品的强烈需求，这种需求不仅限于电影本身，还会延伸到餐饮、购物、交通等周边服务领域。

（三）数据收集与预处理

1. 资料来源

研究中使用数据均下载自万得（Wind），相关资料来源均为国家统计局、各地方统计局以及相关行业主管部门发布的统计数据。这些数据具有权威性、全面性和规范性，涵盖了宏观经济指标、行业统计数据以及企业微观数据等多个层面。综合考虑各项数据的可得性，数据时间区间选取为2000~2024年。数据频率为月度、季度数据。

2. 数据预处理

缺失值处理。在数据收集过程中，基于各种原因可能会出现数据缺失的情况。对于缺失值的处理方法主要有删除法、插补法和模型法。这里采用插补法中均值插补来对缺失值进行填充。

3. 数据平稳性检验

时间序列分析需要对数据进行平稳性检验，这里采用ADF、KPSS、PP三种检验方法。ADF检验（Augmented Dickey-Fuller test）为单位根检验，主要用于检验时间序列是否存在单位根，如果存在单位根，则序列是非平稳的；反之，则是平稳的。KPSS检验（Kwiatkowski-Phillips-Schmidt-Shin test）与ADF检验的原假设相反，它的原假设序列是平稳的。PP检验（Phillips-Perron test）也是一种单位根检验方法，它对序列中的异方差性和自相关性有一定的稳健性。

三、预测模型构建与预测结果分析

本部分构建单变量、多变量、无限制、自回归等多种混频模型，充分利用微观数据的高频特性与宏观数据的趋势特征，整合不同频率数据信息，进行总量和分行业两个维度的实证检验，构建差分自回归移动平均模型（ARIMA）作为基准模型，与实证的MIDAS模型进行预测比较分析。

（一）模型构建

为选取合适的混频模型，分别构建单变量、多变量等混频数据抽样（MIDAS）模型进行回归估计，并根据信息准则比较不同的权重函数。

1. 混频模型形式

混频模型的核心优势在于能够整合不同频率的数据，充分发挥高频数据的及时性和低频数据的全面性。混频模型通过特定的权重函数将高频数据聚合到低频,从而实现不同频率数据的有效融合。单变量 MIDAS（Mixed-Data Sampling）模型的基本形式为：

$$y_t = \beta_0 + \sum_{k=0}^{K} \beta_w(k) x_{t-[k/m], k \bmod m} + \epsilon_t \tag{1}$$

其中 y_t 为低频因变量，x_t 为高频自变量，ϵ_t 为权重函数，$\beta_w(k)$ 为权重函数。混频模型能够更全面地利用数据信息，提高预测的精度和时效性。当数据频率不一致时，通过合理地设置权重函数，混频模型能够充分挖掘不同频率数据之间的关系，提升预测效果。

多变量 MIDAS 模型考量了低频变量与多个高频变量之间的关系，允许同时剖析多个经济变量之间的相互作用，其基本形式为：

$$y_t = \beta_0 + \sum_{m=1}^{M} \sum_{k=0}^{K} \beta_{w,m}(k) x_{m,t-[k/m], k \bmod m} + \epsilon_t \tag{2}$$

自回归 MIDAS 模型引入了低频变量的自回归项，其基本形式为：

$$y_t = \beta_0 + \sum_{p=1}^{P} \varphi_p y_{t-p} + \sum_{k=0}^{K} \beta_w(k) x_{t-[k/m], k \bmod m} + \epsilon_t \tag{3}$$

无约束 MIDAS 模型不对高频变量的权重施加特定的函数形式约束，每个高频滞后项的权重都是独立估计的，其基本形式为：

$$y_t = \beta_0 + \sum_{k=0}^{K} \beta_k x_{t-[k/m], k \bmod m} + \epsilon_t \tag{4}$$

该模型具有更大的灵活性，能够更好地适应数据的复杂特征，但可能会导致参数数量过多，增加模型的估计难度和过拟合风险。

2. 权重函数

在 MIDAS 模型中，权重函数起着关键作用，用于确定高频数据不同滞后期对低频数据的影响程度。本文择优采用 Almon、Beta、指数 Almon 等常见权重函数。

Almon 权重函数（almonp）基于多项式展开，用多项式来近似表示权重随滞后期的变化，其基本形式为：

$$w(k, \theta) = \theta_0 + \theta_1 k + \theta_2 k^2 + \cdots + \theta_p k^p \tag{5}$$

Beta 权重函数基于 Beta 分布的概率密度函数，其权重表达式为：

$$w(k,\theta) = \frac{(k/K)^{\theta_1-1}(1-k/K)^{\theta_2-1}}{\sum_{k=0}^{K}(k/K)^{\theta_1-1}(1-k/K)^{\theta_2-1}} \tag{6}$$

指数 Almon 权重函数（nealmon）是对 Almon 的扩展，引入了指数项能捕捉权重随滞后期的非线性变化，可以更好地适应具有指数增长或衰减特征的权重模式。权重表达式为：

$$w(k,\theta) = \frac{\exp(\theta_1 k + \theta_2 k^2)}{\sum_{k=0}^{K}\exp(\theta_1 k + \theta_2 k^2)} \tag{7}$$

3. 变量选取与模型评估

根据模型和数据特点，本文从季度和年度、总量和分行业共四个维度进行回归分析。同时，采用信息准则评估模型的滞后阶数和权重函数，综合考虑赤池信息准则（AIC）和贝叶斯信息准则（BIC）。

（二）实证结果

按照年度和季度、总量和分行业两个维度，使用无限制混频（U-MIDAS）、混频、自回归混频（AR-MIDAS）分别对第三产业增加值、各行业增加值进行拟合回归，得到实证结果见表 1。

表 1　　　　　　　　　年度总量部分实证结果

变量	U-MIDAS 有截距	U-MIDAS 无截距	MIDAS	AR-MIDAS
截距项	9.50 *		1.26 **	1.11
趋势项	-0.20		-2.84	-2.68
ts_3md_year (-1)				1.45
ts_3inv_lmr	-0.58	-0.53	-2.23	-1.64
ts_3inv_lmr (-1)	1.28	0.22	-8.96	-7.34
ts_3inv_lmr (-2)	0.53	0.16	-3.74	-2.90
ts_3inv_lmr (-3)	-1.47	0.79	-1.56	-1.02
ts_3inv_lmr (-4)	-0.71	-2.21	-6.33	-3.03

续表

变量	U-MIDAS 有截距	U-MIDAS 无截距	MIDAS	AR-MIDAS
ts_3inv_lmr（-5）	-0.57	-0.60	-2.34	-6.75
ts_3inv_lmr（-6）	2.35	4.71	-7.15	-7.68
ts_3inv_lmr（-7）	-1.12	-3.92	-1.38	4.27
ts_3inv_lmr（-8）	0.17	1.87	2.54	-7.22
ts_3inv_lmr（-9）	0.32	0.22	1.59	4.83
ts_3inv_lmr（-10）	-0.13	-0.37	-4.76	-8.27
ts_3inv_lmr（-11）	—	—	2.08	-2.15
R^2	0.77	0.92	0.59	0.64
RSE	1.96	3.48	2.68	2.73

备注：*、**、***分别表示在10%、5%、1%水平下显著。

资料来源：笔者计算。

（三）模型预测

1. 基准模型

选用时间序列模型（ARIMA）作为预测的基准模型，分别选择总量和分行业的年度、季度数据进行拟合预测，具体结果见图1。

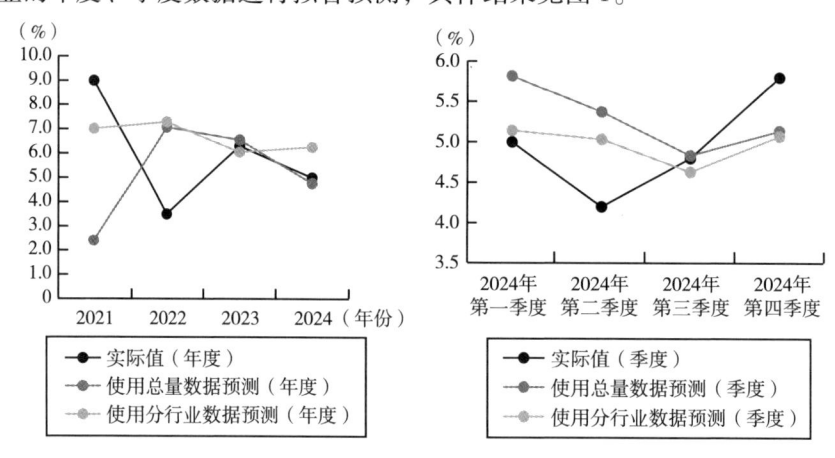

图1 时间序列模型对第三产业增速最近4次预测

资料来源：Wind，笔者计算。

2. 混频模型

混频模型预测时，先用 ARIMA 模型对客运量、货运量、网约车订单、通信业务收入、软件业务收入、电影票房收入等微观指标进行预测补齐，再使用混频模型进行预测，预测时间节点与 ARIMA 模型一致，具体结果见图 2。

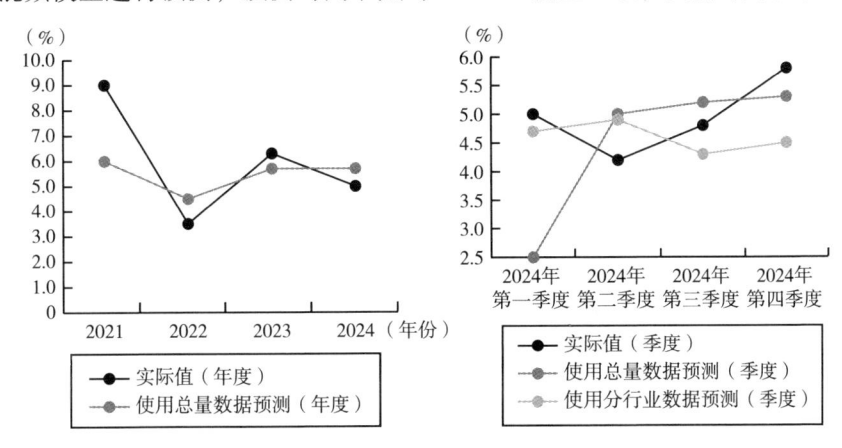

图 2　混频模型最近 4 次预测

资料来源：Wind，笔者计算。

然而，混频模型还具备 ARIMA 模型不具备的月度预测能力，可以随着相关高频数据月度更新而修正预测结果。同时，将混频模型与 ARIMA 模型对 2024 年第三产业增加值增速预测结果对比如下（见图 3）。

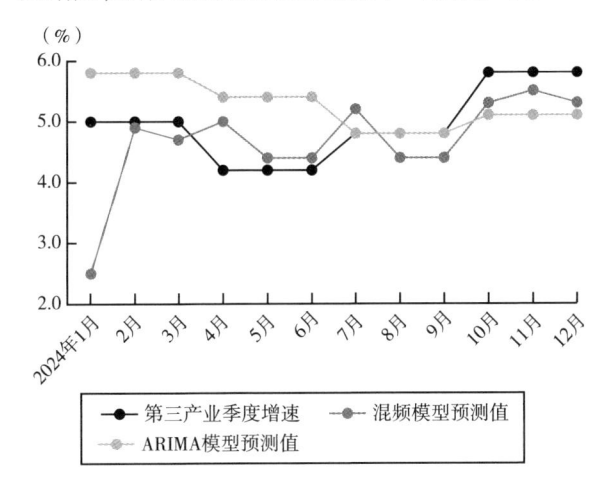

图 3　混频、ARIMA 模型预测 2024 年第三产业季度增速比较

资料来源：Wind，笔者计算。

可见，混频模型较 ARIMA 模型有更快的反应速度，混频模型分别在 2 月、5 月、8 月、11 月四个时间节点，根据高频的微观数据，作出了方向准确的预测修正。

3. 预测误差计算

计算 ARIMA 和混频模型的预测误差，并进行比较。其中，均方误差（MSE）是衡量预测值与实际值之间误差平方均值的指标，平均绝对误差（MAE）反映了预测值与实际值之间误差的平均绝对大小，平均绝对百分比误差（MAPE）衡量了预测误差的相对百分比。具体结果见表 2。

表 2　　　　　　　　　混频模型预测误差计算

数据	均方误差 MSE	平均绝对误差 MAE	平均绝对百分比误差 MAPE
年度数据	2.71	1.33	0.21
季度数据（1）	1.83	1.05	0.22
季度数据（2）	0.08	0.25	0.05
季度数据（3）	0.14	0.35	0.07
分行业季度数据（1）	0.63	0.7	0.14
分行业季度数据（2）	0.03	0.17	0.03
分行业季度数据（3）	0.06	0.25	0.05

注：（1）、（2）、（3）分别为季度第 1、2、3 个月的预测值。
资料来源：Wind，笔者计算。

从三种预测误差计算结果可以看出，混频模型相较 ARIMA 模型也有更高的预测精度。随着高频指标月度数据的相继公布，混频模型在总量和分行业层面的预测精度均有大幅提升，且都优于 ARIMA 的预测结果。

4. 模型结果对比

总的看，ARIMA 是单频时间序列预测的经典工具，在数据保持相对平稳时具有较高的预测精度，但在提高预测频率、及时反映经济活动的变化方面不具优势；而 MIDAS 可以突破频率限制，适合多源高频数据场景，在整合不同频率数据、捕捉波动方面具有明显优势，但由于可获取的高频微观指标相对有限，且微观指标易受非经济因素影响，有时会过度拟合导致某一指标的过大波动影响预测结果与实际情况的偏离。

四、研究结论及展望

（一）主要结论

混频模型结合微观指标在提升预测准确性方面具有显著的作用。微观指标能够提供更详细的经济活动信息，弥补宏观指标的不足。混频模型可以保留微观指标的高频特性使其能够及时反映经济环境的变化。

（二）研究存在的不足

一是指标选取方面的不足。尽管本研究选取了一系列微观指标来构建预测模型，但在指标选取上仍存在一定的局限性。一方面，部分微观指标受到数据可得性和质量的限制，无法全面、准确地反映经济活动的实际情况。特别是一些新兴服务业态的数据收集难度较大，数据的完整性和准确性有待提高，影响模型对这些领域的预测能力。另一方面，指标之间可能存在多重共线性问题，即某些指标之间存在高度相关关系，这会导致模型估计的不稳定和解释能力下降。

二是模型构建方面的不足。混频模型在构建过程中都对经济系统进行了一定的简化和假设，这可能导致模型与实际经济情况存在一定的偏差。在权重函数的选择和参数设定上，虽然尝试了多种方法来优化模型性能，但仍然难以完全适应复杂多变的经济环境。

三是外部因素考虑不足。经济系统是一个开放的系统，受到国内外政治、经济、社会等多种外部因素的影响。在本研究中没有考虑诸如自然灾害、公共卫生事件、国际政治冲突等外部突发事件对经济增长的影响，未能有效将这些因素纳入预测框架中，导致模型在面对突发事件时的预测准确性下降。

（三）未来研究方向展望

一是进一步拓展微观指标。未来研究可以进一步拓展微观指标的选取范围，挖掘更多能够反映第三产业发展的关键指标。一方面，关注新兴服务业态和新技术应用领域的微观指标，如人工智能服务、区块链技术应用等领域的企业研发投入、市场份额、用户增长等指标,以更好地把握第三产业的创新发展趋势。另一方面,加强对非经济类微观指标的研究,如社会文化因素、消费者心理因素等对第三产业的影响,将这些因素纳入预测模型中,提高模型的全面性和准确性。同时,利用大数据技术和机器学习算法,从海量的经济数据中挖掘潜在的微观指标,为模型构建提供更丰富的数据资源。

二是优化模型结构。针对现有模型结构存在的不足,未来研究可以从多个方面进行优化。在混频模型方面,探索更加灵活和自适应的权重函数,根据不同的经济环境和数据特征自动调整权重分配,提高模型对高频数据的利用效率。同时,结合深度学习等新兴技术,对混频模型进行改进,如构建基于神经网络的混频模型,增强模型对复杂非线性关系的拟合能力。

三是加强对外部因素的研究。未来应加强对外部因素的研究,将其纳入第三产业预测模型。一方面,建立外部因素的监测和评估体系,及时收集和分析自然灾害、公共卫生事件、国际政治冲突等外部突发事件的相关信息,评估其对第三产业的影响程度和范围。另一方面,探索将外部因素量化并纳入模型的方法,如通过构建虚拟变量或情景分析等方式,将外部因素的影响转化为模型中的变量,使模型能够更好地应对突发事件的冲击,提高预测的准确性和稳定性。同时,加强对宏观经济政策与外部因素相互作用的研究,分析政策调整在应对外部冲击时的效果和局限性,为政策制定者提供更具针对性的决策建议。

参考文献:

1. 程大中、唐雨桐、邵心怡:《生产网络视角下的服务业增长与经济波动》,《经济研究》2024年第8期。

2. 程大中、汪宁:《贸易网络与企业创新——理论和来自中国上市公司的经验证据》,《数量经济技术经济研究》2023年第5期。

3. 程大中、汪宁:《企业贸易网络中的创新溢出效应——理论和基于高新技术企业认定政策的准自然实验分析》,《国际贸易问题》2022年第12期。

4. 程大中:《中国服务业与经济增长:一般均衡模型及其经验研究》,《世界经济》2010年第10期。

5. 龚敏、李文溥：《中国经济波动的总供给与总需求冲击作用分析》，《经济研究》2007 年第 11 期。

6. 梁龙跃、陈玉霞：《基于深度学习神经网络的季度 GDP 预测》，《统计与决策》2023 年第 2 期。

7. 刘汉、刘金全：《中国宏观经济总量的实时预报与短期预测——基于混频数据预测模型的实证研究》，《经济研究》2011 年第 3 期。

8. 彭乃驰、党婷：《基于 ARMA-GM-BP 组合预测模型及应用》，《统计与决策》2016 年第 2 期。

9. 申兆光：《趋势 - 季节回归与 ARMA 混合模型在季度 GDP 预测中的应用》，《统计与决策》2015 年第 7 期。

10. 隋建利、李悦欣、刘金全：《中国经济韧性的时空敛散与异质分化特征——基于马尔科夫区制转移混频动态因子模型的识别》，《管理世界》2024 年第 3 期。

11. 王瑞泽：《对 2005 年 GDP 季度数据的预测——基于包含趋势和季节成分的 ARMA 模型的分析》，《统计与决策》2005 年第 15 期。

12. 魏仕强、何跃、蒋薇：《基于 ARMA-ARCH 的 GDP 组合预测》，《统计与决策》2007 年第 10 期。

13. 邬琼：《混频模型在我国宏观经济预测中的应用研究》，《价格理论与实践》2024 年第 2 期。

14. 杨天宇、黄淑芬：《基于小波降噪方法和季度数据的中国产出缺口估计》，《经济研究》2010 年第 1 期。

15. Acemoglu D, Autor D H. Skills, tasks and technologies: Implications for employment and earnings. *Handbook of Labor Economics*, Vol. 4, 2011, pp. 1043 – 1171.

16. Allen F, Gale D. *Comparing financial systems*. MIT press, 2000.

17. Altman E I. Financial ratios, discriminant analysis and the prediction of corporate bankruptcy. *The Journal of Finance*, Vol. 23, No. 4, 1968, pp. 589 – 609.

18. Athey S. The impact of big data on empirical research. *Journal of Economic Perspectives*, Vol. 32, No. 2, 2018, pp. 3 – 28.

19. Autor D H, Levy F, Murnane R J. The skill content of recent technological change: An empirical exploration. *The Quarterly Journal of Economics*, Vol. 118, No. 4, 2003, pp. 1279 – 1333.

20. Battisti C, Stoneman P. Technological innovation in services: New evidence from the UK. *Research Policy*, Vol. 39, No. 1, 2010, pp. 133 – 143.

21. Blinder A S. Can the production function be identified? *The Review of Economics and Statistics*, Vol. 79, No. 4, 1997, pp. 501 – 513.

22. Bloom N, Van Reenen J. Why do management practices differ across firms and countries? *Journal of Economic Perspectives*, Vol. 24, No. 1, 2010, pp. 203 – 224.

23. Bresnahan T F, Reiss P C. Entry and competition in concentrated markets. *The Journal of Political Economy*, Vol. 99, No. 5, 1991, pp. 977 – 1009.

24. Brynjolfsson E, McAfee A. The second machine age: Work, progress, and prosperity in a time of brilliant technologies. W W Norton & Company, 2014.

25. Hansen L P. Large sample properties of generalized method of moments estimators. *Econometrica*, Vol. 50, No. 4, 1982, pp. 1029 – 1054.

金融篇
推动金融高质量发展

优化央行公开市场操作国债买卖机制研究*

摘　要： 国债兼具财政和金融属性，充分发挥国债是更好地服务实体经济发展的重要支撑，也是进一步完善宏观治理体系和推动治理能力现代化的内在要求。近年来，我国经济进入高质量发展阶段，面对异常复杂的国际环境和艰巨繁重的改革发展稳定任务，加快构建以国债为枢纽的两大政策协调配合机制，有利于提升财政政策将与货币政策在政策取向、调控力度和调控节奏上的一致性，有助于提高宏观政策调控的有效性、放大政策组合效应，更好地服务于实体经济，是对完善中国特色宏观调控制度体系的重大创新。课题从政策取向、协同模式、操作方式、政策效果等角度入手，对比分析了美国、日本和我国央行买卖国债政策的历史演进；总结了新形势下我国进一步优化央行买卖国债机制的重大意义；剖析了进一步扩大央行买卖国债规模、优化政策调控效果面临的短板制约；最后就进一步优化央行买卖国债机制提出了具体的政策建议。

关键词： 货币政策　公开市场操作　国债

一、我国央行买卖国债的发展演进

近年来，社会各界对"央行买债"的关注度日益提升。国债兼具财政和金融属性，充分发挥国债是更好地服务实体经济发展的重要支撑，也是进一步完善宏观治理体系和推动治理能力现代化的内在要求。2023年中央金融工

---

* 作者盛雯雯。

作会议提出,"要充实货币政策工具箱,在央行公开市场操作中逐步增加国债买卖"。在此背景下,深入研究央行公开市场操作参与国债买卖的必要性、制约因素和完善方向,既具有较强的理论价值,也具有较强的现实意义。

(一)我国央行买卖国债的历史演进

经过多年发展,我国已逐步构建了以公开市场流动性操作为主的基础货币发行机制。回顾历史,人民银行公开市场买卖国债的方式演进可分为三个阶段。

1. 2014年前我国公开市场操作主要以发行央票为主

主要原因是外汇占款导致的货币被动投放为央行提供了投放流动性的主渠道,因此无须通过债券买卖来投放货币。

2. 2014年后国债在公开市场操作中的重要性不断提升

2014年下半年以来,随着我国外汇市场供求形势发生根本性的变化,外汇占款无法继续成为基础货币投放的主渠道。2013年以来央行陆续创设了短期流动性调节工具(SLO)、常备借贷便利(SLF)、中期借贷便利(MLF)、抵押补充贷款(PSL)、定向中期借贷便利(TMLF)等一系列创新型货币政策工具,极大丰富了公开市场操作的工具箱,弥补了外汇占款下降对基础货币投放的缺口。上述创新型工具的本质是基于再贷款模式的基础货币投放方式,即符合条件的银行将合格抵押品通过质押方式从央行获得融资,国债则作为合格抵押品的重要金融资产类别之一。

3. 2024年以来我国加快完善央行买卖国债工具设计

2023年中央金融工作会议提出"在央行公开市场操作中逐步增加国债买卖"[①] 以来,监管部门积极落实,人民银行加快推出各类涉及国债买卖的公开市场操作工具,央行买卖国债的工具箱种类不断丰富。当前,我国货币政策操作与国债相关的方式主要包括回购式交易(含质押式回购和买断式回购)、现券交易(二级市场)和认购特别国债。

---

① 《习近平关于金融工作论述摘编》,中央文献出版社2024年版。

（二）我国央行参与国债买卖的主要方式

我国国债市场规模已居全球第三位，流动性明显提高，为央行在二级市场开展国债现券买卖操作提供了可能。但当前国债更多作为公开市场操作的主要抵押品，央行直接买卖国债的工具体系仍处于逐步发展完善的进程中。

1. 回购交易

目前我国央行公开市场操作主要通过回购交易影响基础货币数量，进而调节流动性。

按照买卖方向区分，回购交易分为正回购和逆回购。正回购是人民银行向一级交易商卖出有价证券，并约定在未来特定日期买回有价证券的交易行为。逆回购是人民银行向一级交易商购买有价证券，并约定在未来特定日期将有价证券卖给一级交易商的交易行为。正回购是央行从市场收回流动性的操作，逆回购是央行向市场上投放流动性的操作。目前逆回购期限一般是7天、14天，主要集中偏短期。

按照操作标的所有权是否转移区分，回购交易又可分为质押式回购和买断式回购。过去长期中我国央行的国债回购交易主要以质押式回购为主。2015年以来，我国不断创设包括逆回购和中期借贷便利（MLF）、SLO在内的各种公开市场操作工具，均可用国债作为质押品。此类交易中，央行向市场提供资金，国债仅作为质押品，不计入央行对政府的债权，其实质仍然是央行与金融机构特别是商业银行的债权债务关系。2024年创设买断式回购工具是对回购交易工具的重大创新。2024年10月28日，央行发出公开市场业务公告〔2024〕第7号，启用公开市场买断式逆回购操作工具。此次央行设立买断式逆回购操作工具，也是在货币政策框架演进背景下对流动性投放工具的有效补充。买断式逆回购标的操作工具包括国债、地方政府债券、金融债券、公司信用类债券等，操作期限不超过一年。**"买断式逆回购"区别于原有的"质押式逆回购"，债券所有权与处置权归属央行。**在本轮公告发布之前，央行公开市场操作常用质押式逆回购投放短期流动性。"买断式"相比于"质押式"的区别在于债券所有权在交易中发生了实质性变化。"质押式"交易中，债券只是抵押品，标的债券所有权不发生转移，无须央行扩表，央行资产端增加对其他存款性金融机构债权，负债端增加基础货币。而"买断式"交易中，央行资产端增加标的债券所属债权，负债端增加基础货币，即通过央行扩表实现货币扩张。

2. 现券交易

央行通过现券交易方式开展国债买卖，在国内外都已被作为公开市场操作的常规数量型工具，用于满足长期性的货币供应量趋势增长的需求。在现券交易中，央行不能直接在一级市场上购买国债，即央行不能作为对手盘直接与财政部交易（买断式）国债，但可以通过公开市场，从商业银行等金融机构处买卖国债。现券交易分为现券买断和现券卖断。其中，现券买断是指央行直接从二级市场买入债券，一次性地投放基础货币；现券卖断是指央行直接卖出持有债券，一次性地回笼基础货币。

历史上看，现券买卖较早就被纳入我国央行公开市场业务工具箱。 我国央行明确表示"中国人民银行公开市场业务债券交易主要包括回购交易、现券交易和发行中央银行票据……现券交易分为现券买断和现券卖断两种"。其中，早在2000~2003年，人民银行就曾多次开展买断式交易国债的操作，主要是尝试通过买卖国债进行流动性调节。2004年以后，随着外汇占款在我国基础货币投放中的作用日益提升，央行买卖国债的交易量逐渐减少，对政府债权科目金额也不再变化。

2024年后，我国央行参与国债现券交易进入加快发展阶段。 2024年8月30日，央行发布公告，"为贯彻落实中央金融工作会议相关要求，2024年8月人民银行开展了公开市场国债买卖操作，向部分公开市场业务一级交易商买入短期限国债并卖出长期限国债，全月净买入债券面值为1000亿元"。这意味着我国央行在二级市场买卖国债正式作为央行常规操作。从操作方向上看，央行买短卖长，旨在引导中长期国债收益率适度上行。从操作定位上看，在淡化MLF政策利率功能、缩量续作背景下，现券买卖和买断式逆回购两项工具共同发挥了补充中长期流动性供给的重要作用。

3. 特别国债定向发行

除了现券交易和回购交易外，我国央行在二级市场直接参与国债交易的另一典型方式是特别国债定向发行。在1998年、2007年的特别国债发行中，均是采用定向发行。其中：1998年财政部向四大行定向发行特别国债2700亿元，央行通过降准为四大行提供流动性补充；2007年中投成立时，财政部向农业银行定向发行1.35万亿元特别国债，并将发债所得资金向央行购买等值外汇，随后央行将售汇所得资金在二级市场通过现券买断的形式，向农业银行购买特别国债。2017年、2022年央行续作了两次2007年发行的特别国债（6000亿元和7500亿元），避免了大规模集中发行国债对市场流动性的冲击。从央行角度看，特别国债操作减少了资产项的外汇，增加了资产项的对政府债权，实质上并没有资产负债表数量的变化，对基础货币投放不产生影响，也不会影响金融机构信用扩张，更多体现为支持财政功能的发挥，不具有货币政策调控的金融属性，对完善央行公开市场操作制度的意义有限。

二、进一步优化央行买卖国债机制的重要意义

新形势下，将财政税收政策和货币金融政策统筹起来通盘考虑，既是确保存量政策切实落地生效的重要保障，是强化货币政策对财政积极发力配合的主动作为，也是进一步拓展增量政策空间的必然方向。

（一）增强对积极财政政策发力的配合性

当前我国居民和企业资产负债表面临一定修复压力，新旧信贷需求转换不畅，政府债券融资规模和在社融中的占比不断提升。2024年全年，新增社融中高达35%的部分由政府债券贡献，较2019年的18%水平大幅提升了17个百分点，新增人民币贷款占比则从2019年的66%下降至2024年的53%。政府债券发行对资金面具有双向影响：从时间看，发债时回笼流动性，拨付时释放流动性，对流动性最终影响取决于财政存款的变化，以及发债与拨付之间的时差；从用途看，政府债券如果全额用于偿还人民币贷款、企业债券等社融分项，则对社融并无影响，如果用于偿还拖欠款，则社融将增加。因此，取决于政府债券发行的不同的时点和融资用途，财政政策扩张对市场流动性的影响往往难以准确判断，央行难以通过降准降息等总量性政策工具实现对流动性的精准调节。央行买卖国债业务具有双向性，央行参与国债市场交易，有助于平抑短期市场资金面波动，避免财政政策对实体部门的挤出效应。

（二）强化货币政策逆周期调节的主动性

长期看，央行买卖国债是对流动性管理及基础货币投放方式的优化升级，是我国央行创新和拓展政策空间的重要方向。从反映基础货币扩张方式的央行资产负债表构成来看，截至2024年末，外汇储备在我国央行资产中的占比仍高达50%左右，各类再贷款工具形成的对金融机构债权占比为37%，国债占比仅为6.5%。一方面，人民币以外汇资产尤其是美元资产为基础发行，导致货币供给易受国际经济环境变化影响，调控具有被动性。另一方面，我国央行目前投放基础货币的主要方式是再贴现、再贷款、公开市场操作（质押式逆回购、MLF）、PSL、结构性货币政策工具等。但 SL、MLF、再贷款等工具都需要担保品，且到期后的续作具有不确定性，参与机构范围受限，最终调控效果取决于金融机构的参与意愿和微观主体的融资需求，调控具有顺周期性。与各类再贷款工具相对比，以买入国债的方式投放基础货币是央行代表国家向金融市场"均匀补水"注入流动性，具有逆周期性、主动性和全局性的鲜明特征，应成为下一阶段央行"宽货币"的主要渠道。此外，相比于其他公开市场操作工具，央行可以根据调控需求随时在二级市场进行国债现券买卖来调节基础货币的投放量，既可以选择一次性大规模的货币投放和回笼，也可以选择多次小规模的微调，从而实现对基础货币的精准和灵活调控。

（三）加强金融资本与实体经济的适配性

近年来，我国经济运行中存在"高M2之下的低物价""高社融之下的低投资"等看似矛盾的现象。从深层原因看，上述背离的根源在于长期流动性的供给不足。为了促进社会信用扩张，央行可以通过参与国债买卖、通过央行扩表的方式从市场购入政府债券扩大基础货币的投放，也可以通过降低存款准备金率和创设各类结构性工具的方式，鼓励银行向实体经济发放更多贷款。前者体现为央行资产负债表扩张，后者体现为货币乘数的扩张。美国、欧元区和日本等发达国家和地区更多采取央行扩表的方式投放流动性，而货币乘数在2~4之间波动，相对平稳。相反，长期以来我国央行扩表缓慢，更多依靠货币乘数的方式实现广义货币扩张,自2011年以来货币乘数持续上升,目前高达8左右。短期流动性推高的M2使得金融市场看似货币很多,但真正适宜实体经济发展的长期资本稀缺,市场"不缺资金但缺资本",同时也导致实体部门对融资环境的变化更加敏感。与之对比,央行买入的国债到期之后,一般是滚动续作的形式一直留在表内,等同于永久性的基础货币投放,能够为经济结构转型和发展新质生产力提供所需的"长期资本"。

(四)提升对防控重点领域风险的保障性

央行持续大幅买入国债来投放基础货币,可以降低财政融资成本中枢,对防范化解金融风险具有积极作用。从我国国债的持有者结构看,尽管央行持有的国债规模有限,但商业银行作为国债最主要持有者,发挥了支持财政扩张的关键作用。当前在我国国债中,商业银行持有占比约为60%,央行持有占比不足10%。而从全球主要经济体情况看,央行持有国债的比重为20%~30%,商业银行持有国债的占比仅为10%~30%。2023年硅谷银行、瑞士信贷等欧美银行业危机事件充分表明,央行政策利率转向引发债券收益率波动,进而导致证券投资浮亏是引爆金融机构风险的重要导火索。通过强化央行买卖国债机制,适当提高央行在国债持有者中的比重,降低商业银行持有比重,是在保障对财政支持力度的前提下,防范金融机构利率波动风险的重要方式。此外,由于买卖国债能够大幅增加货币政策潜能,央行买卖国债能够以更直接、更主动的方式投放流动性,在受外部冲击的极端情况下,还可作为应急工具提供大额流动性供给,有利于更好地维护市场稳定。

三、优化央行买卖国债机制亟待解决的关键问题

2024年以来,我国加快完善央行买卖国债机制,不断丰富包括二级市场现券交易、买断式回购交易等在内的国债交易工具,为强化财政货币协调奠定了重要基础。但进一步扩大央行买卖国债规模、优化政策调控效果,仍需解决下列短板制约。

(一)国债的发行规模需要扩大

央行通过公开市场操作持续现券买入国债,国债市场的容量需要足够大,

否则将导致央行缺少足够的操作对象。我国自2006年起，国债管理由发行额管理转变为余额管理制度。具体实施中，预算长期受3%~4%的赤字率约束，政府负债率控制在70%以下。较强的赤字和债务约束导致我国国债的发行规模有限，中央财政杠杆率相较全球其他主要经济体一直处于较低水平，逆周期调节能力难以充分发挥。截至2024年，按照美元计算，我国GDP相当于美国GDP的64.8%，但2024年我国国债的发行规模为12.3万亿元，仅相当于美国国债发行规模的36.7%。参考美国情况来看，美国财政预算赤字率持续保持较高水平，国债市场容量较大，存量国债规模是其基础货币的5~6倍，最高时期达11倍左右。相较之下，我国存量国债规模目前约为基础货币的0.86倍，单纯依靠央行买债扩充资产负债表短期难以有效实现广义货币扩张。尤其在当前金融机构配置国债热情日益高涨背景下，央行如果大规模购债会造成国债市场交易量大幅下降，就会扭曲国债收益率曲线。

（二）国债的期限结构需要优化

央行买卖国债一般采取两种方式：一是买入短期国债，调节货币投放，以满足经济发展中的基础货币扩张需求，实现流动性的精准调控；二是买入长期国债，压降长端利率，以降低财政融资成本，鼓励中长期信贷投放，同时提振资产价格。当前，我国国债期限结构呈现"中间粗、两头细"的特征，主要以中期国债为主，短期和长期国债发行不足，对实现上述两大目标构成障碍。一方面是短期国债的占比偏低。短期国债可以在不增加当年财政赤字的前提下，满足财政资金短期周转及灵活调整的需要，同时还可以有效提高货币政策传导效率。国外央行在常规时期的公开市场操作中，其操作标的大多选择1年期及以下的短期国债。当前我国国债存量规模中短期国债占比不足20%，较国际通行水平明显偏低（如美国短期国债占比高达36%），进而限制了我国央行通过买卖短期国债调节基础货币的能力。另一方面是超长期国债的发行不足。一般而言，10年期以上国债收益率曲线较为平坦，发行超长期国债的融资成本较低。因此，全球主要经济体都将超长期国债作为财政融资的主要手段。例如，截至2024年4月，日本超长期国债的占比为44.8%，而德国和美国的占比分别为27.8%和22.2%。相较而言，我国超长期国债的占比只有16.9%，央行通过买卖长期限国债管控长端利率、更好支持财政融资的能力较为有限。

（三）国债发行和管理机制仍需完善

强化财政、货币两大主管部门在国债买卖上的协调配合，需要高层级的协调机构发挥顶层设计和统筹协调作用，避免部门决策之间的冲突，最大程度发挥政策合力作用。近年来，我国在财政政策与货币政策协调配合方面取得了一定进展，但现有货币政策委员会、国债联合工作组等财政货币协调机制，更侧重于经济形势分析或工具执行层面，两大政策协调工作机制的系统性和统领性水平仍有待提升。当前经济增长方式转变、国内外发展环境的变化所带来的压力已对两大政策协调配合提出了迫切要求，亟须以国家宏观利益大局为根本依循，搭建一个高层级、系统性平台以推进两大政策的协调配合。

四、央行公开市场买卖国债的国际经验

长期以来，央行参与国债买卖已成为全球主要经济体财政货币配合的重要切入点，其政策目的也从最初的降低财政负担扩展至稳定金融市场、持续货币宽松以刺激经济。本部分从政策取向、协同模式、操作方式、政策效果等角度入手，对比分析央行买卖国债政策在美国、日本和我国的历史演进和实施背景。

（一）美国实践经验

从政策取向看，美国财政部的使命是通过有效管理美国政府的财政资源，促进经济增长和维持美国经济强势地位，并以此创造就业机会。美国《联邦储备法》明确美联储货币政策的双重目标为"充分就业与物价稳定"。在法律层面，美联储的行为和决策依据《联邦储备法》及其后的改革法案，该法案明文规定美联储制定货币政策时不需要通过总统或总统管辖的任何行政部门批准，即美联储仅对国会负责，不对总统负责。但美联储货币政策的独立性并不是绝对的，央行与财政部在稳定经济中发挥着协调配合的作用。一方

面,美联储为财政部提供低利率的发债环境,减轻财政部的偿债压力,尤其是实施量化宽松降低国债收益率,使财政付息成本下降。另一方面,美国货币发行机制以主权信用模式为主,央行"以债为锚"的基础货币投放机制运行成熟。完善的国债市场不仅为货币发行奠定了稳定的价值基础,庞大的国债存量也为央行流动性管理提供了广阔的空间。

从协同模式看,美国财政与货币政策的关系,经历了大萧条至第二次世界大战期间"财政主导"、到第二次世界大战之后"货币主导"、到20世纪70年代滞胀背景下财政和货币政策相对分离、再到2008年国际金融危机,尤其是2020年疫情后财政货币政策强化协同配合的曲折发展过程。根据美国财政货币政策配合主导权的阶段性差异,美联储买卖国债操作的主要方式也从2008年金融危机前的以回购操作为主,转向危机时期的直接买卖国债为主,再到经济复苏后的二者兼顾模式。

从操作方式看,从工具种类看,美联储公开市场操作买卖国债可分为永久性和临时性两种。前者通过直接买卖国债,来满足货币供应量趋势性增长的长期性需求,后者是通过回购来操作满足暂时性的储备需求。具体而言,2008年前美联储在公开市场直接买卖国债是常见的操作。1990年之前,美国的存款准备金率尚未降至零,此时国债购买的规模总体上较小,国债主要作为美联储公开市场操作的抵押物。美联储大规模国债购买是在传统货币政策失灵后才启动的。1990年,美联储将法定准备金率降至零后,为填补基础货币投放缺口,央行购买国债规模逐步增长。2008年后,联邦基金利率被降至零,难以进一步通过降息来刺激信贷。面对零利率限制,美联储先后实施了四轮QE操作,在二级市场上通过买断式回购的方式大规模买入中长期国债,并在20世纪60年代和2011~2012年两段时期进行了两次扭曲操作,即持续购买6~30年的长期国债以压低长端国债收益率,同时等量出售短期国债,以压降长端利率,从而提振消费、投资和经济增长。截至2024年底,美国央行资产负债表中国债占其总资产的60%左右。

从政策效果看,常规工具方面,美国以国债为基础的货币发行机制提升了货币政策调控的灵活性和精准性,降低了财政支出对税收的依赖,有利于满足全球投资者对美元资产的需求,维持美国的国际货币主导地位。非常规工具方面，美国历史上四轮量化宽松政策在经济下行阶段有效压降了长端利率水平，在促进实体经济修复、改善投资者风险偏好、提振资本市场等方面取得了明显效果。但是值得注意的是，由于美国国债收益率曲线已成为金融市场定价的重要基础，其形态往往被视为经济运行的先行指标，曲线倒挂被作为经济衰退预警，因此美联储引导长端利率下行对预期造成了一定的负面影响，一定程度上削弱了美联储刺激信用扩张的实际效果。同时，多轮的量化宽松政策助长了对财政赤字货币化的路径依赖，美联储资产负债表扩表后收缩缓慢，长期看也可能引发通胀压力反复、收入不平等加剧、货币信誉受损等负面影响。

（二）日本实践经验

过去二十多年以来，为了走出经济增长停滞和通缩陷阱，日本央行一直处于全球货币政策创新的前沿，为目前处于类似境地的其他央行提供了重要的经验与教训。

从政策取向看，日本央行货币政策采取"物价稳定"单一目标制，同时也强调对金融体系稳定给予充分关注。2010年推出全面量化宽松政策之前，日本央行对金融稳定目标赋予相对较大权重，再加上没有明确的价格稳定目标，导致货币刺激力度不足和过早实行政策正常化。例如，日本央行没有认识到关键部门（家庭、金融和非金融公司）需要进行重大资产负债表修复，导致其在2000年提前终止零利率政策，又在2006年仓促退出量化宽松政策。

从协同模式看，自20世纪90年代陷入通缩和流动性陷阱以来，日本财政政策与货币政策一直保持双松的搭配，并且配合方式呈现出由货币主导到财政主导转变的鲜明特征。一方面，为弥补国内有效需求不足，日本财政部出台了四轮财政刺激计划，加大财政支出创造国内需求，拉动民间投资，弥补了微观主体融资需求不足所引发的社会信用扩张的不足；另一方面，货币政策配合财政发力持续突破利率下限，日本在1999年成为全球首个实施零利率的国家，随后在2001年后开启量化宽松操作，并在2013年加码至收益率曲线控制下的量化质化宽松政策（QQE），即以国债收益率曲线为依据、以通胀稳定在2%以上为目标的量化宽松政策，进而有效地压低了政府融资成本，提升了政府债务的可持续性。

从操作方式看，与美国情况相类似，日本央行货币发行机制同样以主权资产为主，截至2024年底，日本央行资产负债表中国债占其总资产的70%以上。1999年后，日本央行开始引入国债直接买卖工具，央行投放基础货币主要是通过公开市场操作、量化宽松等工具在国债二级市场上进行国债回购或直接买卖，购买国债的期限选择，主要取决于投放流动性和控制收益率曲线两大操作目标。在2001年前的常规货币政策时期，日本央行购买国债操作的主要目的为投放基础货币，主要使用回购工具作为数量型工具，用于调节准备金余额，基本原则是根据货币供应量增长的长期趋势来决定购买日本国债的数量，并极力避免扭曲利率价格和破坏财政纪律。2001年3月，日本央行宣布将货币政策操作目标从无抵押隔夜拆借利率转向准备金余额，并在必要时直接购买长期国债，首次开启QE。2010年10月，日本央行宣布加强货币政策宽松力度，开启全面宽松（CME），央行购买国债的规模不断增加，期限不断拉长。2013年4月，日本央行面临"无债可买"的困境，试图用更强的利率引导信号、更少的债券购买量来达到政策目标，因此在购债操作中明确引入收益率曲线控制（Yield Curve Control，YCC）措施，按照固定招标价格无限量购买国债，以达到控制长端利率上限的目的。推出YCC后，日本央行购买国债的速度明显放缓。

从政策效果看，与美国相比，日本通过央行买卖国债调控经济的效果不佳，历经近30年才见成效。日本央行实行了长达25年极为宽松的零利率货币政策，其间更有长达8年的负利率时期，最终才在2022年摆脱长期通缩，CPI自2022年4月起连续位于政策目标2%的上方。从日本经验的成功之处看，政府部门杠杆率在2022年达到228%的峰值水平，约为中国和欧元区的近3倍、美国的近2倍，但却并未发生过主权债务违约事件，日元还具有较强的避险资产地位，刷新了全球对政府杠杆率上限的认知。其根本原因在于日本央行购债营造了低利率环境，为财政可持续提供必要保障。日本经验的失败之处在于，日本央行与财政部门之间缺乏有效的协调机制，货币和财政政策目标取向存在偏差。随着政府债务不断积累，日本财政部一直将政策重点放在稳定债务增速上，央行大规模量化宽松操作节约的财政空间被主要用于降低财政赤字,而非积极推动结构性改革,这极大削弱了央行通过购债支持财政发力、加快经济转型的实际政策效果,从而延长了日本走出通缩和衰退的时间。

(三) 主要启示

通过对比分析美国、日本和我国央行买卖国债的经验做法,可以得到以下启示。

一是将国债作为央行基础货币投放的方式是国际通行惯例,是现代中央银行制度的重要组成部分。横向比较来看,目前国债在全球其他主要经济体央行总资产中占比为五到九成。在常规货币政策操作阶段,大多央行都以购买国债作为基础货币扩张的工具。例如,早在2008年金融危机之前,国债占美联储总资产的比例就已基本在80%以上,买卖国债是美联储进行公开市场操作的主要方式。类似地,2001年之前,政府债券占日本央行总资产的比例也基本保持在50%以上。与之对比,截至2024年末,外汇储备在我国央行资产中的占比仍高达50%左右,各类再贷款工具形成的对金融机构债权占比为37%,国债占比仅为6.5%,未来具有广阔的提升空间。

二是财政货币协同模式,即"财政主导"还是"货币主导"不存在定论,应因时而变。发达经济体的经验表明,在经济下行压力较大的阶段,仅依靠货币政策抑制长期通缩效果不佳,而且还容易形成"利率—债务"螺旋和陷入"流动性陷阱",削弱货币政策的调控效果。只有通过系统性的政策搭配,才能有效应对内外部多重经济挑战,实现经济金融稳定增长。从后危机时代需求不足背景下的全球宏观调控政策创新方向看,各国都突破了货币政策和财政政策相互独立的束缚,财政和货币之间曾经清晰的界限逐渐模糊,"财政主导"是货币政策调控空间受限下实现稳增长目标的必然选择。考虑到财政的可持续性和国家信用,各国都会对政府的赤字和债务实行规模控制,但是金融危机后各国均突破了原有的债务管理框架,采取"功能财政"理念,不再简单拘泥于债务上限和赤字率问题,而是将债务管理的目标设定为保证本国公共债务可持续性,通过财政政策和货币政策的主动、被动搭配实现稳定产出、物价以及控制债务的三重目标。

三是低利率环境是政府债务可持续扩张的重要前提，是"财政主导"下的财政货币政策配合的重要体现。 从美日债务可持续扩张的国际经验看，决定一国财政可持续性的关键因素并非债务的绝对规模，而是利率和名义经济增速情况。利率水平越低，政府需偿付的公共债务利息支出越少，越有利于提升公共债务的可持续性；名义经济增长率越高，越能通过分母效应降低政府杠杆率（公共债务/GDP），财政的可持续性越强。因此，发达经济体央行、财政部门在国债管理中的首要原则是追求财政筹资成本的最小化，央行与财政的配合也主要体现在财政扩张时期，通过大幅加大央行购买国债力度，甚至采取扭曲操作等手段，引导国债收益率尤其是长端利率下行，有效降低政府财政融资成本，进而增强政府债务的可持续性。因此，全球主要经济体在财政政策扩张发力背景下，均配合以宽松的货币金融环境，海外央行国债买卖操作主要以买债为主（压降国债收益率曲线），以压缩政府债务融资成本。从长期看，国债收益率的均衡水平主要由经济增速和通胀预期决定，只有宏观政策切实加大逆周期调节力度，才能扭转市场对经济增速和物价增速的悲观预期，进而扭转国债收益率的下跌趋势。

五、优化央行参与国债买卖机制的政策建议

在上述分析基础上，就进一步优化央行买卖国债机制提出下列政策建议。

（一）建立高层级财政货币协调机制

以国家宏观利益为大局的根本遵循，设立高能级协调机构推进财政货币政策协调配合。一是设立专门机构专司国债政策。建议借鉴国际经验，在中央财经委员会或者国务院层面设立专门的政策协调工作组或委员会，发挥对国债相关政策制定和协调的统领作用，由财政、央行、发改和金融监管机构等部门官员作为协调工作机制的主要组成人员，围绕实施国家发展规划、重大战略，统筹确定国债的发行和未清偿规模、品种结构和发行节奏，以及央行购买国债的规模和方式。二是建立常态化跨部门协调机制。建议加强与财政部、央行、金融监管总局等部门的沟通。通过建立跨部门定期沟通机制，定期组织政策研讨交流会，及时解答各部门在国债发行管理协同过程中存在

的疑问，联合开展政策协同效果评估，成立相关部门参与的风险评估委员会，根据宏观经济发展变化情况共同制定优化国债发行管理政策，形成较快的联动反应机制，以应对复杂多变的经济形势。

（二）优化财政货币政策协调框架

明晰财政政策与货币政策的边界和交叉范围，增强政策一致性，根据宏观调控总体目标的变化相互配合、相互补充，更好地发挥政策协同效应，共同促进经济健康平稳运行。一是明确宏观经济发展总目标定位。在党中央总体研判和统筹谋划下，围绕促进经济增长、扩大内需、保障充分就业等宏观经济目标，从短、中、长期制定切实可行的财政政策与货币政策协调框架，保证二者取向一致、步调统一，将阶段性目标聚焦于支持经济增长和物价稳定。二是加强财政政策与货币政策在国债发行环节的协同配合。财政政策应统筹考虑国家发展需要、宏观经济增长潜力、宏观调控安排、财政收支形势，以及财政中长期可持续性等多重因素，围绕物价、就业、经济增长等目标，强化中央财政在提供全国性公共产品的责任和宏观经济稳定中的作用，强化政府债务的跨周期和逆周期调节能力；货币政策则通过购买国债来调控货币供应量、调节流动性，为政府债发行创造宽松的低成本环境。三是明晰财政、货币在国债市场建设中的职能分工。财政当局应更多通过流动性增强发行、续发行等方式从国债供给端加强流动性，逐步增加境内外人民币国债发行规模；货币当局则更多通过市场沟通、流动性监测等方式从国债需求端进行流动性建设，进一步扩充公开市场操作一级交易商参与范围，完善利率衍生产品序列，大力推进中国债券市场统一对外开放，加快推动人民币国债离岸市场建设，推动人民币国债成为国际市场通行的合格担保品，提升我国国债的全球流动性和影响力。

（三）完善国债发行管理配合机制

建立以国债为枢纽的财政货币政策协调配合机制，进一步强化国债的金融属性，推动财政和央行在国债发行管理全流程协同配合。一是建立符合我国财政金融制度特征的财政赤字观。及时调整财政政策调控理念，高度重视政府赤字和债务对于经济金融下行阶段刺激有效需求、保持经济稳定的关键作用，重视跨年度或中期支出框架的财政计划，动态调整政府债务和赤字约束机制，更好地发挥财政自动稳定器的作用。二是完善国债发行管理机制。人民银行和财政部应强化国债发行的协调配合，根据宏观形势与政策协同需求合理确定国债发行规模、期限结构和支出方向，合理扩大国债发行规模，优化各期限国债发行结构，提升超长期国债和短期国债的占比，构建期限结构合理、时间安排均衡的国债发行机制。同时，完善债务预算管理和监督机制，强化财政资金使用绩效管理，围绕国家整体发展战略合理安排国债资金投向，提升国债资金使用效益，兼顾经济增长与结构优化，实现稳增长、促发展和防风险之间的平衡。三是优化国债收益率曲线形成机制。建议央行明确设定国债利率管理目标区间以强化前瞻性指引，重视国债收益率曲线中蕴含的前瞻性信息，持续跟踪分析曲线形态的变化，进一步加强国债收益率曲线在货币政策分析与制定中的应用。

同时，进一步强化短端利率调节，疏通利率传导机制，推动金融机构在市场化定价中广泛参考国债收益率基准，尤其是在商业银行的内部资金转移定价（FTP 定价）和存贷款定价中参考国债收益率曲线，逐步理顺利率由短及长的传导关系。

（四）明确央行买卖国债的操作策略

聚焦货币政策的阶段性重点目标，结合国债发行规模和利率曲线调整的现实需要，动态调整买卖国债的操作策略，灵活确定买卖国债的方向、规模和对象，采取"短期多买短，长期多买长"的国债买卖策略，并且向市场更加清晰地传递央行购债的意图和方向。

短期看，在当前我国降准降息等常规政策工具仍然存在一定调控空间的情况下，央行实施大规模量化宽松政策支持财政赤字货币化的必要性不强。买卖国债应主要定位为流动性管理工具，央行应以买入短期国债为主。一方面，财政部门应进一步完善短期国债的滚动发行机制，扩大发行规模。建议在目前已有 3 个月期限、6 个月期限品种基础上，增加按周滚动发行的 4 周期限、8 周期限品种，并增加按月滚动发行的 52 周期限品种，以增强国债市场的流动性，为构建期限结构平滑的国债收益率曲线提供必要条件。另一方面，央行应在公开市场操作中加大短期国债购买力度，加快构建以国债为基础的货币发行和调节机制。

长期看，央行买卖国债能够极大拓展货币政策和财政政策空间，可将其作为超常规逆周期工具储备，在经济运行遭遇外部冲击或经济下行压力增大的不利情况下，增加长期限国债的购买力度，为市场快速提供大额流动性支持，同时为财政政策提供更大发力空间。一方面，应进一步扩大超长期国债的发行规模，探索对超长期限国债设计相对固定的首发和续发行安排，并对到期日进行相对集中的管理，强化其为长期、重大项目筹资的属性，加大力度支持投资消费、强化社保养老和医疗保障、补充商业银行资本金以及替代部分地方政府专项债的功能，同时也为央行买卖长期国债提供足够的可交易规模。

参考文献：

1. 李扬：《货币政策和财政政策协调配合：一个研究提纲》，《新华文摘》2021年第15期。

2. 马勇：《中国的货币财政政策组合范式及其稳定效应研究》，《经济学（季刊）》2015年第4期。

3. 吴晓玲：《中国财政赤字货币化问题辨析》《金融时报》2020年5月17日。

4. 余永定、张一：《货币融资：美国经验及对中国的启示》，《新金融评论》2020年第2期。

5. Mishkin F S. *The Economics of Money, Banking and Financial Markets*. New York：Pearson Education，2020.

促进金融更好地服务实体经济研究

——基于金融资金流量表的分析 *

摘　要：金融"更好"地服务实体经济，体现在"更多"地将有限金融资源投向实体经济，又能"更多"地形成实物产出、促进经济增长。本文通过编制1992~2023年投入产出式资金流量表，定量测算了金融服务实体经济的效率。从金融部门自身看，2014~2017年金融空转增加，2017年高达9.5万亿元，2018年以后金融去杠杆成效显著；从金融资金投入看，我国金融体系投入实体经济的资金比例呈现波动式的上升下降态势，2023年为73.3%；从金融乘数效应看，我国的金融投入产出乘数呈现出先下降、后上升、再下降的趋势，2023年为1.62，仍高于主要发达国家1.2~1.5的水平；从金融产出效率看，1992~2023年金融效率提高对名义国内需求增长的贡献率年均为1.8%，疫情以来内需疲软与金融效率下降有一定关系。总体而言，尽管金融自身空转明显下降，但金融服务实体经济的效率，尤其是金融投入产出效率仍有待提升。要通过"畅通渠道、防止空转、分类提质、增进实效"四大举措，疏堵结合、提质增效，以金融高质量发展助力强国建设、民族复兴伟业。

关键词：金融效率　金融服务实体　资金流量表　投入产出分析

---

* 作者陆江源，本文部分内容原载于《宏观经济研究》2025年第4期。

一、促进金融更好地服务实体经济的内涵

近年来,我国明确了金融服务实体经济的金融业功能定位,着力避免金融空转和脱实向虚,努力推动金融和实体经济良性循环。理论界普遍认为,金融与实体经济关系存在倒"U"型关系,即金融抑制与金融过度膨胀均不利于实体经济发展。从金融投入产出角度,促进金融更好服务实体经济,既体现在"更多"地将有限的金融资源投向实体经济,而不是让资金在金融体系空转,又需要在金融资源投入后能够"更多"地形成实物产出、促进经济增长,而不是形成无效的金融资源投放。

为了衡量和评价金融服务实体经济的水平,传统上主要有三类方法。一是衡量金融资源投入,即简单地以"新增信贷""社会融资规模"等指标评价金融对实体经济的资源投入,如2024年新增人民币贷款18.1万亿元、社会融资规模32.2万亿元。但这种方法仅关注了投入端,忽略了金融资源投入后到底形成了多少消费和投资,难以对金融服务实体经济效率有全面的把握。二是衡量金融的宏观产出,即采用增长核算方式来评价金融的产出效率,将金融资源作为类似人力资本、固定资本的要素投入,衡量这种要素投入对经济增长的影响。三是采用微观计量方法,研究金融发展对企业获取融资、改善公司治理水平等方面的影响。

总体来看,上述方法存在四大不足,如何有效衡量金融服务实体经济仍是理论难题。一是难以衡量金融和实体的复杂网络性,金融和实体的关系不是线性的,用线性的计量模型很难完整刻画这种复杂结构。二是难以克服解释变量的同质性,如企业用1亿元贷款(金融资源)投资了1亿元厂房设备(固定资本),这时金融资源和固定资本只是资产的不同形态,本质是相同的。三是并未完整刻画金融的作用,金融既影响实体供给,也影响需求,不能只将金融理解为要素投入,限定金融作用只发挥在生产端。事实上,制造业贷款影响生产端,而房贷、消费贷等则影响消费端。四是无法打开金融投入产出的"黑匣子"。现有模型并不能说清楚金融资金从哪里来、到哪里去、产生了什么影响,而只是简单测算了影响系数,金融与实体经济如何相互影响的机制仍不明确。

近年来，资金流量表理论和应用的快速发展，为破解金融服务实体经济效率这一理论难题提供了思路。本文利用"从谁到谁"（from whom to whom，FWTW）的投入产出式资金流量表，可以清晰地展示金融资金从某一部门到另一部门的复杂网络结构，考察资金在各部门之间循环的情况，可以很好地克服上述四大弊病。利用投入产出式资金流量表，科学测算金融资金投入到实体经济的比例，测算金融投入产出乘数以及金融投入带来的产出增长效应，可以较好地回答如何将"更多"金融资源投入实体经济、如何带动"更多"消费和投资的问题，更全面地从宏观角度衡量金融服务实体经济的效率。

二、资金流量投入产出分析的理论模型

利用复式记账的资金流量表编制投入产出式资金流量表，可以更好刻画金融与实体经济的网络复杂性，从而更有效地评价金融服务实体经济效率。

（一）传统资金流量表的基本结构及恒等式

资金流量表分为实物（非金融）资金流量表及金融资金流量表两类，实物（非金融）资金流量表的内容主要包含GDP核算的生产法、收入法和支出法。金融资金流量表则主要包括各部门的存款、贷款、股票等金融科目的交易。

在资金流量表中，各部门的可支配收入加上金融资金来源等于最终需求支出加上金融资金运用，同时还包括统计误差项：

$$可支配收入 + 金融资金来源 = 最终需求 + 金融资金运用 + 误差项 \quad (1)$$

式（1）等式的左侧等于各部门的可支配资金来源，即部门的可支配资金，要么来自可支配收入、要么来自金融借贷；等式的右侧等于各部门的可支配资金运用，可以用于形成实物最终需求，也可以再次投入金融体系购买金融产品。

（二）投入产出式金融资金流量表的编制

表1为2023年金融资金流量表，该表的基本特征为：一是各部门的资金来源合计减去资金运用合计等于净金融投资；二是各部门有32项金融交易科目，住户、非金融企业、广义政府、金融部门、国外在每一项金融交易科目的资金来源合计等于所有部门的资金运用合计，如通货一项，金融部门的来

源（8703）等于住户运用（7337）、非金融企业运用（783）、广义政府运用（174）、国外运用（409）之和。

表1　　　　　　　　　2023年中国金融资金流量表　　　　　　单位：亿元

交易项目	序号	住户 运用	住户 来源	非金融企业 运用	非金融企业 来源	广义政府 运用	广义政府 来源	金融部门 运用	金融部门 来源	国外 运用	国外 来源
净金融投资	1	178051		-113059		-86331		40008		-18669	
资金运用合计	2	226936		64190		28889		484202		-1769	
资金来源合计	3		48886		177249		115220		444194		16900
通货	4	7337		783		174			8703	409	
存款	5	174137		38039		26100		22090	259242	-923	201
#活期存款	6	6303		-5215		-13385			-12297		
定期存款	7	163916		47449		32657			244023		
财政存款	8					7924			7924		
外汇存款	9	148		-2409		-57		394	-2964	-839	201
其他存款	10	3770		-1787		-1039		21696	22556	-84	
证券公司客户保证金	11	-600		-754		-61		-355	-1889	-118	
贷款	12		46792	168041		3745		217685	354	-1770	-3017
#短期贷款与票据融资	13		18149	42084				60234			
中长期贷款	14		25507	131676				157182			
外汇贷款	15		17	-3589		-132		-5157	-78	-1770	-3144
委托贷款	16		3746	-3075		-587		215	4		127
其他贷款	17		-626	945		4464		5211	427		
未贴现的银行承兑汇票	18			-1784	-1784			-1784	-1784		
保险准备金	19	36846		837				13913	23769		
金融机构往来	20							19812	22213	-3355	-5755
存款准备金	21							17967	19455	1488	
债券	22	-83		11	3560	850	98178	136308	35201	2672	2820
#政府债券	23	243		254		465	98178	99408		-6	2186
金融债券	24	-58		-94		79		32787	35201	2995	508
中央银行债券	25								-28		-28

续表

交易项目	序号	住户 运用	住户 来源	非金融企业 运用	非金融企业 来源	广义政府 运用	广义政府 来源	金融部门 运用	金融部门 来源	国外 运用	国外 来源
企业债券	26	-268		-148	3560	306		4142		-317	154
股票	27	2916		4516	7379	222		4430	1339	525	3889
证券投资基金份额	28	7926		9948		807		4692	24934	1561	
库存现金	29							-72	-90		18
中央银行贷款	30							33727	33727		
其他（净）	31	-1542	2094	250	2147	797	39	23302	18312	-216	-1
直接投资	32			11607	2168			1481	170	2337	13089
其他对外债权债务	33			736	-2181		-654	3791	538	-2297	4527
国际储备资产	34							1129			1129
国际收支误差与遗漏	35			-2082						-2082	

资料来源：中国人民银行。

利用中国人民银行 1992~2023 年复式记账的中国金融资金流量表，编制各年份投入产出式金融资金流量表。第一步，将每一项金融交易科目按照资金来源和运用的比例关系建立投入产出式矩阵，如表 2 所示"通货"科目的矩阵，表示住户部门将 7337 亿元、非金融企业将 783 亿元、广义政府将 174 亿元、国外政府将 409 亿元投入到金融部门，金融部门合计资金来源为 8703 亿元。

表 2　　　　　2023 年"通货"科目的投入产出式矩阵　　　　　单位：亿元

通货	住户	非金融企业	广义政府	金融部门	国外
住户	0	0	0	7337	0
非金融企业	0	0	0	783	0
广义政府	0	0	0	174	0
金融部门	0	0	0	0	0
国外	0	0	0	409	0

资料来源：中国人民银行金融资金流量表。

第二步，将 32 项金融科目的投入产出式矩阵相加，得到整个金融体系的投入产出式矩阵。金融资金流量表可能存在负值，表明金融产品的赎回或偿还，如贷款偿还、存款提取等，具有金融学含义。因此本文采用保留负值的方法。

第三步，根据公式（1），在金融投入产出矩阵外增加可支配收入和最终需求，从而得到包含实物交易和金融交易的金融投入产出式矩阵，基本结构如表3所示。

表3　　　　　　　　　　金融投入产出式资金流量

项目	住户	非金融企业	政府部门	金融机构	国外	实际最终消费	资本形成	净出口	资金流出合计
住户	X11	X12	X13	X14	X15	C1	I1		T1
非金融企业	X21	X22	X23	X24	X25		I2		T2
政府部门	X31	X32	X33	X34	X35	C1	I3		T3
金融机构	X41	X42	X43	X44	X45		I4		T4
国外	X51	X52	X53	X54	X55			EX	T5
可支配收入	R1	R2	R3	R4					
非金融资产获得减处置及误差									
资金流入合计	T1	T2	T3	T4	T5				

资料来源：中国人民银行金融资金流量表。

其中 X11~X55 的 5×5 矩阵中每个元素代表对应列项部门投入对应行项部门的金融资金数额，如 X14 表示住户部门投入金融机构的金融资金，比如存款；X42 则表示金融机构投入非金融企业的金融资金，比如制造业贷款。R1~R4 分别表示各部门可支配收入的数额，C、I、EX 分别表示各部门最终消费、资本形成、净出口的数额。

（三）测算金融服务实体经济效率的理论模型

利用长时序的金融投入产出表，本文测算了四类金融服务实体经济的指标，一是狭义金融空转规模，即资金仅在金融体系内部交易，而不进入实体经济的规模；二是金融资金投入到实体经济的比例，第一类和第二类指标衡量了金融体系的狭义效率,用来回答如何"更多"地将有限的金融资源投向实体经济;三是金融投入产出乘数,即金融体系的复杂程度;四是金融效率改进对最终需求增长的促进效果。第三类和第四类衡量金融体系的广义效率,用来回答金融资源投入后如何"更多"地形成实物产出、促进经济增长。

1. 狭义的金融内部循环

金融机构的体系内交易在表3上表现为X44,即金融机构部门对金融机构部门的金融内部交易规模,既不直接来自实体部门,也不直接进入实体部门。

2. 金融资金投入到实体经济的比例

X41、X42、X43可以理解为金融部门为住户部门、非金融企业部门、广义政府部门提供的资金,即金融为实体经济服务的规模,因此用X41、X42、X43之和除以金融部门的总资金流出,就是金融部门投入国内实体经济部门的资金占比,即金融部门的资金中有多少比例流入了实体部门。

$$\text{Rate} = (X41 + X42 + X43)/T4 \tag{2}$$

3. 金融投入产出乘数

尽管表3中X41、X42、X43可以理解为金融部门为住户部门、非金融企业部门、广义政府部门提供的资金,即金融为实体经济服务的绝对规模。但资金进入住户、企业和政府部门后,可能并未真正形成实物消费和投资,而是通过X14、X24、X34的渠道又流回到了金融体系,形成广义上的金融空转。为此,需要测算金融投入产出乘数效应。

依据表3的投入产出式资金流量表,类比实物投入产出表的公式,可以得到以下公式:

$$X = BX + D \tag{3}$$

进一步推导得到:

$$X = D(I - B)^{-1} \tag{4}$$

X表示总的资金流入,即金融资金流入和可支配收入之和,B是直接消耗系数矩阵,即表3中X11到X55的矩阵与各部门总资金流入之比,D是最终需求,即表3中的C1、C2、I1、I2、I3、I4、EX形成的矩阵。$(I-B)^{-1}$是完全消耗系数矩阵。m 表示各部门最终需求占全部最终需求之比，计算 $m(I-B)^{-1}$ 得到金融投入产出乘数向量矩阵 M。该乘数的定义为：一单位最终需求支出，需要多少单位的可支配资金流入（包括可支配收入和可支配金融资金流入），即表现为最终需求的金融支撑效率。如果乘数等于 1，表明最终需求完全依赖可支配收入，并不依赖金融投入。乘数越大，表明形成最终需求占用的金融资源越多，金融效率越低。

4. 金融投入产出乘数

金融服务实体经济的效率，不仅要看金融投入实体经济的资金比例，更要看金融资源投入后形成了多少的产出增长效应。与式（3）、式（4）相对应，根据金融的投入产出关系，可以得到如下等式：

$$AX + R = X \tag{5}$$

$$X = R(I-A)^{-1} \tag{6}$$

进一步推导得到：

$$\begin{aligned}\Delta D &= D_2 - D_1 = \\ & X_2 * d_2 - X_1 * d_1 \\ &= R_2(I-A_2)^{-1} * d_2 - R_1(I-A_1)^{-1} * d_1 \\ &= R_2(I-A_2)^{-1} * d_2 - R_1(I-A_2)^{-1} * d_2 \\ &\quad + R_1(I-A_2)^{-1} * d_2 - R_1(I-A_1)^{-1} * d_1 \\ &= \underbrace{(R_2 - R_1)(I-A_2)^{-1} * d_2}_{\text{收入增加效应}} + \underbrace{R_1[(I-A_2)^{-1} * d_2 - (I-A_1)^{-1} * d_1]}_{\text{金融效率提升效应}}\end{aligned} \tag{7}$$

D_t 为各部门 t 期的国内最终需求向量，即最终消费、资本形成之和，X_t 为资金总流出向量，R 为可支配收入向量，d_t 为国内最终需求向量 D_t 与资金总流出向量 X_t 的比值。R_t 为各国内部门 t 期的可支配收入向量。A_t 为后向产出矩阵，即金融投入产出除以资金总流出向量 X_t。$(1-A_t)^{-1}$ 即为后向金融产出矩阵，即一单位可支配收入增加可以带动多少单位的资金总流出增加。

根据上述公式的推导，每年国内最终需求的变化 ΔD，可以分解为两个部分，即国内可支配收入增加的效应和金融效率提升的效应。换言之，在各部门可支配收入给定的情况下，金融循环效率提升也可以促进资金在各部门更合理地分配，从而带动最终需求的增加。

三、金融服务实体经济效率测算与评价

利用中国人民银行的1992~2023年金融资金流量表，以及国家统计局的1992~2022年实物金融资金流量表，并结合2023年支出法GDP数据，计算得到1992~2023年的实物—金融投入产出式资金流量表。

（一）从金融部门自身看，近年来金融空转规模明显减少

数据表明，1992~2000年，金融机构间交易规模较小。2000~2013年，金融机构间交易规模不断增长。从2014年开始金融内部交易规模迅速膨胀，从2013年的4.6万亿元猛增至2014年的15.3万亿元，到2016年已暴涨至惊人的21.7万亿元（见图1）。

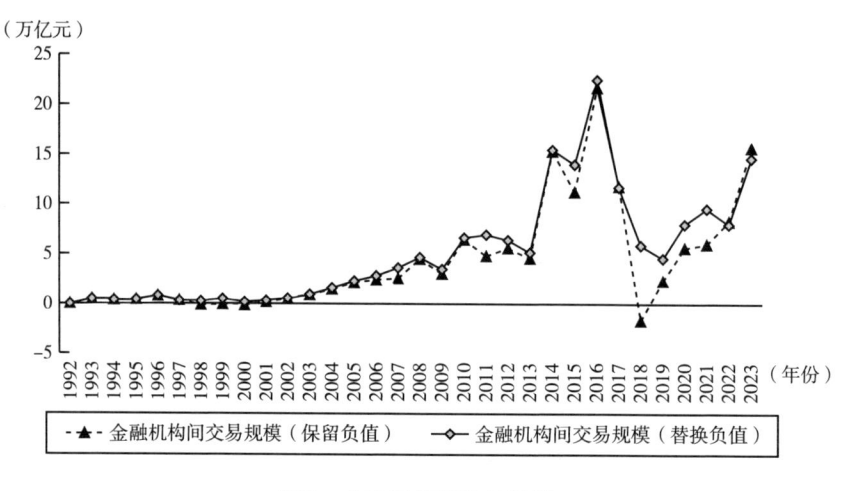

图1　金融机构间交易规模

资料来源：中国人民银行金融资金流量表。

2017年后金融开始去杠杆过程。此后，2017年金融机构间交易下降至11.6万亿元，2018年为-1.7万亿元，表现出明显的金融产品赎回特征。2020年以来在疫情冲击下金融内部交易规模又有所回升，2023年达到了15.7万亿元，仅次于2016年。特别需要指出的是，在替换负值后，金融内

部交易规模更大,但与保留负值的结果趋势基本一致,由此可见,替换负值与否,并不影响主要研究结论。

将金融机构间交易分解为三个部分:一是货币政策导致的金融机构交易,主要包括中央银行贷款及存款准备金,这一规模在2023年达到5.2万亿元,仅次于2016年的6.5万亿元;二是金融机构间的标准化产品交易,如金融存款、金融债务交易等,这一规模自2014年以来保持相对平稳,基本在4万亿~8万亿元之间波动;三是非标准化的金融产品交易,在金融资金流量表中体现为"其他"项,可能被部分理解为传统意义上的"影子银行",这一规模在2016年达到9.5万亿元,2018年又变为-5.6万亿元,表现为大量非标准化金融产品赎回,此后2019~2022年均为负值,2023年有所回升,但规模仍较小。可见,2020年以来尤其是2023年金融机构交易规模上升,主要是由于货币政策加力,非标准化的金融交易有所增加但规模有限,这与2014~2016年影子银行膨胀导致的金融交易规模上升有本质不同(见图2)。

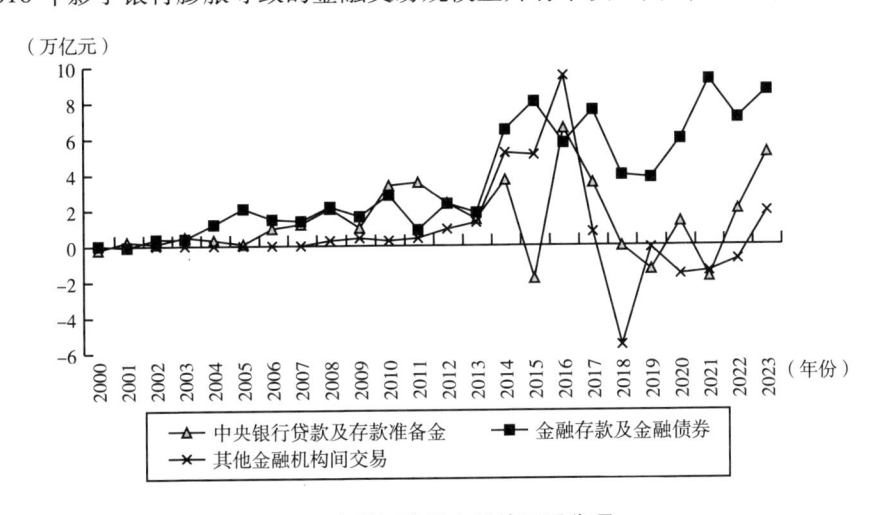

图2 金融机构间交易的不同分项

资料来源:中国人民银行金融资金流量表。

(二)从金融资金投入看,金融资金投入实体经济比例呈现周期波动且部门分化明显

数据表明,我国金融体系投入实体经济的资金比例呈现波动式上升下降态势。在1992~2000年,我国金融体系较为简单,金融机构间交易较少,金融体系投入实体经济的资金比例在70%~80%之间。从2000~2005年，主要国有大行纷纷开始筹备上升，这一阶段随着坏账剥离和财政注资的增加，金融机构间交易增多，金融投入实体经济的比例逐步下降，到2005年仅为41.2%。从2006~2013年，金融体系快速发展，随着主要国有大行纷纷上市，金融服务实体经济效率明显提升，金融投入实体经济的资金比例也不断提升至2013年的74.3%。从2014~2017年，金融空转现象明显，金融资金投入到实体经济的比例降至50%~60%。2018年金融去杠杆成效明显，金融投入实体经济的比例达到98.4%的峰值，但随后又开始下降，到2023年降至73.3%。

分实体经济各部门看，非金融企业部门是金融部门资金投入到实体经济的主要方向，2000年以前可以获得金融机构资金总供给的50%以上，但近年来随着金融机构业务的多元化发展，企业部门获得的金融资源整体呈下降态势，2023年仅获得金融资金的39.4%；住户部门获得的金融资金比例主要随房地产周期变化，1998年住房体制改革后，住户部门获得的金融资金比例不断上升，到2018年达到41.9%的峰值，但近年来随着房地产行业深度调整，到2023年已降至11.1%；政府部门获得的金融资金比例不断攀升，2018年以前平均只有10%，2018年以后随着地方债务显性化，政府部门对金融资金的需求不断增加，到2023年政府部门获得的金融资金比例已提高至22.7%（见图3）。

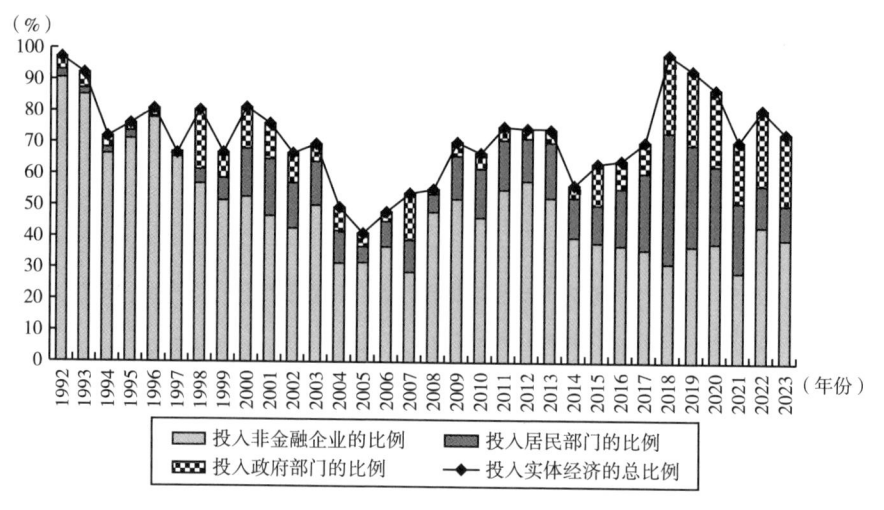

图3　金融机构部门资金投入实体经济的比例

资料来源：中国人民银行金融资金流量表。

（三）从金融乘数效应看，我国金融投入产出乘数呈现周期波动且高于主要发达国家，表明金融效率仍有待提升

总体来看，我国的金融投入产出乘数呈现出先下降、后上升、再下降的趋势。在1992~1996年，国内部门的金融投入产出平均在1.6~1.8之间波动。1997年下降至1.46，1998~2001年基本在1.4左右波动。这主要是由于早期企业盈利能力较差，企业经营对贷款的依赖度较高。从2002~2008年，金融投入产出乘数逐渐从1.40波动上升至1.62，这一阶段金融改革深入推进，四大国有银行纷纷进行股份制改革，金融深化程度提高。从2009~2016年，尤其是2009年和2010年由于政策强刺激，导致金融部门快速扩张，2009年和2010年金融投入产出乘数分别高达1.95和1.96，到2016年达到峰值2.02，即1单位最终需求要靠2.02单位的资金投入才能实现，金融资源产生了极大浪费。从2017~2022年，金融投入产出乘数迅速下降，尽管疫情以来有所抬升，但仍远低于2017年的峰值，2023年乘数为1.62。这表明，自2017年金融去杠杆以来，金融空转现象明显减少，金融服务实体经济的效率明显提升，产生一定规模的最终需求占用的金融资源明显降低（见图4）。

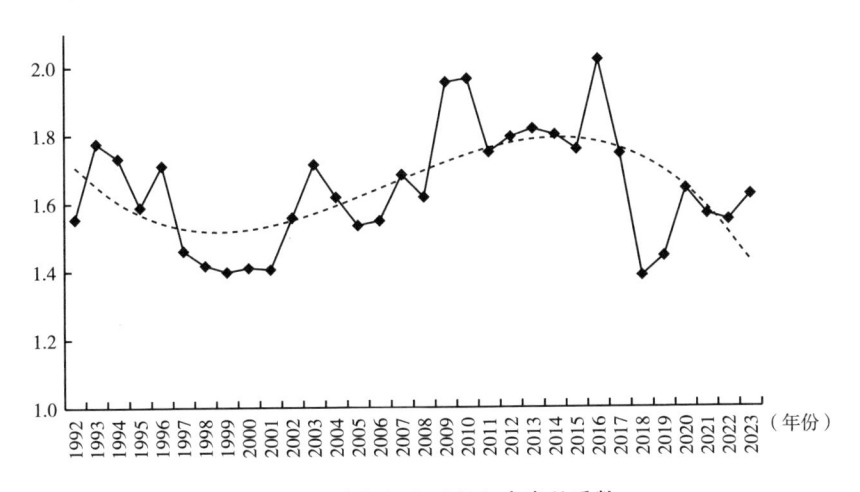

图4 国内部门金融投入产出总乘数

资料来源：中国人民银行金融资金流量表。

将金融资金流量表中的各种国内金融交易合并为四类：间接融资（包括通货、存款、贷款、未贴现的银行承兑汇票、保险准备金）、直接融资（包括证券公司客户保证金、债券、股票、证券投资基金份额）、金融机构间交易（包括金融机构往来、存款准备金、库存现金、中央银行贷款）、其他金融交易（主要包括其他净金融交易）。测算不同金融交易的投入产出乘数表明，金融机构间交易乘数为1，表明金融机构间交易并不直接影响可支配收入和最终需求。间接融资乘数平均在1.2~1.3，2023年为1.28，远高于其他金融交易，表明我国的金融投入产出主要依靠间接融资实现。直接融资乘数过去常年在1.02左右，2014年开始提升，近年来保持在1.04~1.05的水平，表明直接融资对实体经济的影响仍然较弱。其他金融交易乘数在2015年达到峰值1.13，从2018年以来降至1附近，表明其他金融交易已几乎不再影响实体经济（见图5）。

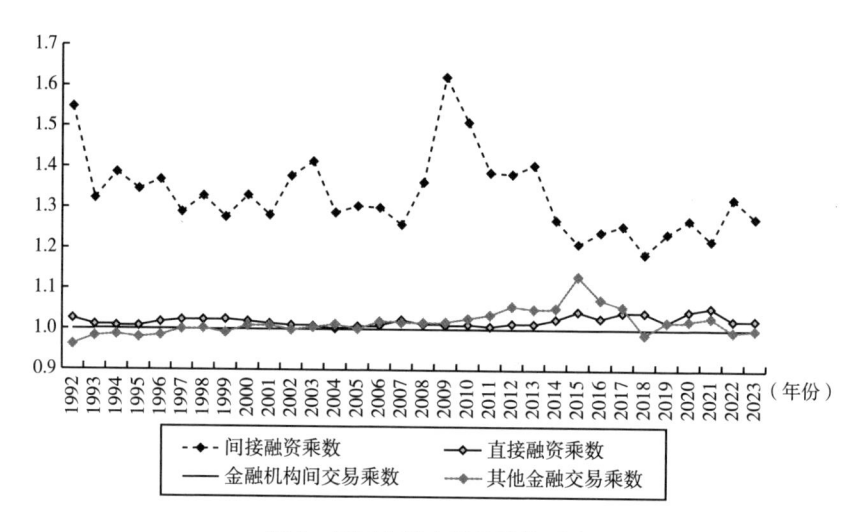

图5 不同金融交易的乘数对比

资料来源：中国人民银行金融资金流量表。

从国际比较看，主要发达经济体的金融投入产出乘数基本保持在1.2~1.5之间，中国金融投入产出乘数明显较高，这表明我国金融体系的效率还有待提升。一方面是由于我国储蓄率高、投资率高，经济活动需要更多地依赖金融体系支撑；另一方面是由于我国金融体系尚不完善，金融体系之间的资金交易效率不高，容易衍生出影子银行等低效业态，从而影响金融服务实体经济的整体效能（见图6）。

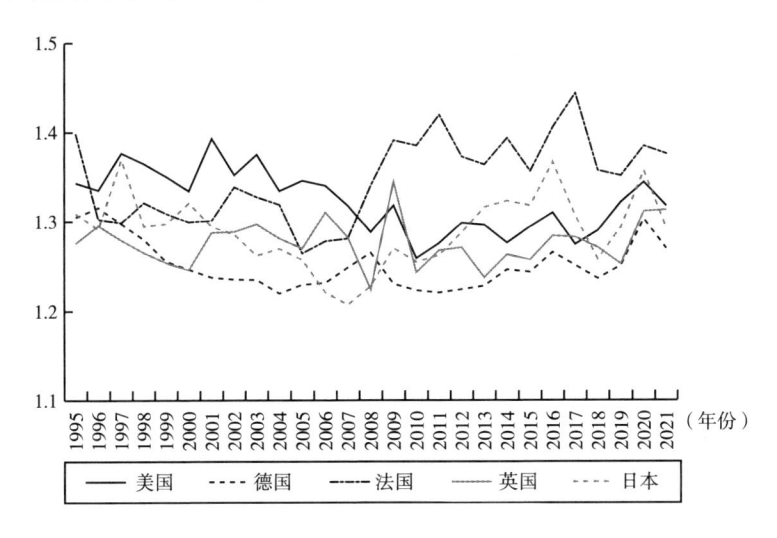

图6　金融投入产出乘数的国际比较

资料来源：OECD各国资金流量表。

（四）从金融产出效率看，金融效率改进有利于促进内需扩张，疫情以来需求收缩与金融效率下降有一定关系

测算表明，1993～2023年，可支配收入增长是名义内需增长的主要因素，但金融效率变化也对名义内需增长起到有益补充作用。总体看，金融效率改进对名义内需增长的贡献率年均为1.8%，如图7所示。

一是1993～2000年，这一阶段金融效率变化对内需增长的贡献率年均为0.71%，即金融对于内需增长呈现微弱的正贡献。彼时金融发展相对滞后，实物部门如房地产行业的市场化改革方兴未艾，住户部门对于金融的依赖度较低，这使得金融发展对内需的拉动作用并不明显。

二是2001～2007年，这一阶段中国加入WTO，经济发展的主动力依靠外需，金融循环对于内需增长的作用多年为负，年均贡献率为-3.6%。这是由于经济增长由外循环拉动，国民储蓄大量投入支撑外需增长的部门，用于贸易投融资，这使得金融循环对于内需的拉动作用常年为负。

三是2008～2013年，这一阶段由于爆发了国际金融危机，我国经济主引擎从外需转变为内需，特别是2009年，金融循环对于内需增长的拉动作用尤为明显，这一阶段金融效率变化年均对内需拉动的作用为 14.3%。也正是在这一阶段，我国的金融部门实现了较为快速的扩张。

四是 2014~2017 年，这一阶段金融空转现象严重，大量资金在金融体系内部空转，形成众多影子银行，实体部门融资难、融资贵问题凸显，这一阶段金融效率变化对内需的年均拉动作用为 -5.3%。

五是 2018~2019 年，这一阶段金融去杠杆成效显著，金融空转现象明显减少，这一阶段金融效率提高对内需增长的拉动作用年均为 2.8%。

六是 2020~2023 年，由于疫情的冲击，居民储蓄意愿高企，可支配收入增长并不能带动内需增长，同时大量资金在金融体系内闲置，而企业的借贷、投资意愿也下降，导致另一种形式的金融资源限制。这一阶段金融循环对内需增长的年均贡献率为 -3.1%。可见，疫情以来我国内需增长乏力，与金融循环效率下降有很大关系。

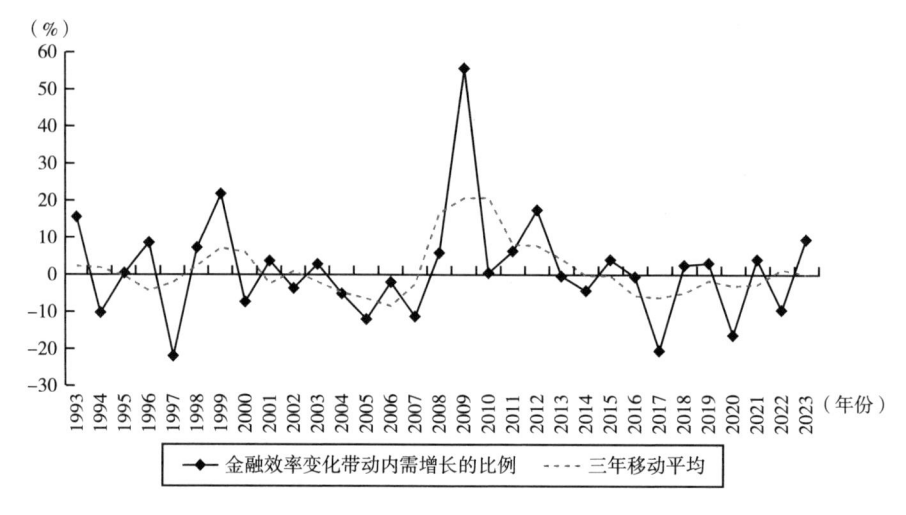

图 7　金融效率变化拉动内需增长的比例 (1993~2023)

资料来源：中国人民银行金融资金流量表。

（五）我国金融服务实体经济效率的总体评价

总体看，尽管近年来我国金融体系空转有所减少，更多的资金投入到实体经济，但金融投入产出效率仍偏低，尤其是金融的产出带动作用下降，金融服务实体经济效率整体有待提升。

从金融部门自身看，金融机构间交易从2013年的4.6万亿元猛增至2016年的21.7万亿元，经过金融去杠杆率的努力，2018年为-1.7万亿元，但2023年又回升至15.7万亿元。疫情以来，金融机构间交易回升，主要是由于货币政策资金投放增加，这与之前影子银行快速膨胀导致的金融内部交易增加有本质区别。

从金融资金投入看，我国金融体系投入实体经济的资金比例呈现波动式上升下降态势。2018年金融投入实体经济的比例达到98.4%的峰值，但随后又开始下降，到2023年降至73.3%，其中企业、住户、政府获得金融资金比例分别为39.4%、11.1%、22.7%，呈现出企业和住户占比下降、政府占比上升的趋势。

从金融乘数效应看，我国的金融投入产出乘数呈现出先下降、后上升、再下降的趋势，2023年乘数为1.62，仍远高于主要发达国家1.2~1.5的水平，表明金融效率仍较低。其中间接融资的乘数最高，表明我国金融活动主要依赖间接融资。

从金融产出效率看，1992~2023年金融效率改进对名义内需增长的贡献率年均为1.8%。2020年以来，由于疫情冲击，居民储蓄意愿高企，可支配收入增长并不能带动内需增长，大量资金在金融体系内闲置，导致另一种形式的金融资源限制。这一阶段金融循环对内需增长的年均贡献率为-3.1%。

四、推动金融更好地服务实体经济的政策建议

要坚持金融服务实体经济原则，通过"畅通渠道、防止空转、分类提质、增进效能"四大举措，疏堵结合、提质增效，推动金融"活水"更多进入实体经济并形成产出增长效应。

畅通金融循环渠道。本轮金融机构间交易上升主要是由于货币政策加力但资金却无法有效进入实体经济，为此要加强疏通货币政策的货币投放、资金进入实体经济和形成产出的金融循环。一是畅通货币政策传导渠道。完善利率市场化机制，进一步放宽存贷款利率浮动范围，增强利率对市场资金供求的敏感性，提升货币政策传导效率。创新货币政策工具，精准滴灌重点领域和薄弱环节。二是畅通金融资金进入实体经济的渠道。优化信贷结构，引

导金融机构加大对科技创新、绿色发展、普惠金融等领域的信贷支持。发展多层次资本市场，拓宽企业融资渠道。三是畅通金融资金形成实物消费和投资的渠道。开发符合居民消费升级需求的金融产品，促进金融与消费的深度融合。鼓励社会资本参与新型基础设施、公共服务等领域建设，引导资金流向经济社会发展的重点领域和薄弱环节。

着力防止金融空转。当前实体经济融资需求疲软，资金存在广义空转，即资金进入实体经济但又通过其他渠道回到金融体系，要着力治理这种新型金融空转。一是防止金融套利。加强对金融产品和业务的实质审查，穿透识别最终投资者和底层资产，防止通过复杂交易结构进行监管套利。对从事金融套利行为的机构和个人进行严厉处罚。二是管控金融泡沫。加强对重点领域、重点机构的风险监测预警，及时发现和处置风险隐患，防止风险积聚和蔓延。

分类提升金融服务质量。企业、居民、政府参与金融循环的特征存在明显差异，金融服务不同主体应采取差异化的金融供给。一是提升金融服务非金融企业的质量。发展创业投资、风险投资等股权融资，支持初创企业和科技型企业发展。鼓励金融机构开发供应链金融、知识产权质押融资等创新产品，满足企业不同发展阶段的融资需求。推广应收账款融资、票据贴现等业务，帮助企业盘活存量资产，提高资金使用效率。二是提升金融服务住户部门的质量。鼓励金融机构开发个性化、差异化的金融产品，满足居民消费、投资、养老等多元化需求。发展消费金融、绿色金融等业务，促进消费升级和绿色发展。三是提升金融服务政府部门的质量。通过金融机构建立"政府信用类债务"统计口径，作为金融体系防控地方政府债务风险的主要参考。建立健全政府性基金预算管理制度，提升政府举债投资的效率，防范地方政府债务风险。

提升金融资源投入产出效率。要改变仅关注金融资源投入而忽视金融产出效果的政策导向，通过优化统计核算等机制，提升金融投入产出效率。一是完善金融和国民经济统计体系。尝试建立季度实物资金流量表和金融资金流量表，将国民经济核算与金融交易统一。建立健全覆盖所有金融机构和金融市场的统计体系，提高金融统计数据的准确性、及时性和完整性。二是注重发挥金融在扩大内需中的作用。在"两新"政策中，加大对居民和企业信贷贴息力度，充分发挥居民和企业的信贷杠杆作用。稳定资产市场，发挥存量金融资产的财富效应，促进消费增长（见附表）。

参考文献：

1. 陈红丽：《中国金融部门对实体经济服务研究——基于 FWTW 资金流量表》，《华北金融》2022 年第 9 期。

2. 李宝瑜、李原：《资金流量表模型体系的建立与应用》，《统计研究》2014 年第 4 期。

3. 李静萍：《中国金融部门融资对实体经济增长的影响研究——基于"从谁到谁"资金流量表》，《统计研究》2015 年第 10 期。

4. 李强、徐康宁：《金融发展、实体经济与经济增长——基于省级面板数据的经验分析》，《上海经济研究》2013 年第 9 期。

5. 潘海峰、程文、张定胜：《金融支持实体经济发展的效率测度及其空间效应分析》，《统计与决策》2022 年第 8 期。

6. 萨莉·尤克、贝多广：《资金流量分析方法》，《国际金融研究》1987 年第 3 期。

7. 严丹、湛泳、王诗茹：《金融服务实体经济效率测度及影响因素研究》，《金融经济》2024 年第 5 期。

8. 张南：《矩阵式资金流量表与风险波及测算》，《统计研究》2013 年第 6 期。

9. 赵曦、王金哲：《金融发展、制度环境和企业投资增长——基于制造业上市公司的证据》，《财经科学》2020 年第 6 期。

10. Copeland, M. A. The social and economic determinants of the distribution of income in the United States. *The American Economic Review*, Vol. 37, No. 1, 1947, pp. 56–75.

附表　　　　　　　　　　**2023 年投入产出式金融资金流量表**　　　　　　　　单位：亿元

2023 年	住户	非金融企业	政府部门	金融机构	国外	实际最终消费	资本形成	净出口	资金流出合计
住户	0	1450	13842	210763	882	493247	102990		823174
非金融企业	0	2521	342	48418	12908		357597		421786
政府部门	0	423	455	27914	97	208113	67155		304157
金融机构	48883	173276	99950	161304	5070		2699		491182
国外	4	−421	634	72	−2058			26847	25078
可支配收入	766421	247792	199961	44473					
非金融资产获得减处置及误差	7866	−3256	−11026	−1763	8179				
资金流入合计	823174	421786	304157	491182	25078				

资料来源：中国人民银行金融资金流量表。

促进长期资本形成 完善强大资本市场建设研究*

摘　要： 长期资本能够为资本市场和实体经济提供长期支持，在完善强大资本市场建设过程中可以发挥有效平抑市场非理性波动的"稳定器"作用，激活实体经济创新动能的"催化剂"作用，以及筑牢金融系统安全底线的"压舱石"作用。近年来，我国以养老金、保险资金、权益类公募基金为主，主权财富基金及捐赠基金为辅的"3+2"体系基本形成，但长期资本的资金结构配置尚待优化，实际入市规模和比例仍需提高。建议进一步优化机构投资者支持政策、丰富风险管理工具、优化资本市场制度建设、严厉打击资本市场违规交易、把握资本市场舆论主导权、扩大金融市场对外开放，促进长期资本形成，完善强大资本市场建设。

关键词： 长期资本　资本市场　养老金

一、引言

资本市场是现代金融体系的核心，在构建现代化产业体系、助力新质生产力形成、推进经济高质量发展等方面具有不可替代的功能作用，是建设金融强国的关键。要达成金融强国目标、做好金融大文章，强大的资本市场不可或缺。促进长期资本形成是完善强大资本市场建设的重要方面，旨在提升资本市场中长期资金供给能力，进而增强市场内生稳定性。对于实体经济而

---

* 作者侯燕磊。

言，长期资本是推动技术创新、经济结构调整和技术进步的核心力量，如风险投资、保险资金、养老基金、政府引导基金以及主权财富基金等普遍具有较长投资周期与较高风险接受度，能在市场中通过促进技术研发、助力企业成长、优化经济结构以及平滑经济周期波动等方式发挥重要作用（邵宇，2019）。然而，改革开放以来，我国长期资本总体上处于稀缺状态。本文从长期资本的意义作用、概念辨析以及研究范围界定出发，分析了我国长期资本发展现状以及促进长期资金入市形成长期资本的发力方向，提出了促进中国长期资本形成、完善强大资本市场建设的政策建议。

二、长期资本是增强资本市场内生稳定性、完善强大资本市场建设的关键

长期资本一般指占用期在5年以上、具有持续和稳定资金流供给的资金（见专栏1）。根据联合国及相关国际组织的定义，长期资本主要包括养老基金、保险资金、主权财富基金、捐赠基金和基金会等。这些资金来源具有规模大、期限长、稳定性高的特点，能够为资本市场和实体经济提供长期支持（郑梦，2024）。具体来看，在完善强大资本市场建设过程中，长期资本可以发挥有效平抑市场非理性波动的"稳定器"作用，激活实体经济创新动能的"催化剂"作用，以及筑牢金融系统安全底线的"压舱石"作用。

（一）"稳定器"作用：有效平抑市场非理性波动

在完善强大资本市场建设的进程中，长期资本能够有效发挥平抑市场非理性波动的"稳定器"作用。资本市场常受短期投机行为、投资者情绪等因素影响，出现非理性波动，而长期资本凭借其特性可加以平抑（胡海峰，2024）。长期资本投资者更注重企业长期价值与市场基本面，不会因短期市场涨跌而轻易改变投资决策（温磊等，2024）。在市场过热、投机氛围浓厚时，他们坚守投资策略，避免盲目跟风追涨，减少市场泡沫形成的风险；当市场非理性下跌、恐慌情绪蔓延时，长期资本基于对资产的长期价值判断，会逢低布局，为市场注入资金，防止市场过度下跌，稳定市场信心。以养老

基金等为代表的长期资本，其资金规模庞大且投资周期长，在市场波动中能发挥显著的平衡作用，通过合理资产配置与长期持有策略，能够有效缓冲市场短期波动，为资本市场稳健运行提供有力保障，是推动资本市场走向成熟与强大的关键支撑力量，对建设强大的资本市场、增强资本市场韧性有着不可忽视的积极意义。

（二）"催化剂"作用：激活实体经济创新动能

在完善强大的资本市场建设过程中，长期资本通过匹配科技创新周期、支持全生命周期融资，成为实体经济创新突破的核心驱动力，并发挥了激活实体经济创新动能的"催化剂"作用。首先，长期资本能够为创新企业提供稳定资金支持，助力其突破研发瓶颈、实现技术创新和产品升级，推动新兴产业发展（张壹帆等，2024）。其次，长期资本引导社会资本流向创新领域，优化资源配置，激发市场活力，促进"科技—产业—金融"良性循环。此外，由于其长期投资理念和风险承受能力，长期资本能够容忍创新过程中的不确定性和阶段性亏损，为创新企业提供持续支持，增强企业创新信心和动力，从而有效激活实体经济创新动能，推动经济高质量发展。从国内实践来看，采用股权投资思路的"合肥模式"以及以创业投资闻名的"深圳模式"等地方性耐心资本模式持续发展，有效推动了当地高新技术企业的茁壮成长（王璐等，2024）。国际经验也表明，专注于长期价值投资、管理主权财富基金的新加坡淡马锡采用"资本+技术+市场"三角模型，在投资Zoom期间同步导入东南亚市场资源，大幅缩短了技术商业化周期。

（三）"压舱石"作用：筑牢金融系统安全底线

在完善强大资本市场建设过程中，长期资本可发挥筑牢金融系统安全底线的"压舱石"作用。长期资本通常具备长期战略性高、抗风险能力强、社会责任感突出等特征（张壹帆等，2024），其投资更注重长期增值性、资产安全性和标的流动性，秉持理性投资和价值投资理念，有助于强化资本市场价格发现和资源配置信号功能，减少短期投机行为，优化资金配置，为资本市场高质量发展注入"源头活水"。在市场波动较大时期，长期资本能够增强市场韧性，减轻短期资本流动的冲击，防止市场大幅波动，从而保障资本市场的平稳运行。例如，美国股票市场中长期资金持股比例约占市值的95%，德国、日本的股票市场中长期资金所占比例分别高达87%、83%（胡海峰，2024），长期资本对稳定市场作用突出。我国推动长期资金积极入市，不仅是优化资本市场投资者结构、推动高质量发展的关键举措，也是增强资本市场内在稳定性、有效防范和化解金融风险的重要保障。因此，作为金融系统安全底线的"压舱石"，长期资本的发展和入市，能够进一步提升资本市场的抗风险能力，对于构建强大且稳健的资本市场至关重要。

专栏1　长期资本的概念辨析及研究范围界定

全球范围内对于"长期资本"的理解和定义存在一定的差异性，既是对概念理解的不同，也反映了各国经济体系和资本市场发展阶段的差异。例如，在美国，长期资本主要与养老基金、保险资金以及一些长期的风险投资基金相关，而在新兴市场国家，长期资本可能更多体现在政府引导基金、养老金基金等形式（应晓妮，2024）。从学界研究来看，对于我国长期资本构成的探讨也在逐步发展。最早，国信证券课题研究组（2012）认为，保险资金、养老基金和社保基金是国际上长期资金的主要类型，引申研究认为我国长期资本的构成主要是银行理财产品、保险资金和社保基金。随着我国经济进一步开放发展，长期资本的构成开始拓宽，有研究将长期资本拓宽至中国资本市场的全部机构投资者，认为全面包括合格境外机构投资者、证券投资基金、社保基金、保险公司、券商、信托公司和阳光私募等（江伟，2020）。

近年来，随着监管层对长期资本形成的重视，学者对我国长期资本的构成达成了初步共识，基本涵盖了社保基金、保险资金、主权财富基金、投资期限较长的公募基金等。如李勍（2023）认为我国的长期资本主要包括养老金、保险资金、外资、银行理财四大部分，郑梦（2024）将研究聚焦在养老基金、保险资金、主权财富基金、捐赠基金和基金会上。结合学界研究、研究主题以及我国资本市场发展情况，本文将国内当前的长期资本范围主要界定为养老金、保险资金、权益类公募基金、主权财富基金以及捐赠慈善基金等。

三、我国长期资本构成情况

近年来，随着中国资本市场的逐步开放和改革，长期资本在市场中的占比不断上升，尤其是在近年来，养老基金、保险资金、权益类公募基金持续增加，加上主权财富基金以及捐赠基金，我国以养老金、保险资金、权益类公募基金为主、主权财富基金及捐赠基金为辅的"3+2"体系基本形成，但结构仍待优化。

（一）我国长期资本具体构成：以养老基金、保险资金、权益类公募基金为主，主权财富基金及捐赠慈善基金为辅的"3+2"体系基本形成

1. 养老基金

近年来，我国以公共养老金、职业养老金和个人养老金构成的养老三支柱体系已经基本形成，相应的养老金成为长期资本的重要来源。**第一支柱公共养老金包括全国社保基金和基本养老保险基金，其中全国社保基金是最重要的长期资本之一**。截至2023年末，全国社会保障基金资产总额30145.61亿元，从投资收益来看，2023年基金投资收益额为250.11亿元，投资收益率0.96%；该基金自2000年8月成立以来的年均投资收益率为7.36%，累计投资收益达16825.76亿元（见图1）。根据《全国社会保障基金投资管理暂行办法》，社保基金对权益类资产（主要指股票）的投资比例上限为40%，但社保基金权益类仓位并未有最新披露。如图2所示，根据全国社保基金理事会披露的交易类金融资产数据测算（假设权益类金融资产占交易类金融资产的比例为50%，实际上可能低于此值），2017年以来社保基金权益类资产占社保基金总资产的比重基本保持在20%以上，2023年占比为25.45%，距离40%的上限仍有一段距离。**目前全国社保基金投向资本市场的资金规模不**

足 8000 亿元，未来仍有较大的上涨空间。基本养老保险基金投向资本市场的资金更少。截至 2024 年底，我国基本养老保险基金投资运营规模已达到 2.3 万亿元，2023 年度基本养老保险基金受托运营年度报告显示，自 2016 年 12 月受托管理以来，地方养老基金年均投资收益率为 5%，累计投资收益为 3066.71 亿元。根据社保基金数据，**目前我国基本养老保险基金投向权益类资产的占比在 10% 左右，金额为 2000 亿~3000 亿元**。如图 3 所示，市场机构管理的养老金产品中，投向固定收益类资产的产品数量和资金净值占比分别为 79.18% 和 89.89%，投向权益类资产的产品数量和资金净值占比分别为 17.85% 和 5.54%。

第二支柱是企业/职业年金，指的是企业/机关事业单位给自己的职工缴纳的一种养老金，职工个人也会缴纳一部分，筹集的资金及其投资运营收益被用于建立企业/职业年金基金。我国企业/职业年金基金当前仅限于境内投资和中国香港市场投资，但投资资产类别较为丰富。截至 2023 年末，企业年金投资运营规模为 3.19 万亿元，2007 年以来全国企业年金基金年均投资收益率为 6.26%；职业年金投资运营规模为 2.56 万亿元，2019 年以来年均投资收益率为 4.37%。然而，从资金投向看，企业年金基金投资中固定收益资产仍占绝大多数，投资风格偏保守。根据《中国养老金发展报告 2024》，**企业/职业年金基金投向权益类资产的金额比例为 10%~15%，金额规模在 5000 亿~8000 亿元**。

第三支柱是个人养老金，个人养老金于 2022 年 11 月 25 日正式实施，实行个人账户制，缴费完全由参加人个人承担，参加人自主选择购买符合规定的储蓄存款、理财产品、商业养老保险、公募基金等金融产品。2024 年 12 月 15 日起，个人养老金制度从 36 个先行城市（地区）推广至全国。截至 2024 年，中国个人养老金开户人数已突破 7279 万，个人养老金产品中的储蓄、基金、保险、理财产品数量分别为 466 只、200 只、144 只、26 只。根据中国证券投资基金业协会的数据，2025 年首批被纳入个人养老金投资产品目录的指数基金共有 85 只权益类指数基金，其中包括跟踪各类宽基指数的产品 78 只，跟踪红利指数的产品 7 只，这些基金纳入以来已吸引 3 亿元以上资金进入资本市场。

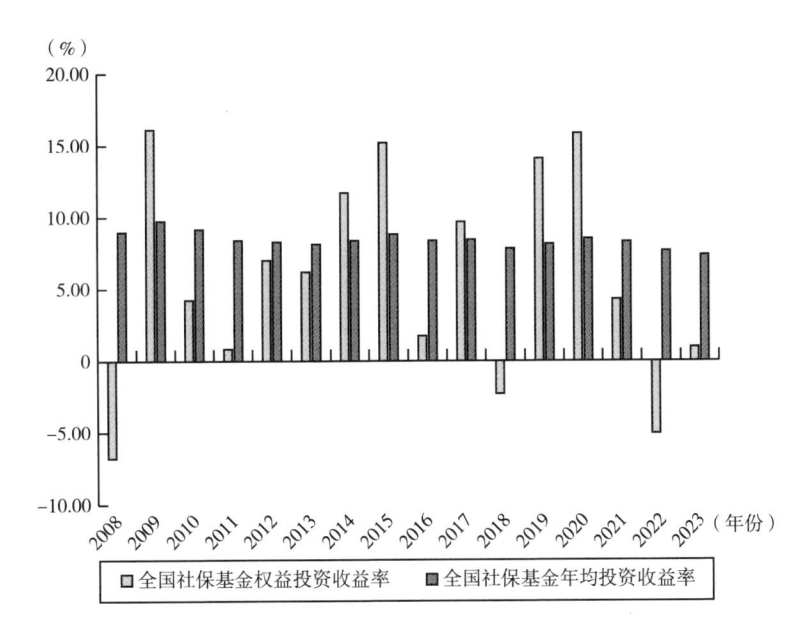

图 1　2008～2023 年全国社保基金权益投资收益率及年均投资收益率

资料来源：Wind 数据库。

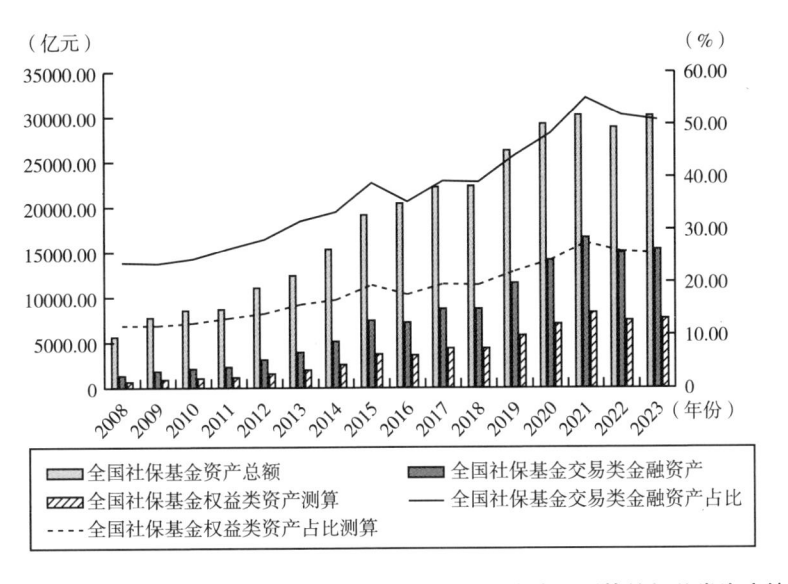

图 2　2008～2023 年全国社保基金资产、交易类金融资产及测算的权益类资产情况

资料来源：Wind 数据库。

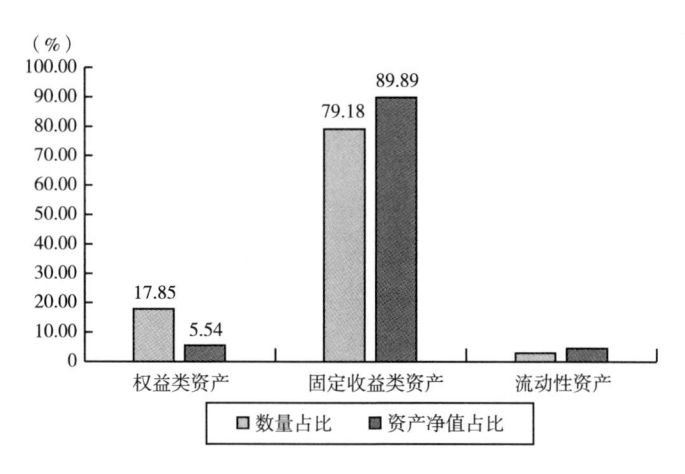

```
     (%)
100.00
 90.00                          89.89
 80.00                    79.18
 70.00
 60.00
 50.00
 40.00
 30.00
 20.00  17.85
 10.00        5.54
  0.00
        权益类资产        固定收益类资产        流动性资产
              ■ 数量占比    ■ 资产净值占比
```

图3　不同类别资产养老金产品数量及资金净值占比情况

资料来源：Wind 数据库。

2. 保险资金

保险公司资金规模庞大、投资期限长，当前我国险资入市比例上限已经放宽至45%，从资金属性来看，保险资金是我国以绝对收益为考核的最大规模体量的长期资金。截至2023年末，保险资金运用余额为27.7万亿元，其中股票和证券投资余额为3.3万亿元；保险资金已成为我国股票市场第二大机构投资者、公募基金市场第二大机构投资者。其中，在股票市场，以持有股票类资产的全口径测算，截至2023年末险资持股市值占A股总市值比重为4.3%。2024年以来，我国保险资金入市规模仍在持续增长。截至2024年6月底，保险资金（人身险＋财产险）持有股票余额较2023年底增加1368.6亿元，同期持有证券投资基金余额增加1692.7亿元，权益类资产合计增加3061.2亿元，保险资金已成为2024年重要的增量资金力量。

虽然，引导长期资金入市的政策优化在持续推进，涵盖权益投资占总资产比例上限提高至45%、偿付能力监管指标中投资标的风险因子的下调等，**但从实际效果上来看，险资在资本市场的配置力度仍然有限**。2004年10月25日，我国保险资金首次入市比例上限仅为5%，2007年7月17日比例上调至10%，2010年8月5日进一步上调至20%，2014年2月19日上调至30%。2020年7月该比例继续放开，保险公司上季末综合偿付能力充足率为350%以上的，权益类资产投资余额最高可占上季末总资产的45%。如图4

所示，2022年保险资产主要投向国债和银行存款，投向证券投资基金的比例仅为10%；2004年以来，投向证券投资基金的保险资产基本保持在10%左右（见图5）。**未来保险资金入市的规模增长空间巨大，理论上仍有5万亿元以上的资金可以投向资本市场。**

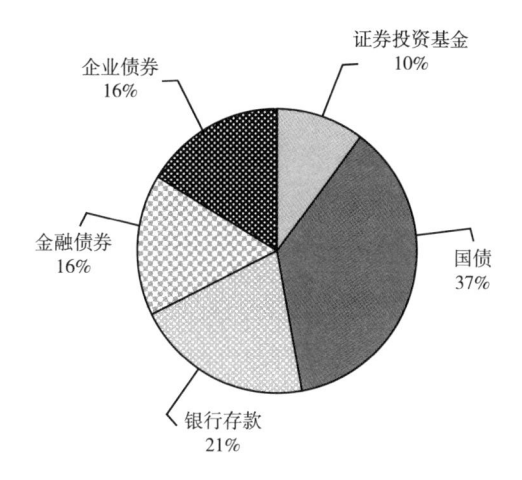

图4　2022年保险资产投向不同类别资产的资金占比

资料来源：Wind数据库。

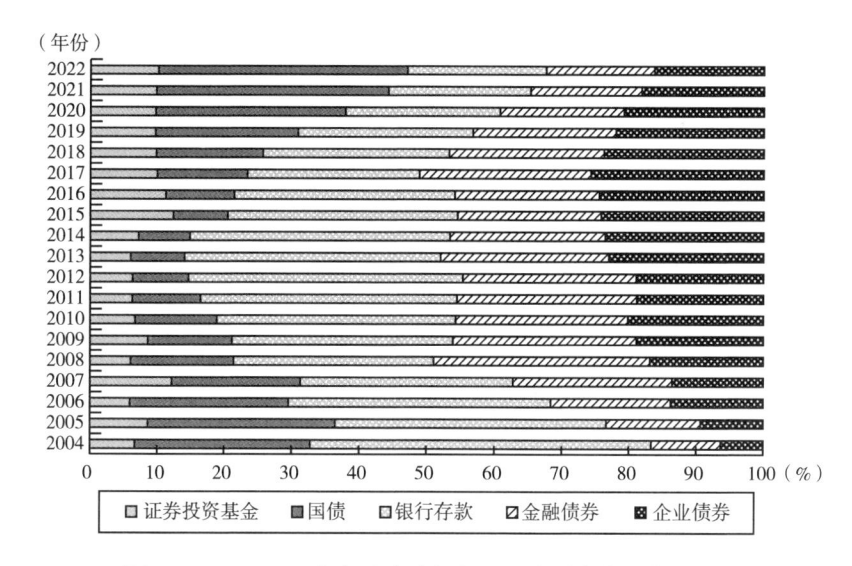

图5　2004~2022年保险资产投向不同类别资产的资金占比

资料来源：Wind数据库。

3. 权益类公募基金

近年来，监管部门持续引导发展权益类公募基金，公募基金作为市场主要机构投资者的持有市值占比不断回升，**公募基金投资的"长期化"也是长期资本形成的关键路径**。截至2024年第二季度末，公募基金持有A股市值49975.78亿元，占A股流通市值的比例为8%。该比例在2013年6月30日是7.38%，2017年12月31日是3.94%，之后缓慢回升，2022年6月30日一度达到8.93%。2024年以来，权益类公募基金产品的数量和规模逐渐攀升，如图6所示，2024年1月至2025年2月，权益类公募基金产品个数由6869个增加至7372个，增加了7.5%；资产净值由6.25万亿增加至7.3万亿，规模扩大了16.8%。**假设权益类公募基金能够秉持长期投资理念、坚持价值投资，至少能为我国资本市场提供5万亿元以上的长期资金。**

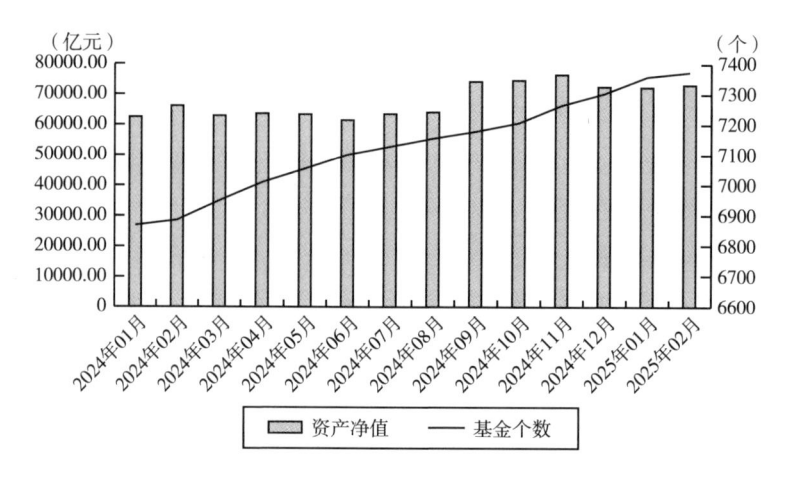

图6　2024年以来权益类公募基金产品个数及资产净值

资料来源：Wind数据库。

权益类公募基金规模的快速扩大与近年来指数化投资理念受到投资者认可有关。ETF[①]产品凭借透明、低费率、交易便捷等优势，成为居民资产配置的重要工具。万得数据显示，截至2024年9月底，境内ETF规模已增长至3.5万亿元，其中权益类ETF规模更是达到了3.2万亿元，首次突破3万亿

---

① Exchange Traded Fund（ETF），即交易型开放式指数基金，通过复制某一特定指数来构建投资组合，投资者可以通过买卖ETF来实现对一揽子证券的投资。

元大关。2024年10月15日,首批10只中证A500ETF上市交易,首日合计成交额高达108.86亿元。另外,ETF的投资者结构日趋多元,机构投资者占比显著提升。截至2024年6月末,全市场权益ETF的机构投资者占比已从2023年底的44%大幅提升至55%,以国有资本、保险公司为代表的长期机构投资者正逐渐成为ETF市场的重要力量。如图7所示,2024年末股票型ETF的数量占比和资产净值占比分别高达80.07%和76.13%。

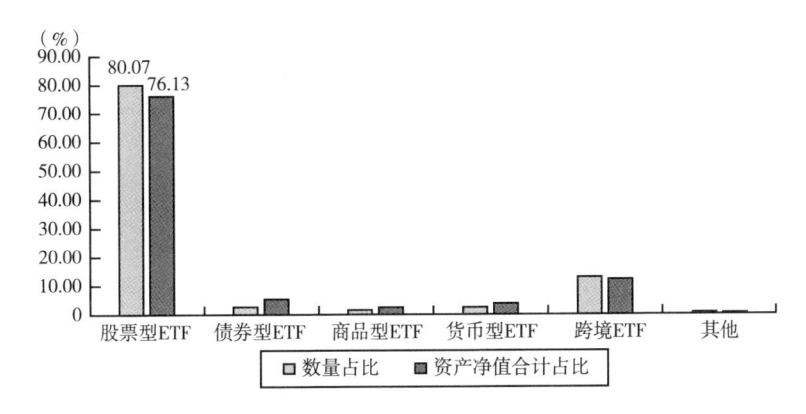

图7 2024年末投向不同类型资产的ETF产品数量及资产净值占比情况

资料来源:Wind数据库。

4. 主权财富基金

我国的主权财富基金主要是2007年成立的中国投资有限责任公司(CIC,以下简称中投公司),中投公司的初始资本金为2000亿美元,由中国财政部发行1.55万亿元人民币特别国债募集,2023年底资产规模达1.33万亿美元,全球排名第二。中投公司的组建宗旨是实现国家外汇资金多元化投资,在可接受风险范围内实现股东权益最大化,以服务于国家宏观经济发展和深化金融体制改革的需要。其境外投资业务由下设子公司中投国际和中投海外承担,业务范围包括公开市场股票和债券投资,对冲基金和多资产,泛行业私募股权和私募信用投资,房地产、基础设施、资源商品、农业等领域的基金投资与直接投资,以及多双边基金管理等。2023年,中投公司境外投资过去十年累计年化净收益率达6.57%,超出十年业绩目标约31个基点。

虽然我国的主权财富基金不投向本土资本市场,但仍是我国长期资本构成的重要组成部分,其收益率、资产配置情况仍对我国的长期资本形成及管理具有借鉴意义。如图 8 所示，2008~2023 年，中投公司境外投资累计年化收益率稳步提升，从 2008 年的 -2.1% 提升至 2023 年的 6.57%，最高达到 2021 年的 7.22% 左右。2008 年以来，中投公司境外投资股票资产所占比例先上升后下降，2015 年最高达到 47.47%，2023 年下降至 33.13%（见图 9）。从地域分布来看，2012 年以来中投公司境外股票资产主要投向了美国股票，占比保持在 45%~60%；2023 年美国股票占比 60.29%，其次是非美发达国家股票和新兴市场股票，2023 年分别占比 25.58% 和 14.13%（见图 10）。

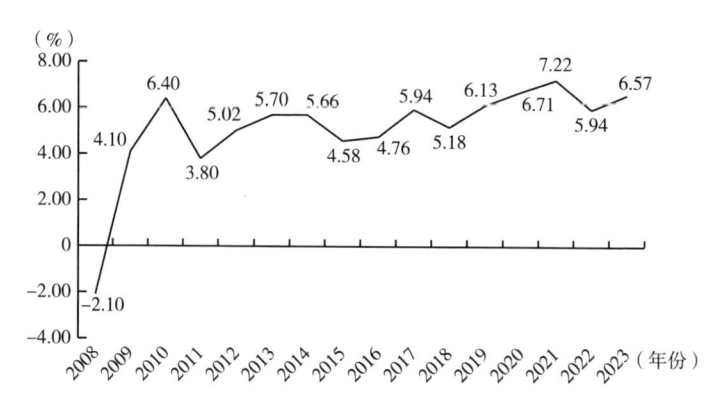

图 8　2008~2023 年中投公司境外投资累计年化收益率

资料来源：Wind 数据库。

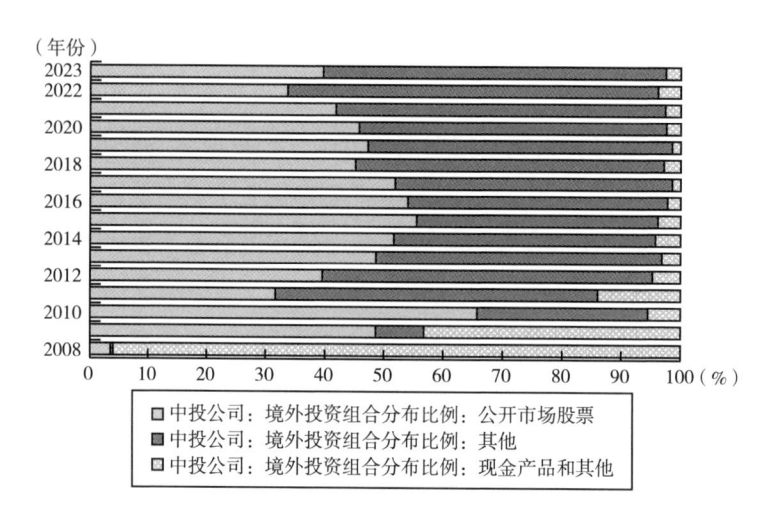

图 9　2008~2023 年中投公司境外投资组合资产分布比例

资料来源：Wind 数据库。

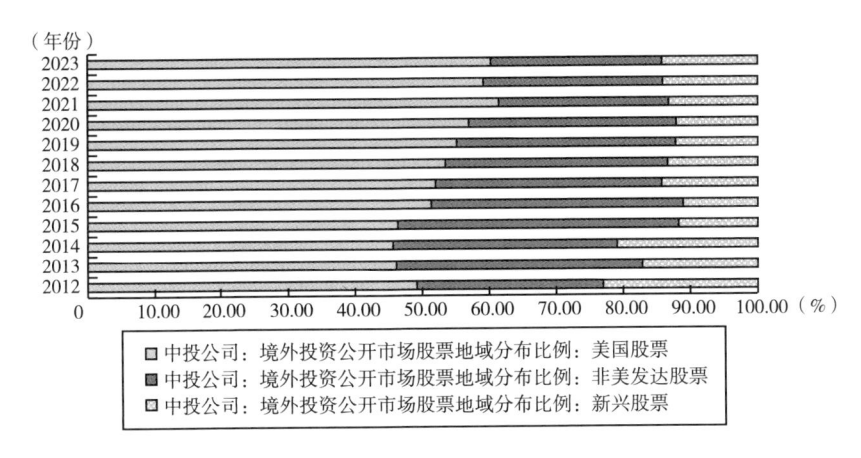

图 10　2012～2023 年中投公司境外投资股票地域分布比例

资料来源：Wind 数据库。

5. 捐赠慈善基金

捐赠慈善基金主要包括各种捐赠基金会和慈善信托，目前整体规模不足3000 亿元。我国捐赠基金起步较晚，但近年来快速发展。如图 11 所示，2003～2023 年，全国基金会数量由 954 家扩大至 9617 家。研究显示，我国捐赠基金净资产大概为 2000 亿元人民币（郑梦，2024）。自 2016 年颁布《中华人民共和国慈善法》以来，我国慈善信托备案数量快速增加。根据《2024年度中国慈善信托发展报告》，2024 年全国共有 539 单慈善信托新设立备案，新增备案规模 16.61 亿元。截至 2024 年末，我国慈善信托累计备案数量 2244单，累计备案规模 85.07 亿元。

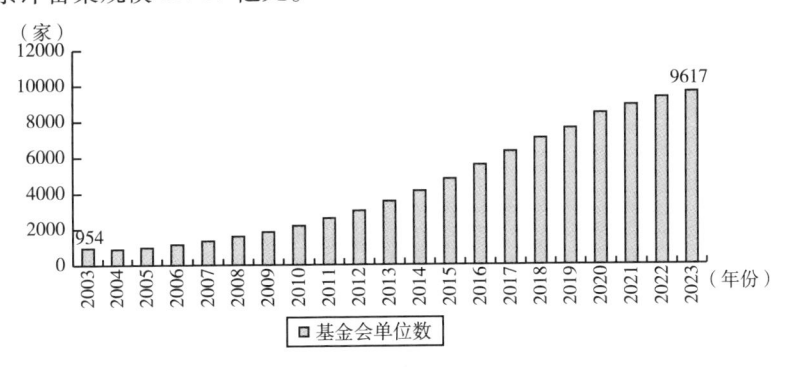

图 11　2003～2023 年我国基金会单位数

资料来源：Wind 数据库。

（二）我国长期资本规模结构：资金结构配置仍需优化，实际入市规模比例尚待提高

根据上文的分析，我国长期资本来源主要是养老金、保险资金、主权财富基金及捐赠慈善基金①，总体规模共约46.33万亿元（约6.4万亿美元）。一是养老基金，截至2023年末，全国社会保障基金资产总额3.01万亿元，养老基金资产总额2.23万亿元，企业年金投资运营规模3.19万亿元，总规模为8.43万亿元，占比18.19%。二是保险资金，2023年保险资金运用余额27.7万亿元，占比59.78%。三是主权财富基金，2023年底资产规模达1.33万亿美元，约合人民币10万亿元，占比21.58%。四是捐赠慈善基金，规模在0.2万亿元左右，占比0.4%。

与全球其他国家相比，我国整体长期资金规模仅次于美国和英国，位居第三（见表1）。但相对于我国GDP总量来看，长期资金规模仍然偏低，占我国GDP不足40%，全球其他国家长期资金规模占比平均为102%（见表1），如美国长期资金占其GDP的比重为212%、英国为229%。与其他国家相比，我国的养老基金占比偏低为18.19%，低于绝大多数发达国家的水平，美国、英国分别为81%和49.9%（见图12）；捐赠慈善基金占比为0.4%，也低于绝大多数主要经济体。我国长期资金的最主要来源是保险资金，占比为59.78%，高于其他主要经济体平均水平31.87%（见表1），美国、英国分别为15.8%和48.5%。

总的来说，我国长期资本的资金结构配置不够合理，实际入市规模和比例仍然偏低，短期内我国保险资金的稳定入市是长期资本形成的关键，长期来看养老基金、捐赠慈善基金等的规模及入市水平也有待提高。

---

① 注：因公募类权益资金的资金来源包括养老金、保险资金等，在分析长期资本规模结构中如计入则会产生重复计算，因此在本部分不予考虑。

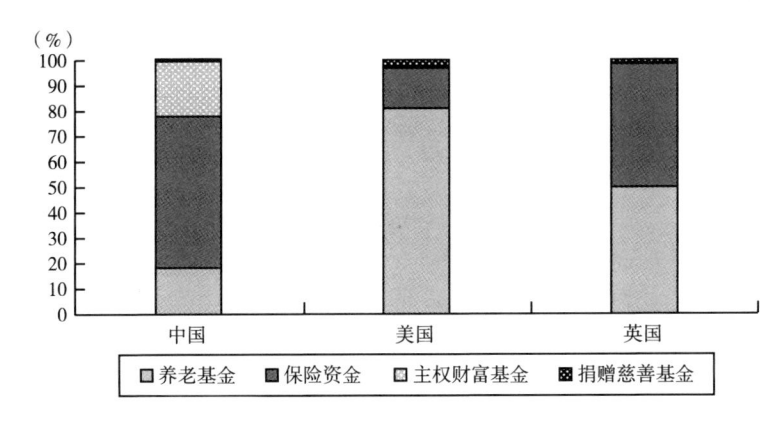

图 12　中国、美国、英国长期资金规模结构对比

资料来源：笔者计算；郑梦：《资本市场长期资金：有效供给与发展战略》，《中国软科学》2024 年第 3 期。

表 1　2021 年全球其他主要经济体长期资金规模

排名	国别	长期资金 规模（万亿美元）	占GDP比重（%）	养老基金 规模（万亿美元）	占长期资金比重（%）	保险资金 规模（万亿美元）	占长期资金比重（%）	主权财富基金 规模（万亿美元）	占长期资金比重（%）	捐赠慈善基金 规模（万亿美元）	占长期资金比重（%）
1	美国	49.37	212	40	81	7.81	15.8	0.3	0.6	1.26	2.6
2	英国	7.61	229	3.8	49.9	3.69	48.5	0	0	0.12	1.6
3	日本	5.3	106	1.5	28.3	3.69	69.6	0.01	0.2	0.1	1.9
4	加拿大	4.3	215	3.2	74.4	0.93	21.6	0.16	3.7	0.01	0.3
5	法国	3.85	134	0.36	9.4	3.45	89.6	0	0	0.04	1
6	德国	2.91	68	0.34	11.7	2.42	83.2	0.02	0.7	0.13	4.4
7	澳大利亚	2.63	170	2.3	87.5	0.18	6.8	0.14	5.3	0.01	0.4
8	荷兰	2.39	237	2.1	87.9	0.14	5.8	0	0	0.15	6.3
9	瑞士	2.04	255	1.4	68.6	0.52	25.5	0	0	0.12	5.9
10	韩国	1.91	106	0.57	29.8	1.13	59.2	0.17	8.9	0.04	2.1
11	挪威	1.73	353	0.06	3.5	0.27	15.6	1.37	79.2	0.03	1.7
12	丹麦	1.62	407	0.93	57.4	0.67	41.4	0.01	0.6	0.01	0.6
13	意大利	1.55	73	0.27	17.4	1.16	74.9	0	0	0.12	7.7
14	瑞典	1.47	230	0.68	46.3	0.76	51.7	0	0	0.03	2
总计/平均		95.74	102	59.11	61.7	30.51	31.87	3.92	4.1	2.2	2.3

资料来源：郑梦：《资本市场长期资金：有效供给与发展战略》，《中国软科学》2024 年第 3 期。

四、促进我国长期资金入市形成长期资本的发力方向

制约长期资金入市形成长期资本的因素既包括制度监管和考核机制的限制，也有资本市场稳定性不足、财富效应偏弱的影响。

（一）制度层面

目前我国以政府各类投资基金、保险资金、社保基金、养老基金为主体的长期资金运用规模已经接近60万亿元，相当于A股总市值的85%。虽然我国长期资本存量规模较大，但具体资金结构配置不合理，长期资本入市的规模和比例仍然偏低，远不能满足建设中国特色现代资本市场、推动资本市场高质量发展的要求。目前制约投资机构推动长期机制入市的主要问题既有制度监管考核方面的限制，也存在资本市场稳定性、财富效应偏弱的影响。

1. 考核机制应注重长期，对波动回撤的容忍度需提高

我国公募基金、社保基金以及保险资金的相关管理机构考核机制存在不同程度的短期化倾向，导致这些资金对股市波动、回撤的容忍度较低。以保险资金为例，我国保险公司的投资绩效考核周期以中短期为主，近七成机构采取年度考核方式（胡海峰，2024）。这种短周期考核对于以久期长、稳定性高为优势的保险资金不能起到很好的引导作用。受限于会计核算、绩效考核、偿付能力等方面的要求，保险资金在权益投资方面面临一定现实制约因素，大部分保险公司的股票投资比例距离政策上限还有较大空间（李勍，2023）。虽然保险资金权益类配置比例限制不断上调，但实际上我国险资提高入市比例的进程往往"不尽如人意"，权益配置比例远低于政策上限。在国际对比中，我国保险资金权益配置比重远低于美国保险资金配置权益的比例。根据美国保险信息协会的数据，美国保险资金的资金配置中，股票占比在30%左右。20世纪90年代和2003~2007年的两轮美国股票牛市中表现得较为明显，美国保险业的股票投资占比分别从9%提升至32%、从23%提升至33%。2008年之后，美国保险业的股票资产占比持续保持在30%左右的历史较高水平。加之，我国资本市场缺乏长期投资文化，对长期投资理念的宣传和引导不足，市场参与者普遍存在短期投机心理，追求快速获利，如此

投资文化氛围不利于长期资金入市。

2. 税收激励力度需加大，增加长期资金的收益激励

税收政策在鼓励长期投资方面的作用尚未充分发挥。**一是资本利得税的缺失。**现行证券交易税收体系主要包括资本利得税、印花税和股息税等多个税种，其中差异化的资本利得税是发达国家用以激励长期投资的重要工具。值得注意的是，目前我国仅对股票出让方征收印花税，尚未建立资本利得税制度。以美国为例，其通过设置差异化的资本利得税来鼓励长期投资，并允许投资者用资本损失抵扣资本利得税，每年最高抵扣额度为3000美元，未抵扣完的损失可递延至以后年度继续使用（熊熊等，2025）。相比之下，我国长期投资的节税优势不明显，在促进长期资金入市方面还有很大的优化空间。**二是个人养老金税收支持不足。**一方面，我国个人养老金扩容潜力巨大，对比美国情况来看，美国个人养老金占全部养老金的47.5%，而我国占比不足1%（李勍，2023）。另一方面，我国个人养老金目前主要采用EET（缴费和投资阶段免税，领取阶段纳税）模式，这种模式所激励的对象是人口数量非常有限的高收入群体，而对数量庞大的中低收入群体来说，其以没有达到纳税起征点的免税收入参与个人养老金，领取阶段反而要按照3%的比例纳税，这种模式并不能起到提高个人养老金参与率的作用。随着个人养老金制度逐步建立并成熟，养老金入市的税收支持力度仍待加大，以吸引个人养老资金入市。

（二）市场层面

1. 衍生品市场尚待发展，风险对冲工具不足

由于险资、养老等长期资金对收益稳定性和风险控制的要求较高，其资金入市的前提往往是需要足够的金融工具以对冲相关风险。当前我国金融市场总量与经济体量并不相符，衍生品市场结构单一，商品类衍生品占据衍生品市场绝大部分份额，而利率、股指等金融类衍生品所占份额较小，无法充分满足投资者对金融资产多样化的需求（李勍，2023）。金融创新工具相对匮乏，仅有的股指期货、期权等少数衍生品，其覆盖范围也非常狭窄，难以对冲当前分化明显的结构化行情市场的波动。目前国内期货交易所品种以期货为主，以2024年5月为例，商品期货成交量占比达86%，而与国内以期货为主的情况不同，海外市场更偏向于期货和期权并重。同时，一些重要的交易品种，比如外汇期货和外汇期权、国债期权等目前仍未在交易所上市交易。调研数据显示，国内场外衍生品市场规模不及场内市场的十分之一，国际市场未到期合约名义本金总额约为国内场外市场的84倍。

2. 资本市场波动率较高，影响长期资金入市意愿

我国股票市场的短期波动较为剧烈，长期资金为了避免资产价值的大幅起落，因此在配置权益资产时会更加谨慎。从股市波动率①的年度波动幅度看，我国股市与成熟市场相比存在较大差距。以最近10年为例，2013~2023年，美国股市持续上升，年度波动率一般小于30%（2020年除外），A股市场则经历了较大的起伏，主要指数的年度波动幅度均在30%以上，创业板市场的波动率一直在50%以上，2015年沪市的波动率超过80%，创业板的年度波动率达到了182%。股市的波动导致长期资金投资回报率不高，入市意愿长期偏低。以保险资金为例，近年来的股市波动影响了险企的收益率。2020年沪深300指数收益率为23.45%，2021年为-5.2%，到2022年已跌至-21.6%；相应地，根据《中国保险资产管理业发展报告（2023）》统计，2020年综合收益率在6%以上的险企共有135家，仅有4家收益率为负；2021年，境内上市权益负收益的险企增至24家，但6%以上收益率的险企仍有86家；而到了2022年，综合收益率在0以下的险企达到56家，仅有少数险企的收益率为正。长期收益难保证，资本市场财富效应未能充分发挥，导致长期资金不愿也不敢大规模入市。

五、促进长期资本形成、完善强大资本市场建设的政策建议

建议从优化机构投资者支持政策、丰富风险管理工具、优化资本市场制度建设、严厉打击资本市场违规交易、把握资本市场舆论主导权、强化金融开放和引进外资等方面着手，促进长期资本形成，完善强大资本市场建设。

---

① 股市波动率=（年度最高指数-年度最低指数）/最低指数，波动率越大说明市场越脆弱，波动率越小说明市场稳定性越强。

（一）加大机构投资者引导支持

适当减轻长期投资税负，适度放宽保险资金、养老基金等长期资金的投资限制。加快建设全国养老金投资市场，推动地方政府与企业养老基金进入资本市场，鼓励养老基金等长期资金长期持有股权，减少短期交易带来的波动，优化企业、职业年金投资，允许职工在标准化投资产品中根据自身的投资目标和风险偏好自由选择。加强保险资金长期投资引导，通过"保险资金长期持股计划"，鼓励保险公司购买并长期持有优质公司的股票。提高公募基金的长期投资比例，鼓励公募基金更加注重价值投资，减少短期操作，并通过推动指数基金、ETF 基金、战略性长期基金等产品的设计，吸引中长期资金持续流入市场。

（二）增加风险管理工具供给

开发多样化的金融产品，推动期权、期货等衍生品市场的发展，通过多样化的金融工具管理风险，为机构投资者提供更多的投资组合选择。鼓励金融创新，支持新型衍生品工具的研发和推广，鼓励金融科技在衍生品市场的应用。推出更多风险对冲工具，推动市场发展更多针对股指波动、行业轮动等市场现象的衍生品工具，帮助中长期资金管理风险，降低持仓不确定性。完善投资者保护机制，建立健全投资者保护体系，减少恐慌性抛售等行为带来的市场波动。

（三）营造长钱长投制度环境

适时成立平准基金，扩大内资对资本市场的支撑作用，增强资本市场内生稳定性。大力引导中长期资金入市，引导多层次、多支柱养老保障体系与资本市场良性互动。完善全国社保基金、基本养老保险资金投资政策制度，鼓励企业年金基金根据持有人不同年龄和风险偏好探索开展不同类型的差异化投资。优化权益类公募基金考核机制，培育专业化、市场化的机构投资者队伍，推动宽基 ETF、中小盘 ETF 基金等指数化产品创新。

（四）打击违规减持及恶意做空

更好保障广大投资者利益，防范"绕道减持""违规代持"，加大交易行为监管力度，丰富线索筛查手段，加强"穿透式"交易监控，严肃查处操纵市场、恶意做空等违法违规行为，维护市场稳定运行。更好厘清正常做空和恶意做空的界限，避免把恶意做空概念扩大化。研究建立投资者专项赔偿基金，为受害投资者提供赔偿救济。完善证券侵权民事赔偿诉讼制度，健全示范判决机制，在代表人诉讼、先行赔付等方面争取更多示范性案例落地，保护中小投资者合法权益。

（五）把握资本市场舆论主导权

坚持正确舆论导向，培育资本市场权威媒体，通过客观公正、反应迅速、信息前沿的调查报道，将短期资本市场的舆论主导权掌握在自己手里，更好应对外媒外资的舆论操控。深度融合长期投资价值文化，引导投资者增强风险识别能力和投资价值判断能力，理性参与市场投资。积极引导上市公司加强舆情管理，为稳定市场预期、增强上市公司及投资者信心创造有利条件。

（六）扩大金融市场对外开放

简化外资投资流程，放宽外资持股比例限制，吸引更多的外资流入，尤其是注重长期投资的全球投资者。稳步推进人民币国际化，完善人民币跨境支付系统（CIPS）等金融配套设施的建设，减少人民币资产的流动限制和交易成本，提升中国股市在全球资本市场的吸引力。建设国际化的资本市场，积极参与全球资本市场的对接，推动A股与国际资本市场的融合发展，提升沪港通、深港通的互联互通程度，吸引更多全球投资者参与中国资本市场。

参考文献：

1. 段国圣、马得原：《发挥长期资金优势　探索养老产业布局　应对新形势下保险资金运用的挑战》，《清华金融评论》2022年第2期。

2. 郭楚晗、张燕：《耐心资本、聪明资金与新质生产力的辩证关系及其协同发展路径研究》，《当代经济管理》2024 年第 12 期。

3. 何诚颖、卢宗辉、李翔、杨高宇、王占海、张龙斌、龚映清：《长期资金入市的国际经验、模式选择及启示》，引自中国证券业协会编《创新与发展：中国证券业 2012 年论文集》，中国财政经济出版社 2012 年版。

4. 胡海峰：《发挥好长期资金对资本市场的"压舱石"作用》，《人民论坛》2024 年第 21 期。

5. 江伟：《积极引导长期资金入市　充分发挥资本市场资源配置功能——基于有效市场理论的理论和实证研究》，《现代商贸工业》2020 年第 27 期。

6. 姜中裕、吴福象：《耐心资本、数字经济与创新效率——基于制造业 A 股上市公司的经验证据》，《河海大学学报（哲学社会科学版）》2024 年第 2 期。

7. 李嘉、王励晴：《基于全生命周期的耐心资本国际比较研究》，《价格理论与实践》2024 年第 10 期。

8. 李勍：《我国长期资金入市现状与建议》，《金融博览》2023 年第 4 期。

9. 李三希、刘希、孙海琳：《以耐心资本推动新质生产力发展：特征意义、现状问题与培育路径》，《财经问题研究》2024 年第 10 期。

10. 林毅夫、王燕：《新结构经济学：将"耐心资本"作为一种比较优势》，《开发性金融研究》2017 年第 1 期。

11. 刘朝晖：《高质量发展阶段壮大耐心资本的逻辑依据、关键问题与实践进路》，《中州学刊》2025 年第 1 期。

12. 柳立：《养老金发展与长期资本战略》，《金融时报》2012 年第 7 期。

13. 卢映西、程洁：《我国上市公司长期资本融资方式评析》，《南京财经大学学报》2004 年第 4 期。

14. 吕进中、高文博：《长期资本流动的影响因素及中国趋势展望——对 23 个主要经济体直接投资差额的计量检验》，《福建金融》2016 年第 7 期。

15. 乔兆容：《私募股权基金积极引入长期资金》，《中国金融》2023 年第 2 期。

16. 邵宇：《长期资金入市的意义、经验及建议》，《清华金融评论》

2019 年第 2 期。

17. 唐毅南：《美国长期金融资本向何处去？》，《文化纵横》2020 年第 4 期。

18. 王璐、裴涛、代宜琳：《建立培育耐心资本的长期资本供应体系》，《中国金融》2024 年第 22 期。

19. 王文、刘锦涛：《壮大耐心资本的意义与路径》，《北京石油管理干部学院学报》2024 年第 3 期。

20. 王文、刘锦涛：《壮大耐心资本的意义与路径》，《中国金融》2024 年第 10 期。

21. 王希峰、李名梁、范信宇：《耐心资本赋能新质生产力发展的时代价值、现实困境和应对策略》，《中国证券期货》2024 年第 5 期。

22. 温磊、李思飞：《耐心资本对企业新质生产力的影响》，《中国流通经济》2024 年第 10 期。

23. 吴旻佳、张普、赵增耀：《耐心资本、创新投入对企业绩效的影响——基于中小板上市企业的数据》，《科学决策》2022 年第 9 期。

24. 武力：《建国初期的股市和建立长期资金市场的设想》，《国际金融研究》1994 年第 1 期。

25. 向莉：《中国企业长期资本结构影响因素分析——基于中国制造业上市公司面板数据的实证研究》，《武汉金融》2010 年第 5 期。

26. 熊熊、周融天、王一博等：《中国资本市场交易税优化研究——基于人工股票市场视角》，《中国管理科学》2025 年第 1 期。

27. 徐高林：《保险资金长期价值投资的股市基础分析》，《保险研究》2008 年第 10 期。

28. 易宪容：《如何让居民存款转化为长期资金》，《光彩》2020 年第 2 期。

29. 应晓妮、王励晴：《我国长期资本支持创业投资的现状、问题与建议》，《西南金融》2024 年第 8 期。

30. 张陶伟：《长期资本管理公司的兴衰及启示》，《国际金融研究》1999 年第 1 期。

31. 张壹帆、陆岷峰：《耐心资本与高质量发展：属性特征、现实状况及对策研究》，《金融发展研究》2024 年第 11 期。

32. 郑秉文：《银行业纳入养老金第三支柱可助推长期资金入市》，《清华金融评论》2019 年第 2 期。

33. 郑梦：《资本市场长期资金：有效供给与发展战略》，《中国软科学》2024 年第 3 期。

34. 周健男：《美国财富管理生态系统的经验及启示》，《国际金融》2022 年第 9 期。

35. 朱海扬、王璐、宋林：《探索第三支柱个人养老金的发展逻辑与关键要素》，《价格理论与实践》2022 年第 2 期。

我国居民资产负债表演进特征研究*

摘　要：伴随我国经济发展，居民资产负债表持续扩张。近年来，我国居民资产负债表呈现一定新特点，深入研究居民资产负债表演变历程及新变化，对推进国家宏观资产负债表治理、破解有效需求不足困境以及诊断经济运行情况、优化宏观调控政策具有重要意义。基于我国1978~2024年居民资产负债表测算结果，分析发现：我国居民部门已经成为国民部门中财富占比最高的部门，共同富裕取得成效，我国居民资产配置结构有待进一步优化，住宅资产占比仍有下降空间，同时我国居民部门未出现实质性"缩表"，但居民主动去杠杆修复资产负债表，债务负担较高问题需加以关注。我国居民资产负债表变化不仅受到资产价格变动、宏观经济波动等短期因素影响，也与我国收入分配、税收和社会保障制度设计相关。当前，居民修复资产负债表在一定程度上制约了扩大有效需求、房地产复苏、金融稳定和宏观经济持续向好，需围绕增加流量和稳住存量，优化宏观调控政策，从促进收入增加、加快房价止跌、降低债务负担、丰富投资选择和强化制度保障等方面着手，助力居民尽快完成资产负债表修复。

关键词：居民部门　资产负债表修复　降杠杆

一、引言

2008年金融危机爆发后，宏观经济部门之间的风险关联性受到广泛关

---

* 作者丁尚宇。

注，居民资产负债表分析范式逐渐受到重视。随着中国经济的蓬勃发展和金融市场的日益成熟，居民资产负债表持续扩张，近年来呈现出一些新变化。疫情以来，我国居民部门呈现多储蓄、少负债的修复资产负债表倾向，这对我国生产、消费、金融、预期等产生了一系列影响，在此背景下深入研究居民资产负债表变化特征意义重大。

（一）研究背景

居民在国民经济中既是消费主体，也是社会资金的主要提供主体。居民资产负债表作为国家宏观资产负债表的重要组成部分，是反映家庭在特定时点上资产、负债及净资产状况的财务报表。居民资产负债表的变化不仅是洞察居民家庭经济实力、财富积累程度与债务负担水平的关键窗口，而且是连接微观经济主体行为与宏观经济运行的重要桥梁，以及衡量经济体健康状况的重要指标。

随着中国经济的蓬勃发展和金融市场的日益成熟，居民资产负债表持续扩张，近年来呈现出一些新变化。改革开放以来，我国居民资产规模扩大且结构多元；与此同时，负债水平持续攀升，偿债压力日益凸显。新冠疫情暴发以来，我国居民资产负债表出现重构倾向，扩张速度放缓，特别是在2022年以来，居民资产、负债和财富积累增速有所放缓。

（二）研究意义

在此背景下，深入研究居民资产负债表的变化特征，探求变化背后的复杂原因和深远影响意义重大。

一是为国家资产负债表研究和管理提供支撑。党的二十届三中全会提出"探索实施国家宏观资产负债表管理"。截至2024年，我国家庭部门资产总规模接近600万亿元，占国家资产的比例接近30%，债务总规模约83万亿元，财富（净资产）规模达到510万亿元以上，占我国总财富比例超过60%。居民部门存量资产和负债规模巨大，作为国家宏观资产负债的重要组成部分，分析其变化情况能够从微观透视我国经济增长的"积累效应"、共同富裕的伟大成就以及经济运行状况。

二是为破解当前有效需求不足的困境提供支撑。居民财富积累、资产增长不仅源于存量资产的增值，还与收入和消费密切相关。当前，国内有效需求不足、物价低位运行，制约经济持续稳定向好。在居民存量资产较少时，即便存量资产小幅波动，收入增长能够对冲如此波动并对消费带来明显撬动作用，但在当前居民存量资产已经累积到相当规模的情况下，与存量资产变动相比，收入增长小幅变动可能无法弥补相关损失。当前，切实提振居民信心，挖掘消费潜力，既要从流量角度持续努力增加居民收入，更要重视修复居民存量资产负债表，以缓解存量资产变动对消费的影响。

三是为宏观经济运行分析和宏观调控优化提供支撑。居民既是生产者，也是消费者和收入者，是畅通国民经济循环的重要参与者。居民资产负债表健康程度是反映宏观经济运行的关键窗口。从居民资产负债表入手，增量与存量、供给与需求、宏观与微观视角相结合，可清晰展现居民与其他部门间的资产与负债状况，揭示资金流动及联动关系，为理解宏观经济运行的微观基础提供支撑，有利于厘清宏观经济与微观感受出现"温差"的原因，增强宏观调控政策的有效性，为政策制定提供科学参考，推动经济稳定与可持续发展。

二、我国居民资产负债表的定义及测度

明确居民资产负债表的定义内涵，科学测度居民资产负债情况并编制居民资产负债表是本文展开研究的基础。本文根据党的二十届三中全会《中共中央关于进一步深化改革、推进中国式现代化的决定》对国家宏观资产负债表的定义，进一步明确居民资产负债表的概念内涵，并参考社科院相关研究方法，结合最新数据，得到1978~2024年我国居民资产负债表有关数据。

（一）居民资产负债表的定义

居民资产负债表是国家宏观资产负债表中关于居民部门的部分。党的二十届三中全会《决议》对国家宏观资产负债表进行了阐述，指出国家宏观资产负债表是综合反映一个国家或地区在特定时间点上拥有的资产、负债总量及结构的统计表，包括政府、住户（居民）、非金融企业、金融机构等各部门机构所拥有的资产与负债的规模和结构。因此，居民资产负债表可定义为

对居民在特定时点上所拥有的资产、承担的负债进行统计和展示的报表。

报表的资产端包含金融资产和实物资产,负债端主要为金融负债。**资产分项中,**金融资产指现金、银行存款、股票、债券、基金、保险储备(主要指养老和社会保险等),是居民持有的具有金融价值的资产,能为居民带来收益或在未来实现财富增值。金融资产还可以进一步分为风险金融资产和无风险金融资产,风险金融资产主要包括股票、债券、基金等,无风险资产包括现金、银行存款、保险储备等。实物资产指房产、车辆等,房产是居民的重要实物资产,具有居住和投资属性;车辆用于出行,也具有一定的价值和使用功能。**负债分项中,**消费负债指消费贷款,为购买家电、电子产品等消费品、旅游等进行的贷款。住房负债主要是住房贷款,是居民为购买房产向银行等金融机构申请的贷款,通常还款期限较长。其他负债还包括教育贷款,用于支付教育费用,以及一些可能的个人借款等。由于我国居民融资主要以贷款为主,上述各类负债几乎均为金融负债(见图1)。

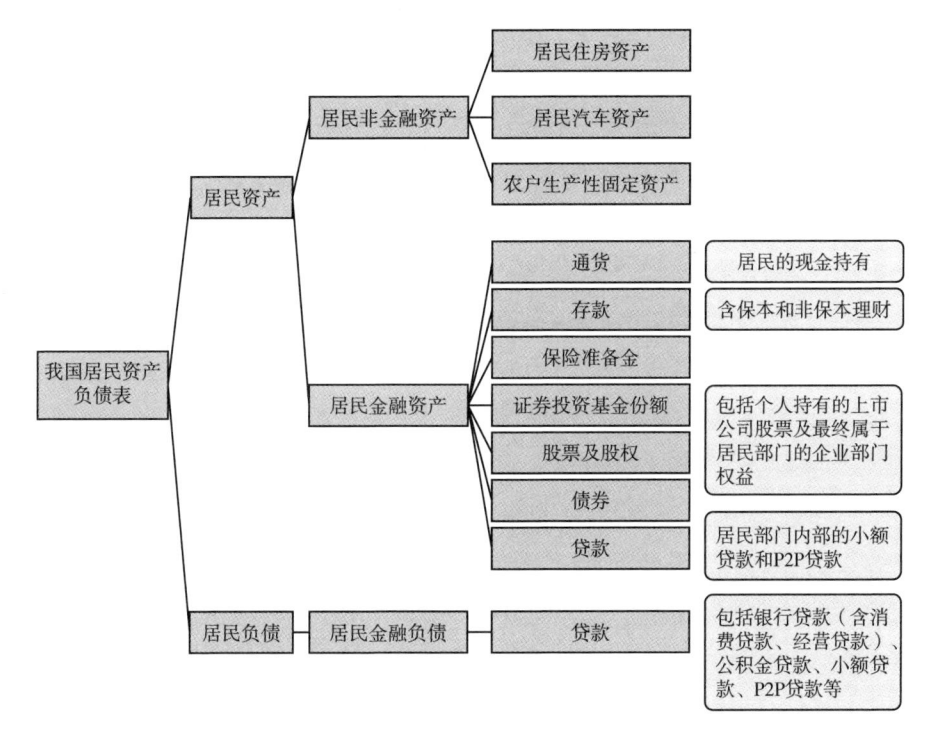

图1 居民资产负债表结构

资料来源:笔者根据公开信息整理。

（二）居民资产负债表测算方法

本文参考社科院《中国国家资产负债表2020》《中国国家资产负债表1978~2022》，以及天风证券和华创证券相关研究测算方法，基于数据可得性，对上述居民资产负债表各分项进行逐项计算，具体计算方法详见表1。由于社科院两个版本数据在折旧以及具体分项有较大调整，本文在2020年版本计算结果的基础上，参考2022年版做进一步调整，根据2024年最新数据，测算得到1978~2024年我国居民部门资产负债表数据，并以此展开后续分析。

表1　　　　　　　　　居民资产负债表计算表

分类	科目	定义	计量方式
无风险金融资产	通货	居民持有的现金	采用社科院测算的2000~2019年居民部门通货资产占M0比例的均值对居民部门的通货资产进行估计
	存款	银行存款、非保本理财和公积金存款	用"住户存款+公积金"对居民存款进行估计
	保险准备金	居民持有各类保险准备金	用保险公司总资产按比例折算，估算居民保险准备金资产规模
风险金融资产	证券投资基金份额	包含公募基金、私募基金、信托产品、券商资管产品、基金专户、理财份额等居民持有的部分	根据证券基金业协会公布的资产管理业务规模，结合社科院披露比例数据，估计个人投资证券投资基金的占比，结合资管业务总规模、理财规模得到居民资产中的证券投资基金份额情况
	债券	居民通过柜台市场、交易所市场认购交易及直接持有凭证式国债持有的债券	用柜台市场数据对居民债券资产做拟合
	股票及股权	居民持有的股票及股权资产	先以上市公司自然人持股市值比例估计居民部门持有的上市公司股本，再用总股本规模倒推出当期居民部门持有的流通股股本，代表居民部门持有的股票及股权资产规模

续表

分类	科目	定义	计量方式
非金融资产	住房资产	包括城镇住房资产和农村住房资产	城镇住房资产依据"人口人均住房面积和住房单价"计量,人口和人均住房面积以2011年为基期换算季度环比增速预测,住房单价城市部分参考70个大中城市新建商品住宅价格指数环比变动以2011年为基期季度外推,农村部分根据2012年增速外推;农村住房资产依据"人口人均住房面积和住房单价"计量,处理方式同城镇,住房单价按2012年增速外推
	汽车	居民持有的汽车资产	通过汽车(含机动车和新能源汽车)保有量及平均汽车资产价值对居民汽车资产规模进行估计
居民负债	金融负债	居民部门金融负债,以贷款为主	用居民本外币贷款余额与小额贷款余额规模按比例计算债务规模

资料来源:笔者根据本文计算方法整理。

三、我国居民资产负债表变化特征

伴随我国经济增长,居民资产负债表持续扩张,居民财富持续累积,居民财富占比已达到国民经济各部门中最高,"以人民为中心"的发展理念充分体现。值得注意的是,过去几年里,居民资产负债表出现了明显调整,受住房、金融资产价值波动影响,居民资产负债扩张速度明显放缓,资产配置风险偏好下降,债务规模已达到较高水平。国际比较发现,虽然我国居民财富总量已经达到世界领先水平,但人均财富规模仍然不高,以住宅为主的资产配置结构有待进一步优化,无风险金融资产配置结构中养老及保障资金配置偏低,我国居民债务杠杆率已接近发达国家水平。

(一)居民部门在国家宏观资产负债表中的变化特征

我国居民资产负债表规模在国家总资产负债表中持续扩大,居民部门与其他经济部门相比财富占比最高,藏富于民的特点鲜明。

一是改革开放以来,我国居民资产与债务规模持续攀升,但受低基数效

应逐渐减弱的影响，增速逐步放缓。从1978年到2024年，居民资产从2263亿元增长至592.93万亿元，年均增速达18.98%，居民负债从149亿元增长至82.61万亿元，年均增速达22.74%，居民财富从2114亿元增长至510.32万亿元，实现了2400多倍的增长。**回顾居民资产负债表的历史演变历程，结合资产增速的变化趋势，可以将其大致划分为三个阶段：2000年以前、2000~2010年以及2010年以后。阶段一**：改革开放至20世纪90年代，伴随改革开放经济活力迅速迸发，居民资产呈现基数低、增长快的特点，这一时期居民资产平均增速高达24.35%，到1999年居民资产达到21万亿元，财富突破20万亿元。**阶段二**：2000~2010年，我国居民资产增速小幅波动上升但总体增速较之前略有下降，年均增速降至19.73%，这一时期居民资产突破150万亿元，财富接近140万亿元，居民债务从1万亿元增长至12万亿元以上，增速高达31.7%。**阶段三**：2010年以来，居民资产持续扩张，但增速波动下行，2022年以来降至2%~3%；居民债务处于加速扩张阶段，虽然平均增速较前期有所放缓，但债务规模较快攀升，2022年突破80万亿元；居民财富大量累积，由不足140万亿元增长至2024年的510万亿元，增幅高达265.56%（见图2、图3）。

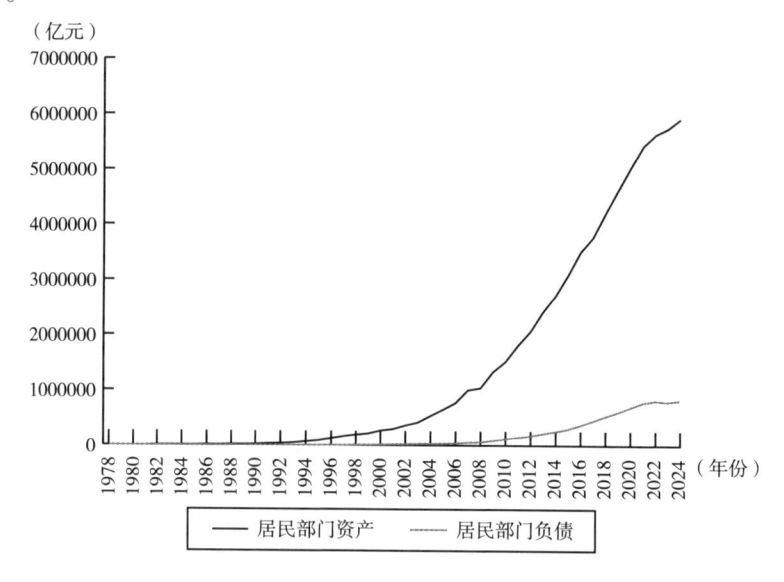

图2　1978年以来我国居民资产负债规模变化

资料来源：笔者根据1979~2024年居民资产负债表测算结果计算得到。

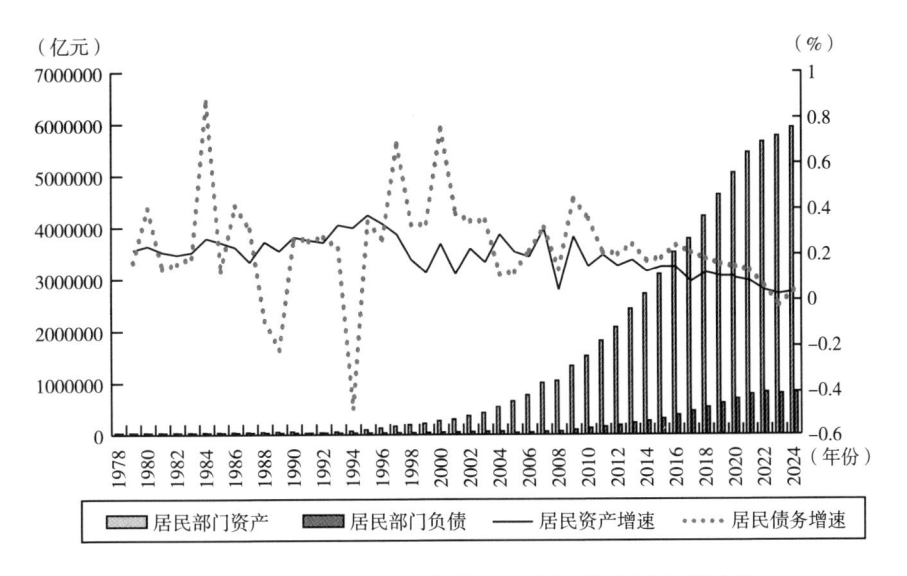

图3　1978年以来我国居民资产、负债增速及财富规模变化

资料来源：笔者根据1979~2024年居民资产负债表测算结果计算得到。

二是居民资产规模在国家总资产规模中占比逐步攀升，比负债占比更早达峰。1978年以来，我国居民资产在国家总资产中所占的比例大幅上升后基本稳定。2005年，我国居民资产负债率达到28.1%的历史高峰，随后略有下降。我国居民债务占国家总债务规模的比例总体偏低，趋势上大致经历三轮波动，第一轮波动出现在1996年以前，占比最高达到3.86%（1987年），第二轮波动出现在1997年至2007年，峰值为3.55%（2003年），2008年以后，我国居民债务占比持续上升，2021年达到6.15%的历史峰值，此后小幅回落（见图4）。

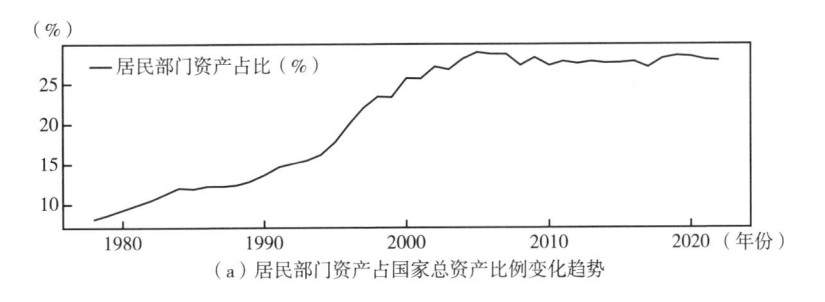

（a）居民部门资产占国家总资产比例变化趋势

中国经济：宏观经济治理与发展战略研究

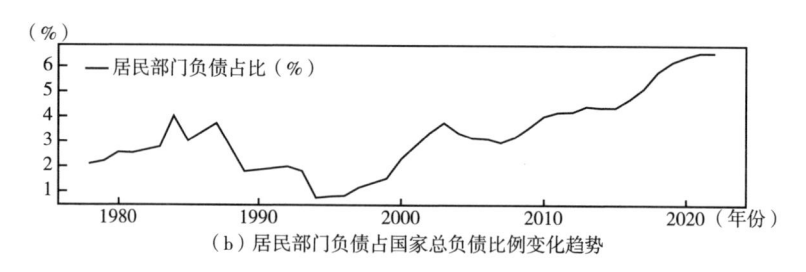

(b) 居民部门负债占国家总负债比例变化趋势

图 4　1978 年以来我国居民资产、负债占比变化

资料来源：笔者根据 1979～2024 年居民资产负债表测算结果计算得到。

三是相较于其他部门，居民部门具有资产与财富占比高、债务占比低的显著特点，这深刻体现了我国"发展为了人民，发展成果由人民共享"的发展理念。与政府部门、非金融企业部门资产占比逐步下降相比，我国居民部门资产占比逐步攀升，整体走势与金融部门资产占比较为接近。目前，居民部门资产占比达到 27.22%，略低于金融部门（28.46%），高于非金融企业和政府部门的 23.59% 和 18.46%。我国居民部门债务占比相对较低且增长较为缓慢，但近年来也有逐渐上升的趋势。总体看，占比远低于非金融企业和金融部门，高于政府部门。值得注意的是，自 2021 年起，居民部门与非金融企业部门的债务占比均呈现下降趋势，这与实体部门主动降杠杆、降低债务负担密切相关。此外，我国居民资产占比高、债务占比低的背后是居民财富不断积累，2022 年，居民部门财富占社会净财富的比重已达到 66%，表明藏富于民的显著效果（见图 5、图 6）。

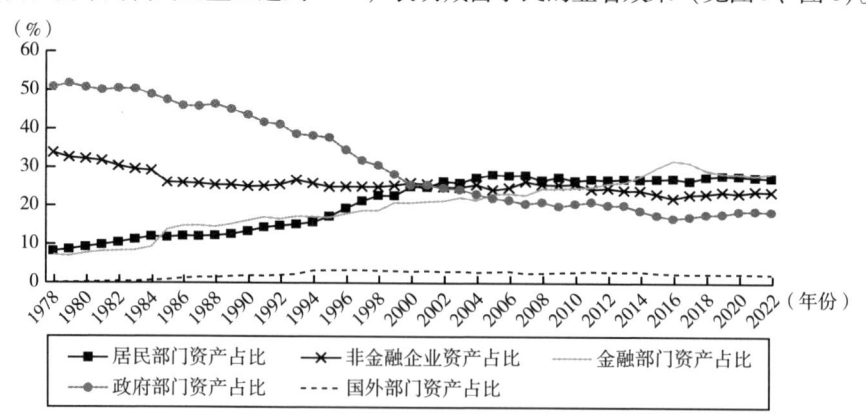

图 5　1978 年以来我国各部门资产占比变化

资料来源：笔者根据 1979～2024 年居民资产负债表测算结果计算得到。

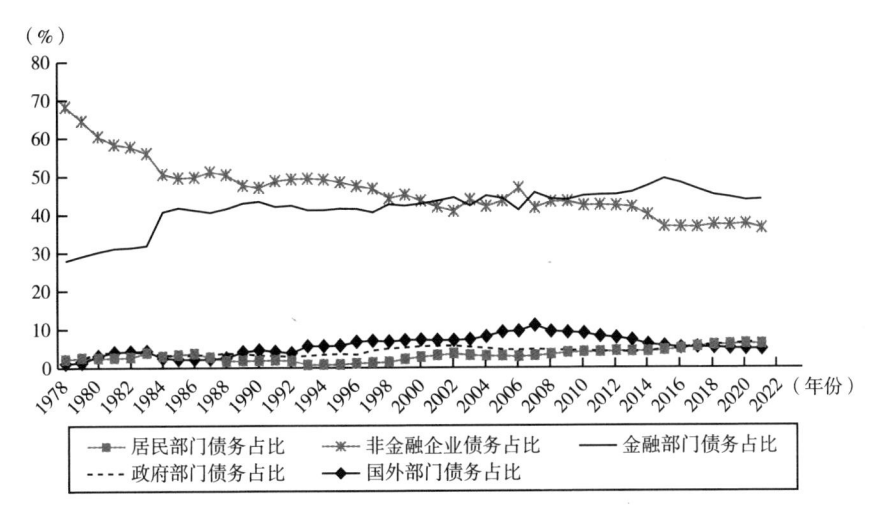

图 6 1978年以来我国各部门负债占比变化

资料来源：笔者根据1979~2024年居民资产负债表测算结果计算得到。

（二）居民资产负债表内部演变特征

我国居民资产负债表变化呈现资产配置结构优化、避险情绪增强、债务水平较高、涉房贷款占比高的四大特征。

一是居民部门非金融资产占比逐步降低，金融资产占比实现反超。改革开放以来，我国居民资产配置结构发生显著变化，从实物资产与金融资产的比例来看，居民资产配置不断优化，非金融资产占比已从近80%下降至44.4%。尤其是2019年以来占比进一步下降，且降幅逐年走扩，表明近年来我国居民资产负债表中住房资产占比畸高的问题得到明显改善。随着非金融资产占比调整，居民金融资产占比逐步攀升，2023年，中国居民金融资产占比首次超过非金融资产，达到约51.18%，此后居民金融资产占比继续攀升，2024年达到55%，创下历史新高（见图7）。

二是居民金融资产配置更加多元，结构更加合理，近几年居民增配避险资产。我国居民金融资产配置中，存款、现金及保险等无风险金融资产一直占据主导地位，其占比经历了先增长后下降再增长的变化过程。2018年以来，无风险金融资产占比反弹，2021年以来上升幅度更大。从具体数据看，2020年我国居民存款突破100万亿元，到2024年仅四年再增62.5万亿元，

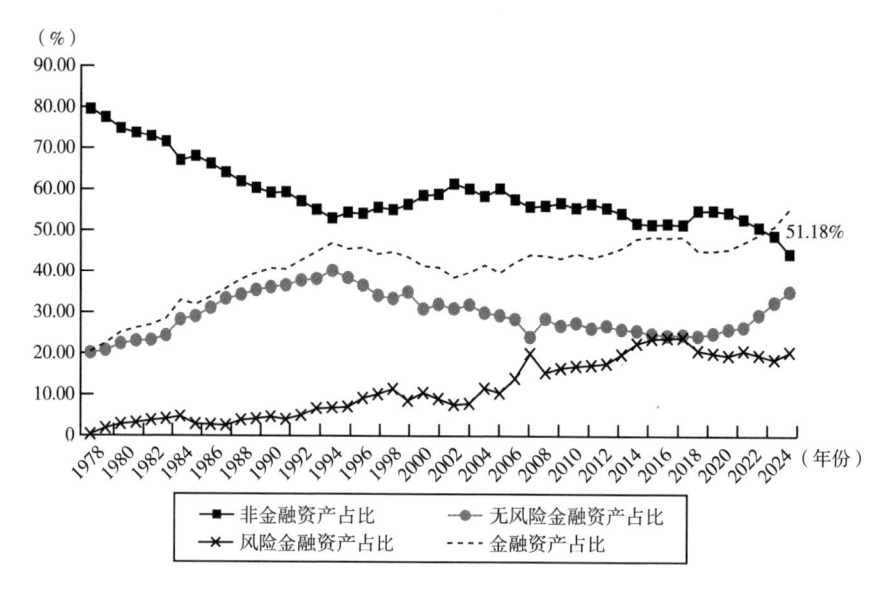

图7 1978年以来我国居民部门资产结构变化

资料来源：笔者根据1979~2024年居民资产负债表测算结果计算得到。

而我国居民存款从改革开放以来历经37年，到2015年才首次接近60万亿元，即便是倒推上一个60万亿元的积累仍用了10年（2010~2020年），这表明当前居民避险情绪维持在较高水平。我国居民风险金融资产配置比例早期较低，此后总体呈现上升趋势，分别在1998年、2008年以及2018年出现下行波动，其中2018年以来出现了降幅较大、时间较长的占比下降。2024年，随着资本市场的改善，居民风险资产配置比例再次反弹至20.45%，基本恢复到疫情前的水平。

三是居民部门债务杠杆由升转降，但仍需关注居民债务问题。改革开放以来，我国居民债务规模经历了快速扩张的阶段，自2021年起，资产端的显著收缩促使居民主动缩减债务规模，导致居民资产负债率和债务杠杆率均有所下调。尽管如此，居民的债务负担依然处于较高水平。测算结果显示，我国居民债务规模从1978年的149亿元持续增长至2024年末的82.6万亿元，居民债务规模总体不断扩大。2022年，我国居民总负债规模、资产负债率及债务杠杆率均攀升至历史最高点。步入2023年，居民总负债呈现净减少态势，资产负债率及债务杠杆率亦有所回调。随着居民多轮提前还贷的推进，债务压力得到了一定程度的缓解，但相较于疫情前水平，仍维持在较高区间（见图8）。

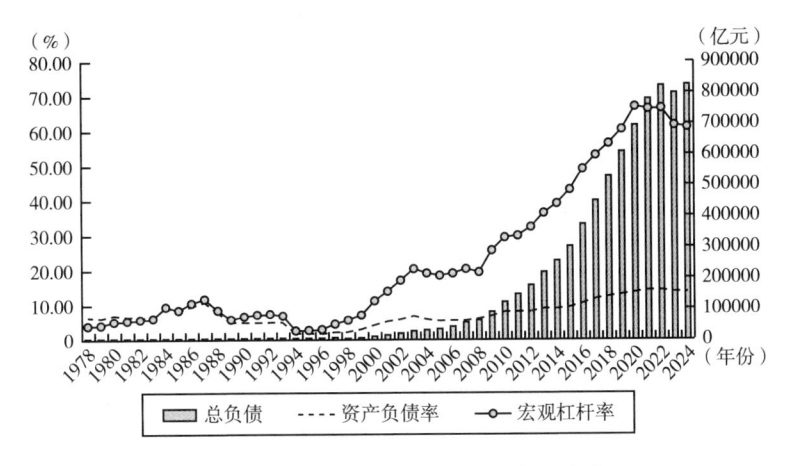

图8　1978年以来居民部门金融负债变化

资料来源：笔者根据1979~2024年居民资产负债表测算结果计算得到。

四是我国居民债务以房贷为主、消费贷比例偏低的突出情况未明显改善。长期以来，购房是我国居民借贷的主要用途，2004~2005年及2020~2021年，购房贷款（中长期消费贷款）占比达到58%以上的历史较高水平，表明这一时期居民购房热情高涨，推动按揭贷款迅速增长。2021年以来，居民住房贷款占比明显下降，对应居民购房需求收缩，2024年降至52.8%，略低于2016年的占比。① 我国居民消费贷款占比具有逐步增长但总体水平较低的特点，疫情前达到16%以上的历史峰值，2020年以来，占比逐步回落，2024年降至11.1%，仅略高于2012年水平，表明居民贷款消费意愿不强，压缩消费支出倾向明显（见图9）。

---

① 如果将2021年以来，经营贷用于购房和置换房贷的情况考虑进去，2021年居民购房贷款占比达到61.7%的历史最高比例，此后占比逐年降低，2024年降至55%，恢复到疫情前水平。

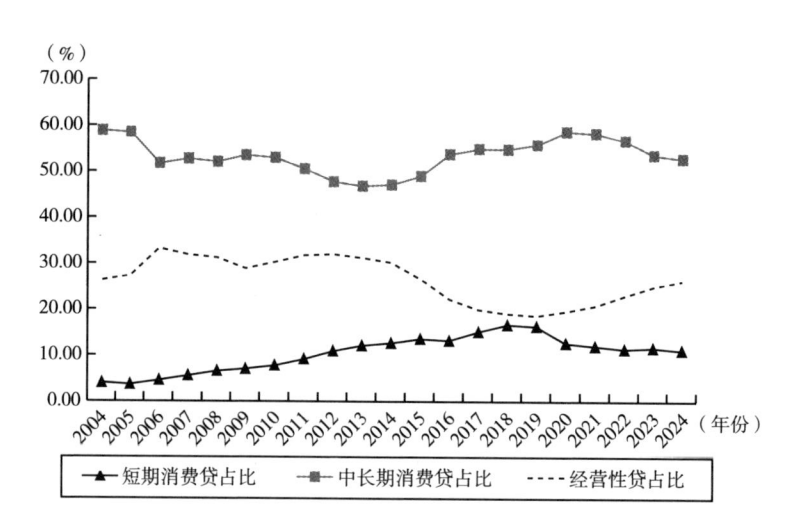

图9 1978年以来居民部门债务结构变化

注：由于住户部门分类债务数据自2004年起公布，比例计算结果为2004~2024年。
资料来源：笔者根据前文计算结果及央行公布的贷款数据计算得到。

（三）我国居民资产负债表变化的国际比较

我国居民总财富达到世界前沿水平，但人均财富规模偏低，住房资产配置比例偏高，养老保障资产比例偏低，债务水平较新兴市场国家平均水平偏高。

1. 我国居民部门财富总量领先、人均偏低

我国居民部门总财富位居全球第二。 从晋位跃升看，我国居民总财富迅速积累，于2007~2008年前后超越德法英三国，总财富规模仅次于美日，为全球第三，2011年超越日本，成为仅次于美国的第二大居民财富国，此后到疫情前维持年均13%左右的较高增速，财富规模由166.36万亿元增长到402.03万亿元，持续拉大与第三名的差距；从中美对比看，2011年之前，我国居民财富增长一直大幅快于美国，其间中美居民财富差距持续缩小，于2021年达到历史最低值218.63万亿元。2019年以来，中美居民财富增速波动较大，我国居民财富年均增速降至7%以下，而美国维持在8.5%左右，导致中美居民总财富差距拉大，截至2022年，中美居民财富差距扩大至490.28万亿元的历史最高水平（见图10）。

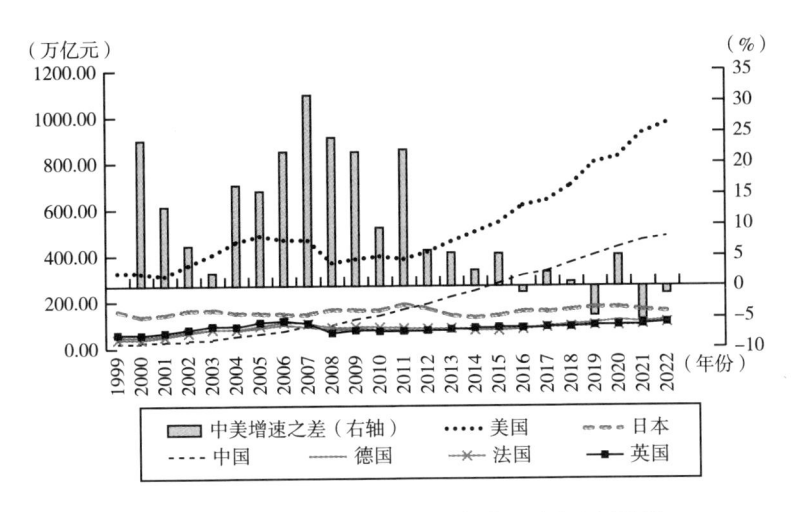

图 10 1999~2022 年代表性国家居民财富水平比较

资料来源：其他国家财富资料来源于瑞银历年《全球财富报告》，中国数据为笔者计算得到。

我国居民人均财富水平较低，但经济增长的居民财富效应明显高于与我国人均 GDP 水平相近的国家。从人均排名看，在国家居民总财富超过 10 万亿元的 25 个国家和地区中，截至 2022 年我国人均财富为 34.14 万元，排第 19 位，约为第 18 名沙特人均居民财富的 70%，仅为已经进入百万组的第 17 名西班牙人均财富的 28%。在人口数量巨大的背景下，我国居民人均财富水平仍处于世界较低水平。从人均 GDP 水平接近的国家看，我国居民人均财富水平相对较高，根据 IMF 数据，2022 年我国人均 GDP 略低于波兰和俄罗斯，但超越了墨西哥、巴西、印度尼西亚及印度，我国人均居民财富水平均高于上述六国，表明与上述国家相比，我国经济增长的居民财富积累效应更强（见表 2）。

表 2　　代表性国家和地区居民财富与人均财富排名

排名	国家/地区	财富规模（万亿元）	排名	国家/地区	人均财富（万元）
1	美国	972.26	1	瑞士	382.45
2	**中国**	**481.99**	2	中国香港	374.31
3	日本	156.98	3	美国	289.71
4	德国	121.14	4	澳大利亚	259.73

续表

排名	国家/地区	财富规模（万亿元）	排名	国家/地区	人均财富（万元）
5	英国	111.03	5	新加坡	235.04
6	法国	109.32	6	挪威	209.42
7	印度	106.81	7	加拿大	201.07
8	加拿大	78.29	8	荷兰	191.21
9	意大利	76.60	9	英国	163.78
10	韩国	68.75	10	法国	160.62
11	澳大利亚	67.57	11	中国台湾	159.97
12	西班牙	59.00	12	瑞典	154.78
13	中国台湾	37.69	13	德国	147.55
14	荷兰	33.85	14	韩国	133.05
15	墨西哥	33.80	15	意大利	129.81
16	瑞士	33.57	16	日本	125.46
17	巴西	32.17	17	西班牙	123.53
18	俄罗斯	30.49	18	沙特阿拉伯	49.00
19	中国香港	24.28	**19**	**中国**	**34.14**
20	印度尼西亚	22.63	20	波兰	30.05
21	瑞典	16.23	21	墨西哥	26.28
22	沙特阿拉伯	15.77	22	俄罗斯	20.77
23	新加坡	13.25	23	巴西	15.30
24	挪威	11.43	24	印度尼西亚	8.12
25	波兰	11.07	25	印度	7.49

资料来源：其他各国、地区总财富资料来源于历年瑞银《全球财富报告》，中国数据为前文测算结果，人均财富数据为笔者根据总财富及各国历年人口数据计算得到。

2. 住房仍是我国居民财富的重要蓄水池，居民无风险资产配置有待优化

一是我国居民资产负债表中住房资产比例较高，仍有一定调整空间。对比中、美、日资产配置中非金融资产占比可以看出，虽然我国住房资产占比持续下降，但仍然偏高。从图11可以看出，1994年以来，日本在房地产泡沫破裂后持续压降非金融资产占比，目前已降至36%，较1994年压降了1/3左右。美国在2008年以前，非金融资产比例一度升至40%，但在次贷危机后占比下降约10个百分点，在30%左右持续了近十年，新冠感染以后占比小幅反弹至33%。我国住房金融资产占比持续下滑后仍高达44%。参照美日两国的资产配置调整历程，我国住房资产占比尚有约10%的调降潜力。

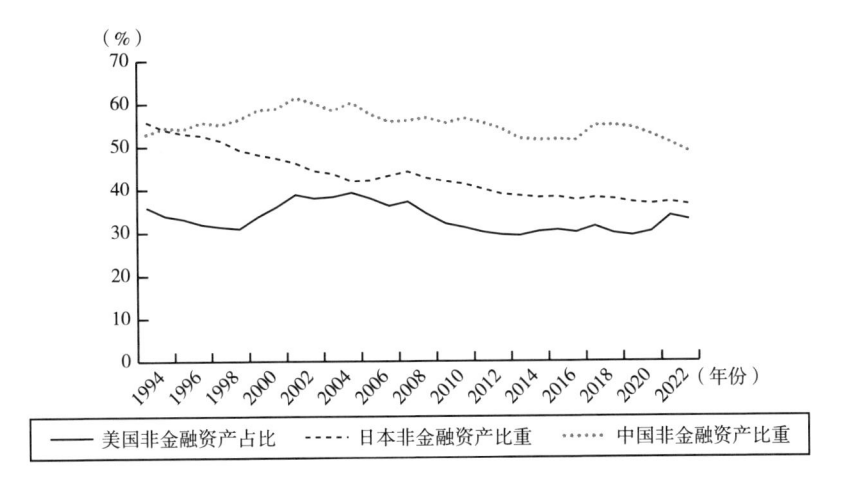

图11 中、美、日非金融资产占比对比

资料来源：美国、日本数据分别来源于美联储和日本银行官网，中国数据为前文计算结果。

二是中国居民配置无风险资产的比例仍有较大上升空间。从内部结构分析，我国居民金融资产中，存款与现金配置占比偏高，而保险、养老等保障性资金占比则相对较低。从图12可以看出，单看存款和现金占金融资产比例，我国在2009年以前占比遥遥领先于样本国家，此后风险金融资产配置比例提高，挤压了现金及存款的比例，2022年占比回升至50.2%，仍略低于日本，高于德国、英国和美国。**进一步将养老保险金纳入分析，我国居民持有的无风险资产占比在代表国家中有所下降。**从图13看，2007年以来，英国居民部门持有的无风险资产占比成为代表国家中最高，目前稳定在70%左右，日本在2010年后占比反超我国，稳定在60%左右。2008年以来，我国居民资产部门持有的无风险资产占比一度低至50%左右，近年来因风险规避情绪增强，占比回升至60%以上，略高于德国，高于美国约20%。可以看到，即便是金融资产最大、风险投资意识最强的美国，居民持有的养老金占金融资产比例也在30%左右，而我国居民持有的养老保障资金占比一直较低，尽管我国养老金统计数据可能因统计等因素偏低，但鉴于我国居民金融资产持有比例本身不高，因此我国居民持有的无风险资产总体并不算高。

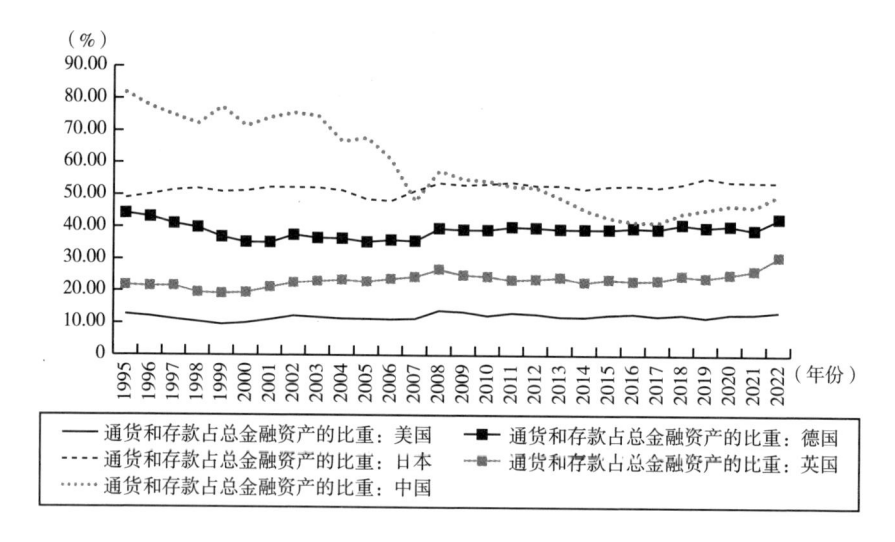

图 12　代表性国家通货及存款占比对比

资料来源：其他国家资料来源于 OECD 数据库，中国数据为笔者计算结果。

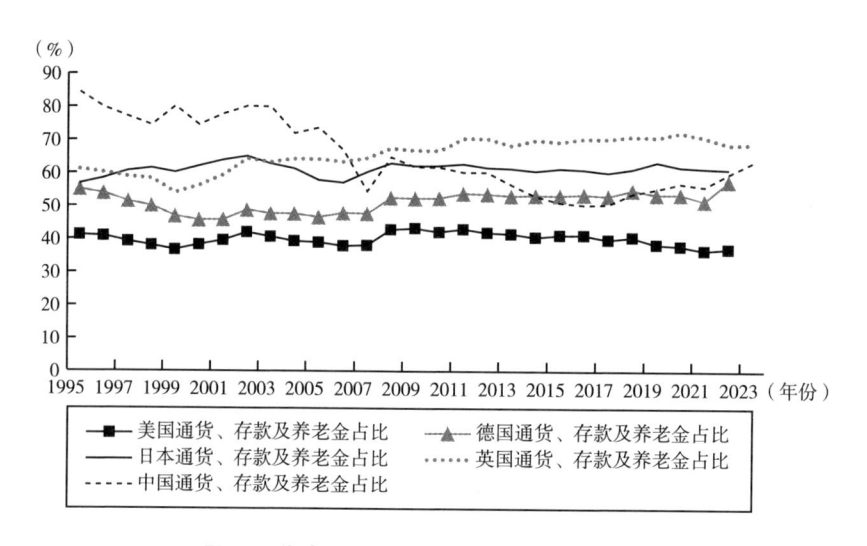

图 13　代表性国家无风险金融资产占比对比

资料来源：其他国家资料来源于 OECD 数据库，中国数据为笔者计算结果。

3. 我国居民债务负担有待缓解，未来加杠杆空间有限

我国居民部门债务杠杆率（债务占 GDP 比重）较新兴市场国家平均水平偏高，接近成熟市场国家水平。从图 14 可以看出，我国居民债务杠杆率整体抬升较快，2010 年超过新兴市场国家平均水平，2017 年超过德国，2020

年达到67.1%的历史峰值。在主动降杠杆带动下，目前我国债务杠杆率与日本、法国基本持平，较成熟市场国家平均水平、美国分别低7.8个和10.1个百分点。聚焦日本居民负债水平变动，日本在房地产泡沫时期居民杠杆率最高达到70%左右，之后持续下降，表明居民部门杠杆率超过可负担水平后，可能会持续降低债务杠杆率，以应对经济环境的变化和未来不确定性。遵循上述规律，我国居民部门杠杆率已经越过峰值，降杠杆趋势或将延续，未来加杠杆空间有限。

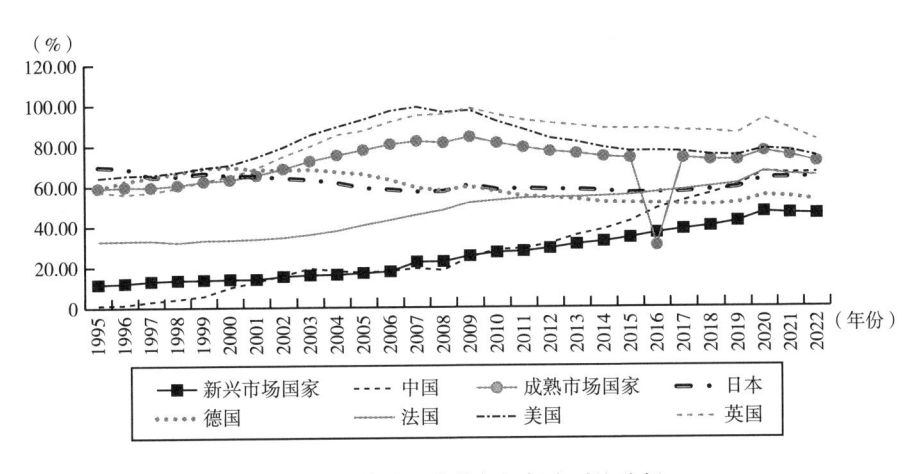

图14 代表性国家债务杠杆率对比分析

资料来源：其他国家资料来源于国际金融协会，中国数据为前文计算结果。

四、我国居民资产负债表变化原因

资产负债表是某一时点相应经济体资产、负债情况的反映，是存量概念，决定其变化的一方面是流量的积累，即持续稳定的收入；另一方面是存量资产的衡量价格。资产价格的变化受房地产、金融周期波动影响，流量的积累受到收入分配、社会保障、税收等制度性设计影响。

（一）房地产、金融和宏观经济等周期性因素对居民资产负债表形成短期冲击

回顾我国居民资产负债表的变化情况，资产价格波动对其影响最为显著，呈现明显的周期性。2021年以来，我国居民资产负债表调整呈现出应对下行

周期的主动降杠杆、防风险典型特征。

一是房地产周期影响。 受资产配置结构影响，房地产周期对居民资产、负债影响较大。我国居民资产构成以住房为主，导致其天然受到房地产周期的影响。我国房地产上行周期维持了相当长的时期，即便是各类限购、限贷政策十分严格，居民部门仍以极大的热情千方百计加杠杆购房贷款，这促使我国居民住房资产和涉房信贷同步增长，房产增值一度成为我国居民财富积累的重要途径之一。然而，房地产价格下跌会导致居民资产端遭受损失或预期损失，而债务的刚性特征使得资产与负债之间出现失衡，侵蚀居民财富。事实上，我国自改革开放以来，尚未完整经历一个房地产周期。在2021年之前，我国房地产价格总体保持持续上涨态势，房地产价格的小幅波动持续时间不长，往往在政策有所放松后再次反弹。2021年以来，我国房地产进入深度调整阶段，房地产价格持续走低，成为我国居民部门资产缩水的最大动因（见图15）。

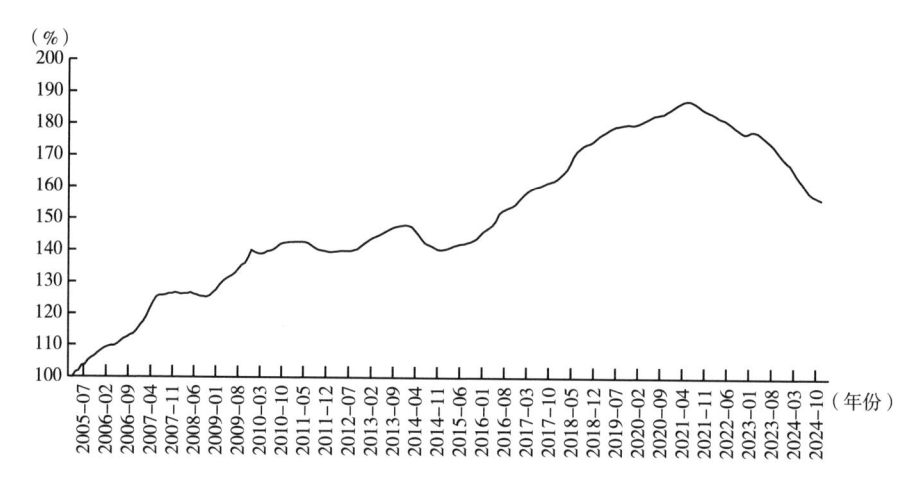

图15 我国70个大中城市二手住宅销售价格变化

资料来源：国家统计局。

二是金融市场周期影响。 在股市、债市等金融市场的繁荣期，居民持有的股票、债券等金融资产价值上升，财富效应使得居民消费和投资意愿增强，一方面会降低无风险资产配置比例并增加金融投资，另一方面还会选择增加负债来扩大投资规模，带动资产负债表扩张。当金融市场低迷，金融资产价格下跌，居民资产减值，风险偏好下降，居民会选择赎回资产、偿还债务、增加存款储蓄，以应对未来的风险。2021年以来，我国资本市场一度呈现波动下行趋势，导致居民持有的金融资产在减持和贬值双重影响下明显减值，直到2024年9月一揽子增量政策出台，资本市场强劲反弹，带动金融资产规模大幅跃升，一定程度上对冲了住宅资产的贬值，使得2024年居民资产端和财富端维持小幅增长（见图16）。

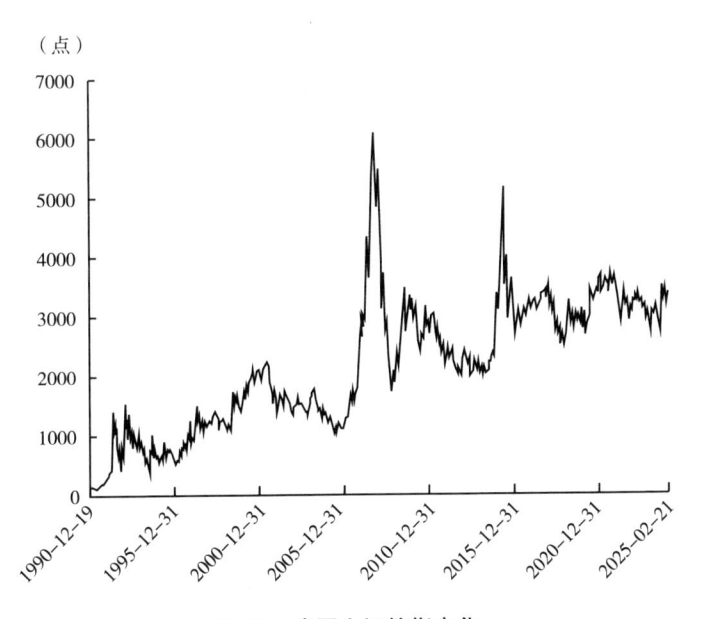

图16 我国上证综指变化

资料来源：Wind数据库。

三是宏观经济周期影响。经济下行周期，居民加大储蓄力度，主动降杠杆，调整资产负债结构，以应对不确定性。资产缩水叠加融资成本偏高，居民不仅通过减少当期债务来降低未来支出，而且通过大额存款来维持资产端稳定。根据前文测算结果，我国居民部门总资产虽然增速下滑，但并未出现总资产直接缩水，其背后既有资本市场回暖的影响，也与居民自2020年以来加大存款力度对冲存量资产减值密切相关。此外，在经济增速放缓、物价水平维持在相对低位背景下，即便人民银行多次调降存量房贷款利率，居民实际贷款利率仍然较疫情前偏高，刺激居民提前还贷，2023年居民部门债务出现净减，表明居民部门资产负债表修复取得成效（见图17）。

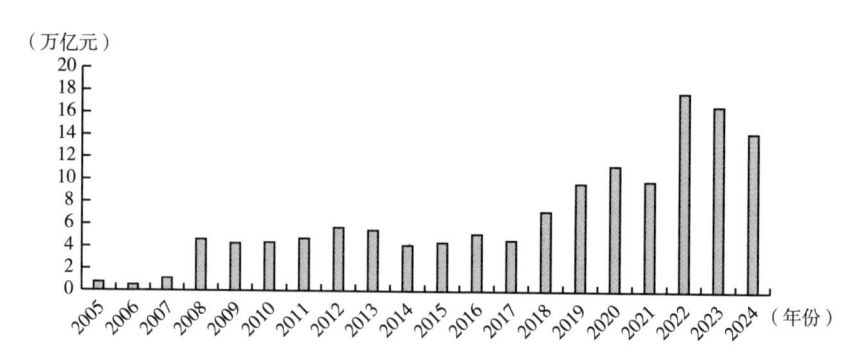

图 17　我国居民新增存款情况

资料来源：中国人民银行官网。

（二）收入分配、社会保障等制度性因素对居民资产负债表形成深远影响

我国居民资产负债表结构特征使其易受资产价格波动影响，与居民工资性收入增长趋缓、财产性收入增长不稳、就业预期不确定性增强、社会保障水平仍有提高空间等深层次因素有关。

一方面，我国居民部门收入相较于其他部门仍有提高空间。收入带来的财富积累不足迫使居民依赖购房来实现财富增值，进而导致了资产配置模式的结构性失衡。资产负债表是存量，是结果，收入是其实现积累的流量来源。从各部门可支配收入分布来看，我国居民部门收入份额偏低，企业部门收入份额明显偏高。据统计，2022年，中国劳动者报酬占国民收入比重为52.7%，低于美国、日本、韩国的62.1%、73.3%、59.8%；中国财产性收入占国民收入比重为4.7%，同样低于美国、日本、韩国的15.8%、7.0%、7.5%；中国居民部门可支配收入占比为60.8%，低于发达国家（2022年美国、日本、韩国分别为85.2%、72.6%、66.2%）和以印度（78.7%）为代表的发展中国家。同期，中国企业部门可支配收入占比为22.6%，远高于上述国家（2022年美国、日本、韩国、印度分别为4.0%、5.2%、8.9%、13.9%）。当前，居民财富和人均可支配收入增速均有所放缓，导致居民资产流量增加难以填补存量波动造成的增长缺口，影响居民资产负债表的修复进程及信心提振（见图18）。

另一方面，我国社会保障水平仍有较大提升空间。从居民资产配置变化看，近年来保险准备金大幅增长，为我国居民无风险金融资产的增长作出贡献，其背后最直接的原因是居民的避险意识明显增强。在财富增速有所下滑的背景下，居民部门对未来不确定性预期增加。从国际经验看，完备的社会养老保障体系是稳定居民未来收入预期、应对不确定性的重要支撑。近年来，我国社会保障覆盖面虽有所扩大，但与美日等发达国家相比，我国社会保障体系仍有较大的提升空间。虽然英国、美国居民持有的存款比例不及我国，但居民的养老金占比远高于我国，而日本则两项比例均高于我国。从保障水平看，我国城乡居民医疗保险和养老保险机制尚待完善，城镇职工对高品质医疗养老服务的需求日益增长，而农村和低收入群体的养老医疗负担沉重，获得感低。此外，生育成本、教育支出、父母养老等保障有待进一步完善，因此居民需合理规划个人财富分配，不断加大储蓄力度，以应对未来的支出需求。

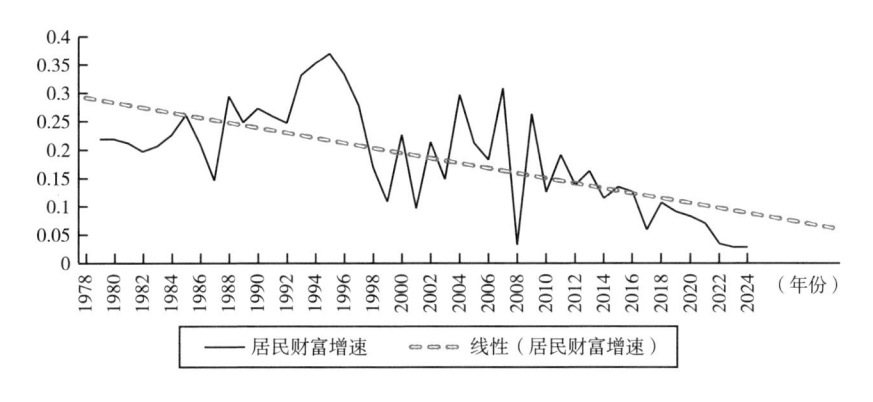

图18 我国居民财富增速变化

资料来源：国家统计局。

五、我国居民资产负债表变化的宏观影响

居民部门在国民经济中既是消费主体，也是社会资金的主要提供主体。在我国经济发展中，广大人民群众作为生产参与者，有力支撑产业发展、经济稳步增长；作为消费者，为我国商品消费提供了广阔的市场空间；作为投资者，为金融市场、房地产市场提供了大量资金和满足融资需求。居民部门

资产负债表的形成是上述过程的结果，也通过上述过程影响宏观经济。

（一）居民修复资产负债表影响消费和总需求

居民是社会消费的主体，其资产负债表的状态直接影响消费能力和消费意愿。消费是收入与储蓄的函数。根据资产负债表衰退理论，在资产负债表受损、债务负担加重的情况下，居民消费意愿普遍下降，更倾向于增加储蓄、减少当期消费以修复资产负债表。这种趋势会导致社会整体消费需求不足，经济增长动力减弱。日本经验表明，资产负债表受损的居民在面临不确定性时，更倾向于保持谨慎态度，减少大额消费和长期投资，进一步抑制总需求。从本轮房地产行业深度调整开始，我国居民部门就开始努力修复资产负债表，加大储蓄和提前还贷力度，在居民收入未见明显提升的情况下，压缩支出消费降级成为必然选择。新冠疫情暴发以来，我国社会消费品零增速波动加剧、均值下移，根源在于居民资产负债表修复尚未完成，居民消费意愿和能力均受到抑制（见图19）。

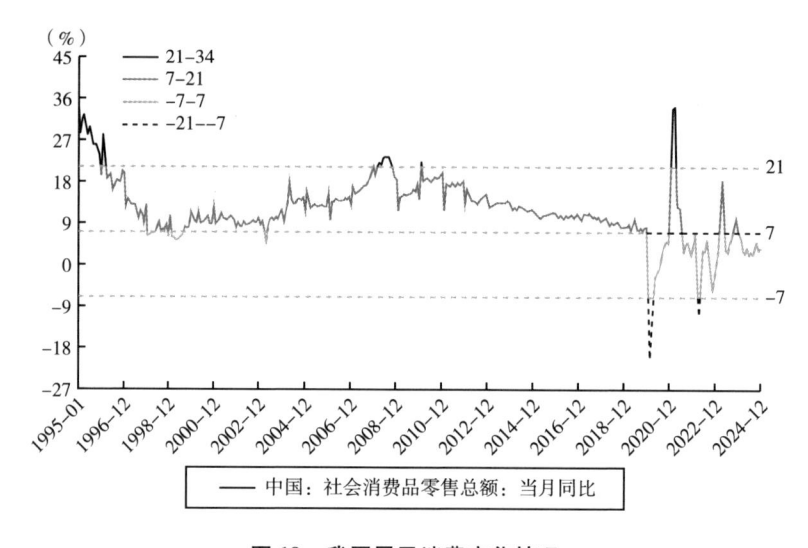

图 19 我国居民消费变化情况

资料来源：Wind 数据库。

（二）居民降杠杆与房地产下行周期相互叠加

房地产价格下跌与居民资产负债表修复互相作用，债务刚性约束限制了居民部门未来进一步购房扩表。从资产配置和投资选择看，2021年以来，我国房地产价格持续下跌，截至2025年呈现降幅收窄态势。过去几年，即便不计融资成本，房地产投资收益仍低于存款利率，居民购房难以保值增值，购房扩表的市场环境尚不成熟。从债务约束看，我国居民债务杠杆率已经接近发达国家水平，居民部门偿债压力较大，如果购房不能带来收益增加，未来加杠杆购房的可能性不高。从房地产周期变动看，根据BIS统计数据，全球主要国家2000年以来的房价最大调整幅度，很多国家都曾出现大于20%，甚至50%的房价调整，我国目前房价的平均降幅尚有限。还需以房地产价格止跌回稳为着力点带动居民资产负债表有力修复（见图20）。

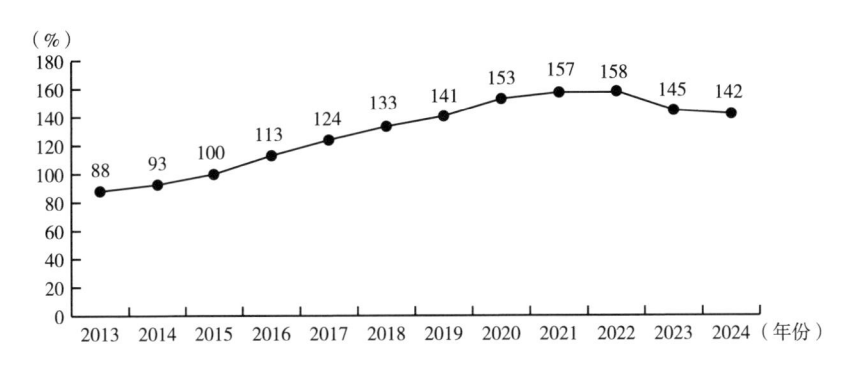

图20 我国居民债务收入比变化情况

资料来源：笔者根据前文计算结果及国家统计局公布的贷款数据计算得到。

（三）居民债务调整影响金融机构运营与风控

居民部门债务调整对金融机构的资产负债管理构成了显著挑战。首先，随着居民债务水平的攀升，金融机构的信贷资产质量面临潜在风险。若大量居民因偿债压力增大或房产沦为"负资产"而大量违约，将直接导致金融机构的不良贷款率上升，影响其资产质量和盈利能力，限制金融机构的业务扩张能力和风险承受能力，对其长期发展构成不利影响。其次，居民修复资产负债表的过程或影响金融机构的流动性。居民债务主要为按揭贷款和抵押贷款，是银行持有的核心优质资产，居民提前还贷将减少银行低息稳定负债，增加银行面临提前还款或贷款重组的需求，对其资金安排和流动性管理构成挑战。

（四）居民资产负债表修复影响宏观经济

居民资产负债表在修复过程中会调整消费和投资，影响宏观经济。2022年以来，我国居民资产负债表重构，居民财富增速下滑，居民着力修复资产负债表，压缩消费和投资，这不利于宏观经济复苏基础的稳固。消费端，居民大幅缩减支出、消费降级导致消费流通环节不畅，向上游企业生产投资传导，企业盈利下降、降本增效又会影响居民的就业收入。投资端，我国房地产产业链条长、涉及面广，在居民购房扩表进程放缓的影响下，房地产开发投资持续下滑，对宏观经济造成拖累。

六、政策建议

当前，居民部门修复资产负债表仍有一定压力，应推动财政货币政策协同发力，围绕增大居民资产负债表流量、稳住居民资产负债表存量，短期加大收入和社会保障力度、降低债务与税收负担、稳定房地产价格等，中长期稳步推进收入分配、税收、社会保障制度改革，助力居民部门资产负债表修复和韧性提升，切实提高广大人民群众的获得感、幸福感、安全感。

（一）多措并举增加居民收入，加速居民资产负债表修复

增加财政对居民修复资产负债表的支持力度，持续提高居民就业收入水平，改善居民消费投资信心预期。加大财政在增加居民收入方面的支持力度，兜牢地方"三保"底线，切实保障基本工资和津补贴等足额、按时、稳定发放。加大对低收入群体和困难地区的转移支付力度，提高社会保障水平，如提高养老金标准、增加困难家庭救助等，保障居民基本生活，稳定居民收入预期。加大力度稳实体、稳就业，支持各类经营主体稳岗扩岗，推动高质量就业政策落地生效，促进企业生产经营和健康发展，稳定市场就业预期。

（二）供需两端持续发力，促进房地产价格止跌趋稳

多措并举以房地产市场价格止跌阻断居民资产负债表进一步恶化。鼓励重点城市对于购房限制政策应放松尽放松，允许重点城市支持多子女、多代

际家庭按需购买三套及以上住房;支持二三线城市因地制宜进一步优化购房优惠政策,如降低购房中介服务费用、住房交易税费等;积极发挥保障房再贷款、地方政府专项债作用,支持地方政府以合理价格收购存量商品住房用作保障性住房,有效锚定"房价底"。研究设立国家平准基金,以少量中央政府投资为支点,引导社会资本、境外资本注资参与房地产市场平准,助力房地产价格尽快趋稳。

(三)持续降低融资成本,助力居民资产负债再平衡

加大总量型货币政策宽松力度,降低居民新增贷款的融资成本。根据国内外经济金融形势和金融市场运行情况,适时启动降息降准,释放长期资金支持银行信贷投放。完善贷款市场报价利率(LPR)定价机制,加快推动政策利率降息向贷款市场利率降息传导,引导LPR进一步下调。探索创设居民部门结构性货币政策工具,缓解居民存量债务偿债负担。加快优化公积金"商转公"政策,开展先还后贷、带押转贷等"商转公"业务,强化消费贷、经营贷贷后风险管理,减少居民债务成本的同时缓解居民提前还贷降杠杆倾向。建立针对居民部门债务违约尤其是房贷违约的缓冲机制,探索创设针对居民部门的结构性货币政策工具,支持银行与有需求的居民协商债务重组,允许出现还款困难的居民向银行申请展期、调整还款计划或停息挂账,鼓励银行对符合政策的逾期债务提供宽限期或减免罚息,探索"以新换旧"置换高息贷款。

(四)促进资本市场健康稳定发展,提供更加多元投资选择

进一步完善资本市场制度,加强投资者保护,规范市场秩序,让居民能够更放心地参与资本市场投资。强化市场沟通与预期引导,进一步研究充实政策"工具箱",及时根据市场反馈优化调整政策发力方向,切实引导市场信心稳步复苏。加强资本市场监督管理,持续强化对相关减持行为的监管,严厉打击、从严惩处违规减持行为,必要时进行窗口指导,坚决维护市场交易秩序,充分保障投资者利益。面对广大投资者投资情绪高涨,应切实加强投资者教育,帮助新入市的投资者提升理性决策能力和风险识别能力。加强

消费贷、经营贷的贷后管理，加大对金融机构放任违规信贷资金流入资本市场的查处力度，避免投资者加杠杆造成投资损失或导致资产负债表双重压力。此外，积极支持引导金融机构进一步丰富符合经济发展需求、符合居民保值增值诉求的投资理财产品，畅通居民储蓄与投资循环，令作为长期资金根本来源的居民部门能够切实享受经济高质量发展过程中的财富增长。

（五）优化政策制度体系，提高居民资产负债表韧性

着力提高劳动报酬在初次分配中的比重，建立工资与物价、经济增长挂钩的机制，进一步明确劳动报酬合理增长目标和路径，保障居民实际收入水平稳步提升。改革个人所得税制度，合理提高个税起征点，进一步优化个税征收抵扣制度，逐步推进养老、育儿、按揭贷款全额税前抵扣，减轻中低收入群体的税收负担，增加高收入者的税收贡献，实现税收的公平性和可持续性。对于中小企业和创业者，政府提供税收优惠政策，鼓励创新和就业，进一步拓宽居民收入来源。加大养老保险投入，提高养老金待遇，优化医疗保险制度，扩大医保覆盖范围，提高报销比例，减轻居民医疗负担，加强劳动者权益保护和失业人员保障，扩大失业保险制度覆盖范围，稳步增强保障能力，进一步加强社会救助体系建设，鼓励有条件的地方提高当地各类社会保障水平。加强社会保障基金的管理和投资运作，确保社保资金的安全和增值，为居民提供更加可靠的社会保障。通过这些措施，共同增强居民资产负债表的韧性，提升居民的消费能力和投资信心，为经济的持续健康发展奠定坚实基础。

参考文献：

1. 安强身、白璐：《数字金融发展与居民家庭金融资产配置——基于CHFS（2019）调查数据的实证研究》，《经济问题》2022年第10期。

2. 范方志、张立军：《中国地区金融结构转变与产业结构升级研究》，《金融研究》2003年第11期。

3. 辜朝明：《大衰退：如何在金融危机中幸存和发展》，东方出版社2008年版。

4. 刘向耘、牛慕鸿、杨娉：《中国居民资产负债表分析》，《金融研究》

2009年第10期。

5. 明明：《我国资产负债表并未陷入衰退可有针对性向重点行业提供优惠贷》，《21世纪经济报道》2024年8月22日。

6. 宁磊、王敬博、罗扬煌：《收入不确定性，家庭部门资产负债表调整与宏观经济波动》，《管理世界》2024年第3期。

7. 潘文轩：《中国居民部门财富积累的来源结构——基于资金流量表和国家资产负债表的研究》，《中国人口科学》2024年第6期。

8. 潘英丽：《结构视角下的中国资产负债表》，上海交通大学安泰经济与管理学院，2023年10月。

9. 沈建光：《从居民资产负债表看拉动消费政策》，微信公众平台，2023年2月。

10. 孙元欣：《美国家庭资产统计方法和分析》，《统计研究》2006年第2期。

11. 唐文进、张坤：《基于VEC模型的家庭债务、房价与消费的动态关系研究》，《统计与决策》2013年第15期。

12. 王聪、田存志：《股市参与，参与程度及其影响因素》，《经济研究》2012年第10期。

13. 王擎、韩鑫韬：《货币政策能盯住资产价格吗？——来自中国房地产市场的证据》，《金融研究》2009年第8期。

14. 伍戈、孙冶方、俞涛等：《不止于地产》，《房地产导刊》2023年第10期。

15. 许伟、傅雄广：《中国居民资产负债表估计：1978－2019年》，《国际经济评论》2022年第5期。

16. 尹志超、张号栋：《金融可及性、互联网金融和家庭信贷约束——基于CHFS数据的实证研究》，《金融研究》2018年第11期。

17. 余静文、姜竣雯：《家庭金融资产持有与货币政策传导——资产负债表渠道的识别》，《金融评论》2024年第4期。

18. 袁志辉、刘志龙：《基于宏观资产负债表的居民债务问题及其风险研究》，《国际金融研究》2020年第2期。

19. 张川川、徐建炜、吴斌珍：《房价与消费：来自中国城市层面的证据》，《经济学报》2023年第3期。

20. 张明、刘展廷：《资产负债表衰退：理论脉络、日本经验与中国挑战》，《国家金融与发展实验室》，2024年第3期。

21. 张晓晶等：《中国国家资产负债表1978－2022：改革开放以来中国经济的伟大变迁》，中国社会科学出版社2024年版。

22. 张晓晶：《"三个铁证"表明中国并未发生资产负债表衰退》，2024年4月。

23. 周利、易行健：《房价上涨，家庭债务与城镇居民消费：贷款价值比的视角》，《中国管理科学》2020年第11期。

24. Bernanke B S, Gertler M, Gilchrist S. The Financial Accelerator in a Quantitative Business Cycle Framework. *In Handbook of Macroeconomics*, Vol. 1, 1999, pp. 1341–1393.

25. Godley Wynne. Money, Finance, and National Income Determination: An Integrated Approach. *Economics Working Paper Archive*, Vol. 88, No. 10, 1996, pp. 4066–4070.

26. Kiyotaki N, Moore J. Credit Cycles. *Journal of Political Economy*, Vol. 105, No. 2, 1997, pp. 211–248.

27. Moore K B, Palumbo M. The Finances of American Households in the Past Three Recessions: Evidence from the Survey of Consumer Finances. *Finance & Economics Discussion*, No. 6, 2010, pp. 1–40.

新时期不良资产问题研究*

摘　要：不良资产问题既涉及防范化解重大风险，也与统筹存量和增量、提升资源配置效率相关，有效解决对维护金融稳定、提升资源配置效率、推动高质量发展具有重要意义。不良资产呈现出的来源多样化、处置市场化、难度加大等新特征，使得现有的处置模式已经难以适应形势发展的需要。为此，建立了"中心化＋个体化"下的分类衡量不良资产处置新框架，分析银行、非银行金融机构、企业、个人（小微企业）等主体的不良资产情况，以期对不良资产整体情况形成更为准确的认识。总体来看，不良资产问题有加重趋势。为尽快有效解决不良资产问题，建议按照"强化统筹、多方面发力"原则，全力提升不良资产处置能力，为高质量发展、推动中国式现代化创造良好的环境。

关键词：不良资产　规模测算　处置效率

一、新时期不良资产呈现的新特点及问题

我国经济运行面临不少困难和挑战，国内需求不足，部分企业生产经营困难，风险隐患仍然较多。为此，金融要为经济社会发展提供高质量服务，盘活低效金融资源，提高资金使用效率。不良资产问题既与防范化解风险有关，也与统筹做好做优增量和盘活存量、提升资源配置效率等相关，有效解决不良资产问题对维护金融稳定、提升资源配置效率、推动高质量发展具有

---

* 作者宋立义，本文第四部分原载于《团结》2025年第2期，原文章名为《不良资产处置的国际经验及借鉴》。

重要意义。随着经济增速放缓、产业结构调整以及房地产市场下行等不利因素影响，不良资产呈现出一系列新特点、新问题。

（一）来源和行业分布更加多样化

自改革开放以来，我国不良资产问题大致经历了两次比较严重的情况。上一轮自1999年左右开始，商业银行整体不良率高达30%~40%，此后经过近10年处置，到2009年降至2%以下。此后，商业银行不良率一直处于2%以下。但是自2020年开始，受国外不利形势、新冠疫情、房地产下行等多方面的不利影响，使我国不良资产问题有加重的趋势。

上一轮不良资产主要来源于国有银行对国有企业的不良贷款。上一轮不良资产主要集中体现在国有银行，主要以国有企业改革和银行业历史积累的存量不良贷款为主，尤其是制造业和重工业行业的不良贷款，不良贷款率高达30%~40%，资本充足率仅为3.5%，远低于《巴塞尔协议》8%的最低要求。例如，1999年四大AMC承接的1.4万亿元不良资产大部分是国有企业因经济结构调整产生的损失类贷款，集中于钢铁、煤炭等产能过剩行业。

本轮不良资产来源更加多元化。从机构看，本轮不良资产不仅有来自银行的不良资产，还有非银行金融机构（如信托、证券、基金等）、城投平台、互联网金融等领域的不良资产，民间借贷、担保、典当等形成的"问题资产"也逐渐被纳入不良资产的范畴。从产生主体看，本轮不良资产不仅有来自传统制造、采矿等国有企业和民营企业产生的大量不良贷款，新增不良资产主要来自房地产、消费金融、小微企业及城投债等领域，不良资产产生主体更加多样化，持有主体也更加多元化。如房地产行业成为不良资产重灾区，2024年债券违约中59.9%的规模涉及房地产企业。同时，个人消费贷款（如信用卡、消费分期）不良率上升，消费金融领域不良贷款包起拍价低至账面价值的0.31折，年轻群体和中低收入人群的偿债压力较大。2024年商业银行核销不良贷款金额超1万亿元，资产包中个人消费贷款占比达55.4%。企业也成为不良资产的重要承载者，当前有大量的应收账款存在，从逾期时间看，甚至超过银行体系不良资产的标准，成为事实上的不良资产。

(二) 处置方式更加市场化

上一轮不良资产处置以政策性剥离为主。不良资产的处置主要依赖政策性剥离，AMC 的成立和运作都带有明显的政策性任务。1999 年，我国成立了四大资产管理公司（AMC），以账面原值收购国有银行的不良资产。资产类型以损失类贷款为主，资产价值普遍较低，且多为实物抵债资产（如厂房、设备），权属复杂，处置周期长，处置手段较为单一。四大 AMC 通过划拨方式承接银行不良资产，主要以清收和核销为主，通过"打折、打包、打官司"模式进行处置，依赖司法拍卖、债务重组等方式。

当前不良资产处置以市场化为主。四大 AMC 经过上一轮不良资产政策性处置后，2009 年之后四大 AMC 先后进入全面商业化、市场化运营阶段，主要体现在参与主体的市场化与资产管理公司定价能力的市场化。参与处置的主体更加多样化，上一轮不良资产处置的参与主体只有四大 AMC，本轮参与的主体包括四大 AMC、地方 AMC、银行系金融资产投资公司（Asset Investment Company，AIC）等各类资产管理公司，以及保险资产管理公司、国有资本投资运营公司等。另外，还有大量的非持牌机构、个人参与不良资产处置，形成了较为完整的市场生态（见表1）。

表1　　　　　不良资产行业"5 + 2 + N + 银行系 + 外资"格局

类别	名称
全国性资产管理公司	信达、长城、东方、中信（华融）、银河
地方资产管理公司	各省设立 2 家 AMC（目前有 59 家）
民营资产管理公司	一诺银华、海岸投资
银行系资产管理公司	工银、农银、中银、建信、交银
外资系	橡树资本、高盛集团、KKR 集团等

资料来源：根据公开资料整理。

资产价格以市场化方式确定，市场机制在资产定价和处置中发挥主导作用，各 AMC 和处置公司根据实际情况采取更加灵活的市场化定价方式。本轮不良资产处置手段更多。除了传统的司法拍卖和债务重组，还广泛采用资产证券化（如 NPL、ABS）、债转股、批量转让（如消费金融公司挂牌不良资产包)、重组并购、综合金融服务等创新方式。例如，截至 2024 年不良贷款转让试点规模累计达 2771.8 亿元。大数据、人工智能等技术手段也助力提升不良资产的评估和处置效率（见表2）。

表 2　　　　　　　当前不良资产问题特点与上一轮对比

类别	上一轮	当前
环境形势	经济处于快速上升期，资产价值普遍升值	经济增速放缓，资产价值不确定性增加
政策要求	化解历史包袱	风险防控与市场化处置并重
地域行业分布	以老工业基地和资源型城市等为主	分布地区和领域广
产生主体	国有企业，钢铁、煤炭等产能过剩行业	各类企业，房地产、消费金融、小微企业及城投债等领域
处置方式	政策性剥离	市场化为主
处置手段	以清收和核销为主，"打折、打包、打官司"	资产证券化、债转股、批量转让、重组并购、综合金融服务等
处置主体	四大 AMC	AMC、地方 AMC、AIC、保险资产管理公司、国有资本投资运营公司、非持牌机构、个人等
承载主体	四大国有银行	银行、信托、互联网平台、个人、基金等

资料来源：根据公开资料整理。

二、适应新时期的不良资产问题分析框架

从现有研究和实践看，关注焦点在以金融机构为主体承载的不良资产上，尤其是银行不良率，对不良资产风险大小的判断也基于此。随着不良资产问题复杂多样，传统分析框架已不适应实际需要，迫切需要做出改变，力求对不良资产整体形势有更为准确的认识和把握，进而为更好解决不良资产问题提出政策建议。

（一）不良资产问题的理论基础

不少理论基础为不良资产问题的解决提供了好的借鉴和参考，资产组合

理论提示需要综合性思维,"苹果理论"提示需要分类思维,而"冰棍理论"提示需要快速处置。

资产组合理论。最初是由美国经济学家哈里·马克维茨于1952年创立的。投资者在追求收益和厌恶风险的驱动下,会根据组合风险收益的变化调整资产组合构成,进而影响市场均衡价格的形成。通过资本组合理论,在处置不良资产方式选择上,可通过资产组合打包出售来提高分散风险、抵御风险的能力。不良资产问题处理需综合性思维,要区分不同资产类型、特点等综合考虑,做出最合适的处置办法。

"苹果理论"强调要将不良资产分类处置。将不良资产分类处理,如优质资产重组、瑕疵资产修复、劣质资产清算,通过精细化操作实现价值的最大化。优先处置潜在回收价值高、成本低的资产,将不良债权与优质资产打包出售,降低整体风险并提高市场接受度。处理不良资产问题时,对不同类型的资产要做出适当的区分,进行差异化处置,以寻求更高的成功率、更好的处理结果。

"冰棍理论"强调不良资产问题需从速解决。不良资产的价值随时间推移会加速贬值,需快速处置以提高回收率。如工业设备类不良资产因技术迭代加速贬值,例如,某资产初始价值1000万元,若因延迟处置导致当前可变现价值降至600万元,其贬值率高达40%,需在3~6个月内完成处置以避免亏损扩大。以上是从微观角度来看,从速尽快解决还可从宏观角度分析。若不良资产问题久拖不决、愈演愈烈,对经济社会的不利影响会越来越大,甚至引发金融经济危机,因而,不良资产问题应该从速解决,尽快、尽量减少对经济社会的一系列不利影响。

(二)"中心化+个体化"不良资产问题治理框架

基于以上综合、分类、快速处置思维,根据当前不良资产"来源多样、要求更高、处置方式市场化"的特点,在传统的以金融机构(以银行为主)为中心的不良资产处理模式上建立起新框架。在新框架下,银行作为金融系统的主要组成部分,不良资产处置依旧处于十分重要的地位;其次,随着保险等资产规模越来越大,不良资产问题也日趋严重,同样需要重视;最后,在当前背景下,随着企业拖欠问题、个人(小微企业)不良问题日益严重,也需要着重解决。

建立以"中心化+个体化"为总分析逻辑的不良资产分析框架。从不良资产的承载主体看,可分为金融机构不良资产、企业不良资产、个人不良资产,这些资产的共同点是金融机构、企业、个人将相关资金(或者货物)等出借给其他主体,但是无法按时回收,从而形成不良资产。区别在于,金融机构承载的不良资产呈现出中心化特点,不良资产全部体现在金融机构上,而企业应收账款则体现在个体上。两者对经济社会的影响不一致(见图1)。

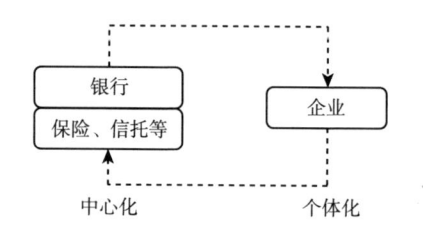

图1 "中心化+个体化"不良资产分析框架

资料来源:笔者绘制。

金融机构不良资产放大系统性风险。银行不良率上升导致资本充足率压力提升,需计提拨备覆盖损失,削弱放贷能力,惜贷情绪增强,加大市场融资难度、提高融资成本;大型金融机构爆雷可能引发股市、债市连锁反应,如2008年雷曼事件引发全球金融市场动荡,2024年摩根大通不良率超预期导致股价单日跌5%,英国北岩银行出现问题引发英国140多年来的首次挤兑。

企业持有的不良资产影响更直接。与金融机构主要出借资金不同的是,企业在经营活动中主要向外提供产品和服务并收回资金,如果无法按期收回货款,则相应的应收账款就成为企业持有的不良资产。在实际操作中,银行会将不良资产核销、清收、处置等,而企业也会对长期无法回收的应收账款做坏账计提坏账准备。相对银行不良资产积累到一定程度才会对经济社会有较大影响,若一个企业遇到拖欠问题,则会立刻对这个企业的生产经营造成冲击。企业不良资产增多导致信用评级下调,发债利率跳升而融资成本上升,如BBB级企业债利率较AAA级高300BP;还可能影响企业生产效率,资产闲置或贬值，企业现金流断裂进而裁员或减产，核心企业违约导致上下游企业账期延长。

个人（小微企业）的不良资产影响更大。 由于个人和小微企业不良贷款数量多、单笔规模小、挽损能力弱、涉众风险高，风险一旦爆发扩散，将会对金融体系稳定、消费提振、社会稳定等方面产生巨大的不利影响。数据显示，虽然六大国有银行中个人业务资产占比仅20%左右，但是即便营收占比最少的银行也达到了36.8%，个人业务利润占银行利润总额多在50%以上。其中，邮储银行个人业务税后利润占全部业务利润的比例达到73.2%，建设银行达到63.3%，不良率大幅增加会减少金融机构利润，降低金融体系稳定性。而且，个人（小微企业）不良率大幅增加导致银行收紧信贷政策，抑制居民消费需求（见表3）。

表3　　　　　　　　　　不同承载主体不良资产的区别

维度	金融机构不良资产	企业不良资产	个人（小微企业）不良资产
典型类型	不良贷款、违约债券	应收账款坏账、贬值固定资产	房贷断供、信用卡逾期
规模特征	集中性高、金额庞大（一般亿级起步）	行业关联性强（如房地产产业链）	分散性高、单笔金额较小
风险传导	易引发系统性金融风险	拖累供应链或行业生态	局部信用风险，影响消费力
处置主体	资产管理公司（AMC）、央行支持	企业法务部门、第三方催收机构	个人协商、法律破产程序

资料来源：笔者整理所得。

三、新框架下不良资产规模分类测算

不良资产规模与占比是决定采取措施的重要因素。在分析新框架下，从不良资产实质出发，除测算银行体系持有的不良资产外，还包括保险等非银金融机构、拖欠应收账款及个人（小微企业）的不良情况，力求对不良资产整体情况有更为准确的认识。

（一）银行不良资产

近年来，银行产生较多不良资产，但处置力度也在加大，银行系统不良资产率并未大幅上升。

一是银行体系贷款不良率保持低位。近年来，随着银行系统加大不良资产处置力度，银行不良贷款率保持在较低水平。如图2所示，从2020年开始，每年银行业不良资产处置金额均在3万亿元以上。正是不良资产处置规模和力度大幅增加，使得银行体系不良资产率保持在较低水平。需要注意的是，虽然不良贷款率保持在较低水平，但是银行系统整体加大不良资产核销力度对净利润形成了较大影响。以郑州银行为例，虽然公司整体不良贷款率仅为1.86%，在可控范围之内，但这是建立在较多的不良贷款核销上。财报显示，2022~2023年，郑州银行"核销及转出"的额度分别高达46.9亿元和47.7亿元，比2021年增加了约27%，2024年10月，郑州银行将一笔本金及利息账面余额约为150.1亿元的资产，以100亿元的价格转让给中原资产。大量不良资产转让影响了银行的利润，2024年，该行归母净利润为18.7亿元，不及2017年的一半。

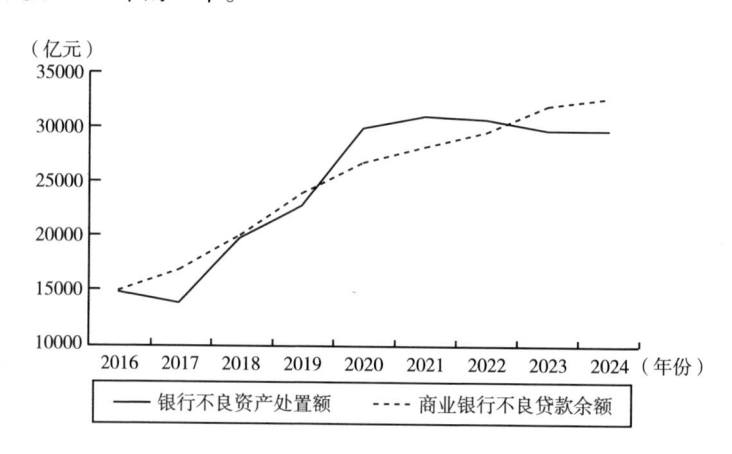

图2 近年来银行业不良贷款余额及处置额

资料来源：原银保监会、金融监管总局、Wind。

二是规则变化导致银行不良资产规模增加。不良资产认定规模规则更明确，使得一些不良贷款"浮出水面"。《商业银行金融资产风险分类办法》要求商业银行对承担信用风险的全部表内外金融资产开展风险分类，存量业务于2025年底前重新分类，将促进商业银行隐性不良资产显性化。2025年1月17日，国家金融监督管理总局发布《小额贷款公司监督管理暂行办法》，明确贷款逾期超过90天即划为不良贷款，并需上报征信系统，新规统一了此前模糊的逾期认定标准。相关数据测算，至2025年，逾期群体规模或将介于1亿元至1.5亿元之间，而逾期总额更可能达数万亿元人民币。规则的改变，将会对不良资产规模产生一定影响。

（二）保险业不良资产

近年来，受利率持续下行、权益市场波动加剧、优质非标供给减少等因素影响，保险公司经营困难，可持续发展能力受到冲击，不良资产规模大幅增加。

利率持续下行导致保险行业经营效益下滑。保险公司投资收益精算假设普遍为5%以上，但随着利率持续下行，实际收益与精算假设之间差距逐步拉大，利差损成为保险业经营困难的主要原因。2024年人身险行业财务投资收益率为3.48%，低于近年来5%左右的年均财务收益率。保险公司盈利下降，部分保险公司甚至严重亏损。同时，保险业负债期限长、成本刚性问题短期化解有难度。部分保险公司积累了不少利率在4%左右甚至更高、期限在20年以上保单。中国保险资产管理业协会2023年资产负债管理专项调研显示，65%以上人身险公司久期缺口扩大，超过一半公司扩大2年以上。近年来，虽然监管部门频繁出台负债端管理措施，但长期限存量保单量大、续期保费不断产生，利差损压力持续增加，短期内难以化解（见图3）。

部分保险公司资产可能成为不良资产。利率下滑从多方面增加保险公司经营压力，特别是随着国债收益率不断降低与准备金计提紧密的20年期750曲线在2024年下降了30个基点，保险公司准备金计提量增加。以中邮人寿为例，2023年因准备金折现率降低减少利润112.1亿元，是造成净亏损114.68亿元的主要原因。为降低准备金折现率下降的影响，部分保险公司开始调增综合溢价水平。经营情况不佳影响保险公司偿付能力，总资产近3.8万亿元的13家保险公司未正常披露偿付能力报告，部分资产可能成为不良资产（见表4）。

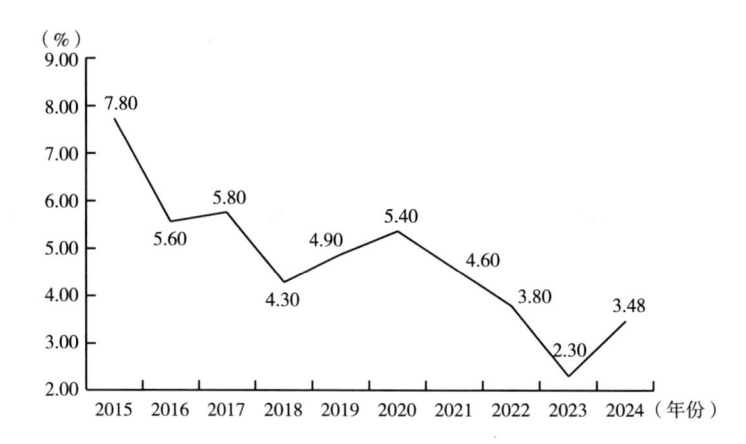

(%)
9.00
8.00 7.80
7.00
6.00   5.80
5.00 5.60   4.90 5.40
4.00   4.30   4.60
3.00   3.80   3.48
2.00   2.30
     2015 2016 2017 2018 2019 2020 2021 2022 2023 2024（年份）

图3　近年以来人身险财务投资收益率变化趋势

资料来源：根据公开资料整理。

表4　暂停披露偿付能力报告的寿险公司

公司名称	总资产（亿元）	备注
瑞众人寿（华夏人寿）	5863	截至2019年末华夏人寿数据
中汇人寿（天安人寿）	1943	截至2019年末天安人寿数据
海港人寿（恒大人寿）	2415	截至2020年末恒大人寿数据
大家人寿（安邦人寿）	约7500	截至2023年
和谐健康保险	约3700	截至2022年第一季度
君康人寿	约2000	截至2020年第三季度
中融人寿	约750	截至2021年第三季度
上海人寿	约1200	截至2021年第四季度
珠江人寿	980	截至2021年第四季度
昆仑健康	约500	截至2021年第四季度
生命人寿	约4827	截至2021年第四季度
前海人寿	3637	截至2022年第一季度
百年人寿	2625	截至2023年第一季度
共计	37900	

资料来源：财新网。

(三) 企业不良资产

若将应收账款比作银行贷款，能够按照规定时间偿还的应收账款应属于企业的正常资产，拖欠太久的应收账款就成为企业的不良资产。在实际操作中，银行会将不良资产核销、清收、处置等，而企业也会对长期无法回收的应收账款做坏账计提坏账准备。

应收账款规模增长增大潜在不良资产规模。近年来，企业应收账款规模较快增长。数据显示，2018~2024年，我国规模以上工业企业应收账款规模从14.3万亿元增加到26.0万亿元，应收账款规模增速高于企业营业收入增速。应收账款占营业收入比重从2018年的13.7%增加到2024年的18.9%（见图4）。应收账款增加叠加逾期，企业不良资产规模增加的可能性加大。按照2024年《企业应收账款管理指引》要求（逾期90天需计提至少50%坏账准备，逾期180天强制全额计提，且不得通过债务重组延缓计提）及相关规定，类比银行不良资产认定办法，企业应收账款中有一部分等同于不良资产。

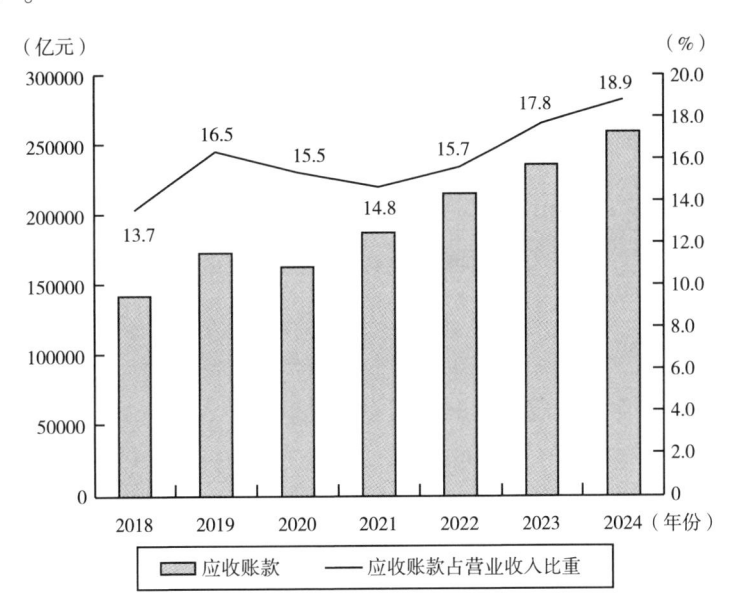

图4 规模以上工业企业应收账款趋势图

资料来源：Wind。

（四）居民、小微企业不良资产

近年来，在居民和小微企业杠杆率上升、贷款规模增加的同时，居民和小微企业贷款不良规模、不良率也出现了一定的上升。

1. 居民部门杠杆率、小微企业贷款规模处于高位

一是居民杠杆率上升。近年来，居民部门杠杆率一直处于大幅攀升态势，从2008年第一季度的18.8%上升到2024年第一季度的64.0%，居民部门杠杆率平均每季度上升0.7个百分点、年均上升2.8个百分点。居民杠杆率上升、贷款规模不断增加，居民个人贷款产生不良的可能性也在增加（见图5）。

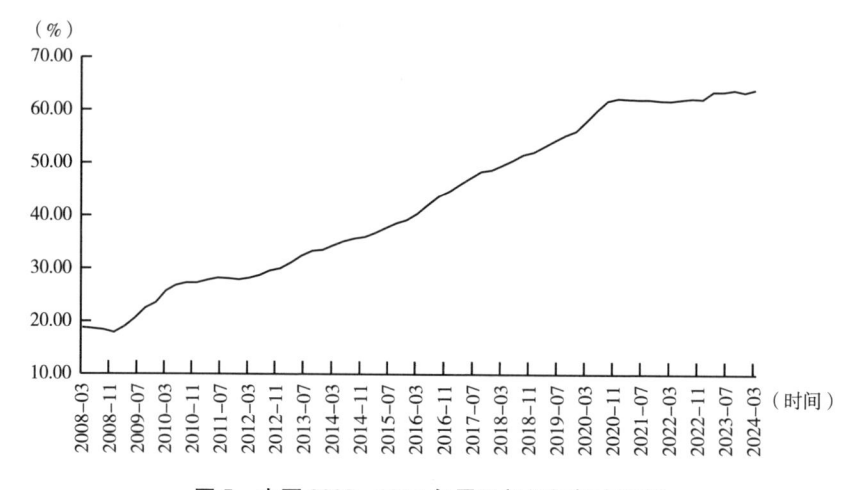

图5　中国2008~2024年居民部门杠杆率趋势

资料来源：Wind。居民部门杠杆率=居民部门债务/名义GDP，居民部门的债务为居民贷款，包括消费贷款和经营贷款。

二是小微企业贷款规模上升。国家金融监督管理总局数据显示，银行业小微企业贷款余额从2015年的23.46万亿元迅速增长到2024年的81.4万亿元，年均增幅14.8%，较同期GDP名义增速高7个百分点。其中，小微企业（普惠）贷款余额从2018年的8.0万亿元增加到2024年的33.3万亿元，占小微企业贷款比例从23.9%增加到40.9%。小微企业贷款增加，变成不良的可能性也在加大（见图6）。

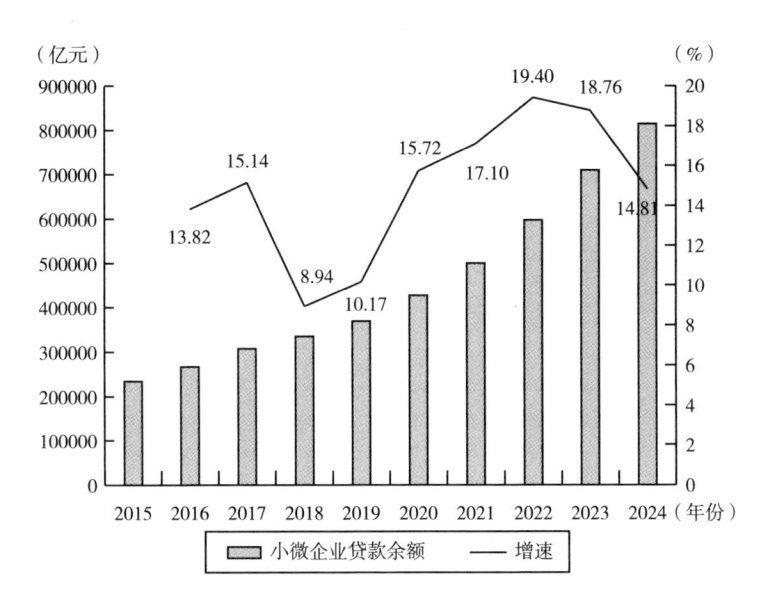

图6　中国银行业金融机构小微企业贷款余额及增速

资料来源：Wind。

2. 金融机构个贷、小微贷款不良率上升

居民杠杆率不断攀升，个人、小微企业贷款规模不断上升的同时，贷款逾期情况加重，居民个人贷款、小微企业贷款不良率也有所攀升。

一是个人消费贷款不良率增加且高于企业贷款不良率水平。无论纵向还是横向比较，个人贷款不良情况都更严重。横向看，个人贷款不良率较企业贷款不良率更快增加。2023年A股市场和香港上市的58家银行年报数据显示，上市银行中个人贷款不良率增加的银行比例为84.2%，而这些银行中企业贷款不良率增加的比例仅27.6%。纵向看，个人贷款不良率增加的银行中，2023年个人不良贷款余额达5085.6亿元，较2021年增加1552.6亿元、增幅43.9%，占企业不良贷款比例由2021年的26.4%快速增加到2023年的34.9%、大幅增加8.5个百分点。测算显示，2024年个人消费贷款不良余额约1.21万亿元，个人消费贷款不良率达4.8%（见图7）。

二是小微企业不良贷款增加。小微企业贷款多以经营贷形式存在，少量以企业主个人名义的信用贷款。小微企业经营贷款不良率大大增加，较全部贷款不良率高出不少。2021~2023年，2/3上市银行经营贷款不良率增加，

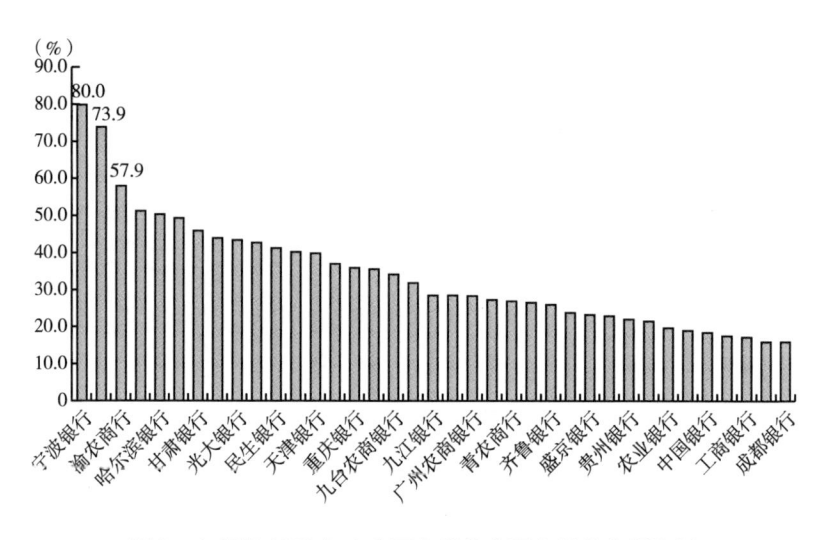

图7　各银行2023年个人不良贷款占不良贷款余额比例

资料来源：根据Wind整理计算。个人不良贷款余额与不良贷款余额数据齐全的银行为37家。个人不良贷款主要分为信用卡不良、住房贷款不良、消费贷不良、经营贷不良等形式。

较整体不良率增加的银行比例高出39个百分点。同时，不少银行经营贷款不良率显著高于个人贷款不良率，尤其以甘肃银行、晋商银行最为严重，两者差距分别大到13.71个、7.24个百分点（见图8）。

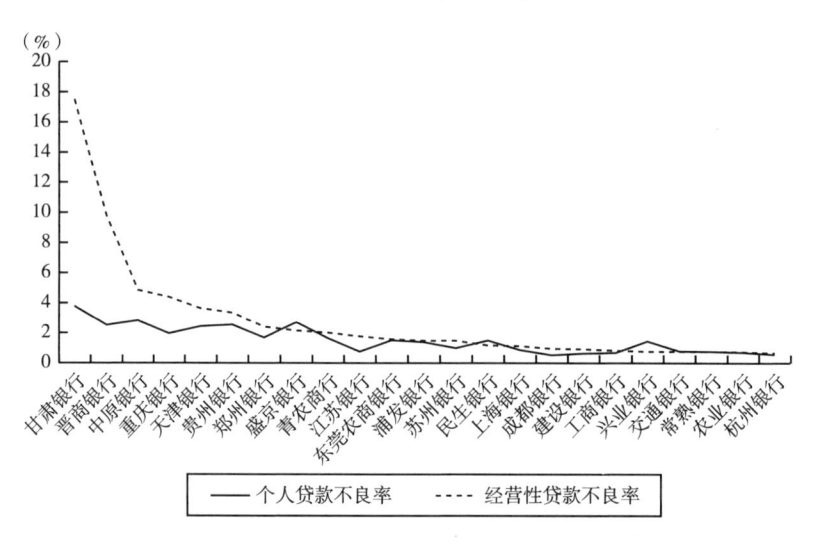

图8　上市银行2023年个人贷款和经营性贷款不良率

资料来源：根据Wind数据整理计算。因部分银行披露信息不全，图中涉及的银行仅为数据相对齐全的23家上市银行。

四、不良资产处置的国际经验借鉴

一些国家在市场经济的长期发展过程中，曾多次面临严重的不良资产问题，通过总结分析多个国家的不良资产处置经验，可以看出，高效处置不良资产需要做到"政府参与、长期处理、及时出手"。相关国家的经验为我国当前不良资产处置提供了一些有益的借鉴参考，有助于优化政策设计，提升我国不良资产处置能力。

（一）欧洲国家的处置经验和教训

欧洲不同国家对如何处置不良资产的认识不一，方式、力度及效果也存在较大差异。

德国政府反应迅速、积极救援。德国是银行主导型金融体系，西德意志银行为德国第三大州立银行，一旦倒闭会引发连锁效应，至少将有数家州立银行、十几家存放款机构和无数家企业陷入困境。2007年上半年，西德意志银行一出现亏损，9月，德国政府就立即着手推进多种纾困方案，推出了合并重组、风险隔离、注入资金等政府救援计划，并于2008年颁布了《金融市场稳定法》。此外，**政府出资与银行共同成立"坏银行"，承接银行不良资产**。德国政府要求各银行自设"坏银行"，但政府会通过注资银行、购买股份等方式提供支持。2009年，德国成立"坏银行"转移西德意志银行不良资产，隔离和化解了银行业的风险。这一机构长期存在，主要处置西德意志银行转移的不良资产，为德国的金融稳定发挥了重要作用。

瑞士政府果断出手构建应急救助方案，迅速设立救助机构，增持相关机构股份。银行业是瑞士的一大重要行业，是维护瑞士在国际金融市场的重要基石。受次贷危机影响及对美国次级住房抵押贷款的投资失误，瑞银集团2007~2008年出现了其历史上的最大亏损。考虑到瑞银集团规模巨大、业务复杂，一旦其陷入困境，势必危及瑞士金融安全。因此，瑞士政府依据《瑞士金融监管局联邦法案》，在整合瑞士联邦银行业委员会、联邦私人保险管理办公室等部门的基础上，成立瑞士金融市场监督管理局（FINMA），实现了对瑞士银行、保险公司、证券交易所等的全面监管；同时，2007年，瑞士政府意识到瑞银集团购买了大量"有毒证券",着手准备救援方案,从 2008 年 10 月 16 日宣布救援到 2008 年 11 月 27 日救助实体机构 Stab Fund 的注册成立,只用了 40 多天,瑞银集团在一年后就扭亏为盈。实体机构 Stab Fund 也取得了较好成效,2008 年、2009 年亏损,2010 年即盈利。**同时,瑞士政府购买了瑞银集团股份以支持其渡过危机。**在建立救助实体帮助瑞银集团的同时,瑞士政府还增资 60 亿瑞士法郎购买瑞银集团股份。在市场信心恢复后,仅 10 个月,瑞士政府收到瑞银集团 72 亿瑞士法郎,年化投资回报率约 26%。

英国不良资产处置理念更新慢、行动缓慢、效果差、处置成本高。受次贷危机和欧债危机等的冲击,以北岩银行为代表的英国银行业出现了大量不良资产,陷入流动性危机。但是,英国政府并没有采取积极有效的应对措施。在挤兑危机爆发后,英国政府最初希望私人企业出面收购,但参与企业少、报价低,导致方案失败。之后,英国政府不得不将北岩银行转为公有制,北岩银行成为 19 世纪 70 年代以来英国首个企业国有化案例。然而,由于国有化之前缺乏重组的准备工作,加上房地产市场前景低于预期,北岩银行依旧大幅亏损,政府不得不将其拆分为新北岩银行和北岩资产管理公司,并最终将这两家公司出售给私营部门。之后,政府又主导实施了三轮面向银行业的救助计划,针对银行资本金和流动性、资产保护、不良资产风险保护等采取了一系列措施。**救助不及时使得危机造成的影响更大。**英国央行作为最后贷款人,因过于担心道德风险而无意提供资金救援,而且英国央行、财政部和金融服务局权责不清、界限不明,延误了救助时机,任由市场恐慌情绪愈演愈烈,最终引发了英国历史上 140 多年以来的首次挤兑危机。最终,英国政府不得不花费更多资金和时间处置危机。

(二)美国不良资产处置由缓慢至迅速

美国在不良资产处置上经历了认识反复及不断深化的过程,从危机发生后任由事态恶化,到认识到事态严重时应该及时救助,再到危机苗头显现、不良资产尚未大量出现时即开始救助。

美国在储贷危机发生并日趋严重后介入处置。20 世纪 80 年代中期,国债收益率从1970年的8%左右逐步上升至1982年的16%左右，储蓄业经营困境加重，美国房地产市场的迅速降温也使得储贷机构的贷款难以收回。截至1988年，超过2000家银行和储贷机构破产并被迫关闭或接受政府援助，储贷危机全面爆发。在此情况下，美国于1989年成立重组信托公司（RTC），主要采取"好银行+坏银行"处置方式，并在后续处置中开始实施"快速处置方案"，将储贷机构坏资产从好资产中分离出来。截至1995年，RTC存续期间先后处置问题资产总值4000余亿美元，约占美国1989年储贷机构总资产的23.2%，使得美国金融业风险降低，为后续发展提供了良好环境。

次贷危机后美国被迫采取一系列救助措施。 2004～2006年，美国联邦基金利率从1%上升至5.25%，高利率增加了低收入者的还贷压力，逐步引发次贷危机，多家金融机构接连倒闭，不良资产规模急剧上升，2010年，美国不良资产率上升至5.5%。为应对危机，美国推出问题资产救助计划（TARP）和公私合营投资计划（PPIP）。其中，TARP存续期为2008年10月至2010年10月，授予财政部7000亿美元资金用于担保和购买问题资产、对银行注资，主要救助具有系统重要性金融机构。截至2013年末，美国财政部已经收回其在TARP下的绝大部分投资。PPIP存续期为2009年3月至2017年12月，收购银行、保险公司、各类基金等金融机构不良贷款。

2020年后，美国及时出台经济刺激政策及不良资产救助方案。 2020年，美国共推出五轮财政刺激法案，总金额达3.8万亿美元。3月，美联储将联邦基金利率目标区间下调至0%至0.25%超低水平，开启无限量化宽松政策，购买国债和抵押贷款债券近3.2万亿美元；设立企业信贷工具（PMCCF/SMCCF），向企业提供4.6万亿美元流动性，稳定了经济金融秩序。值得注意的是，一直到2024年底，美联储资产负债表规模依旧比2019年底多3万亿美元，不良资产救助计划一直存在，美联储大规模量化宽松政策也为后来美国通胀等问题埋下了伏笔。2023年，美国银行业危机出现苗头的时候，美联储即提供紧急流动性支持，于3月推出银行定期融资计划（BTFP），向银行系统注入超3000亿美元流动性，联邦存款保险公司为相关问题银行存款提供全额担保，并支持区域性银行加速增发股票补充资本金，有效避免了银行业危机蔓延。

（三）日本处置反应迟缓、效果较差

20世纪90年代，日本经历了"经济下滑—不良资产问题逐步出现—不得不救助"过程，没有真正有效解决不良资产问题。2001年，日本不良资产规模与不良资产率再度回升，达到了泡沫破裂后的最高水平。泡沫破裂初期，日本政府并未对不良资产问题给予充分重视，错过了最佳解决时间。随着一大批银行接连破产，不良资产问题日益严重，日本的经济增速随之跌入谷底。

在经济与不良资产问题陷入恶性循环后，日本政府才认识到不良资产处置问题的严峻性，开始快速处置。 2001年，日本政府开始制定新的政策方针；2002年，宣布针对金融和产业部门的"金融再生计划"。在此过程中，日本政府为处置不良资产成立了一系列机构，如整理回收机构（RCC）和产业再生机构（IRCJ）。其中，RCC于1999年成立，为日本存款保险公司全资子公司，2002年开始商业化转型。与美国不同的是，RCC被日本政府作为永久性机构存续至今，并在此后的次贷危机中发挥了重要作用。而IRCJ成立于2003年4月，2007年3月结束，是一家以援助实体企业为目的的政策性机构。2002~2005年，日本大银行的不良贷款率从2002年的8.4%下降到2005年的2.9%，2007年进一步降低至1.5%。2008年次贷危机爆发后，日本又设立了企业再生支持机构来处置不良资产，援救中小骨干企业。

（四）韩国积极应对，处置效果较好

韩国在亚洲金融危机的冲击下遭受了巨大打击，不良资产问题日益严重。1997年1月，韩宝集团倒闭，大量韩国企业也接连陷入危机，韩国商业银行等不良资产规模直线攀升。1994年年底，韩国银行业的不良资产率仅为1%，1997年上升至15%，1999年飙升至25%。

2000年，韩国政府成立了政策性金融机构韩国资产管理公司（KAMCO），专门管理和处置不良资产。KAMCO借鉴国际上处置不良资产的经验，结合韩国经济和潜在投资者的特点，采用多种方式处置不良资产，还创新推出了合资企业重整专业公司、合资企业重整投资公司、合资企业资产管理公

司等不良资产处置机构。在不良资产处置中，KAMCO取得了良好的效果，于2004年完成了政策性处置不良资产的任务，不仅实现了较高的现金回收率，而且成功化解了金融风险，促进了经济复苏，降低了失业率。截至2006年1月，KAMCO累计收购不良贷款110.8万亿韩元，处置了73.8万亿韩元，回收金额36.6万亿韩元，回收率高达49.6%，处置回报率高达120%以上，两者均远高于国际平均水平。值得一提的是，KAMCO成为永久性机构。韩国政府保留KAMCO，其逐渐从单一处置不良资产的准政府机构，发展成为综合资产管理公司。2008年至2019年，韩国的不良贷款率一直保持在较低水平，次贷危机期间为0.3%，此后处于下降趋势，2019年降低至0.25%。

（五）国外不良资产处置的经验借鉴

一是解决不良资产处置问题离不开政府参与。从多个国家不良资产处置的经验来看，无论是在银行体系占据主导地位的国家，还是在资本市场占据主导地位的国家，政府的参与都十分必要。特别是在不良资产问题日益严重时期，市场自主运行机制受到极大限制，有效性大打折扣，仅靠市场自身难以完成资产剥离、重组和清收等繁杂且资金需求多的工作，此时需要政府积极有力地参与，提高市场有效性。当然，不良资产问题的处理也需要充分发挥市场机制在价格发现、处置效率、人才培养等方面的优势。值得一提的是，政府参与救助往往会引发道德风险的争论。在不良资产问题不太严重时，确实应避免救助，但是在不良资产问题十分严重且已经影响到经济社会正常运行时，政府应该及时果断地出手。

二是解决不良资产问题需要长期的制度安排。不良资产问题是市场经济条件下长期存在的问题，需要机制化的应对措施，不间断地解决不良资产问题，即使遇到较大问题也可以起到"平峰"作用，政府也可以借助长期的机制化安排迅速采取应对措施，避免"临时抱佛脚"，各国案例也充分表明了长期制度安排的必要性。有部分国家认识到政府长期性制度安排的必要性，如日本的产业再生机构（IRCJ）、韩国资产管理公司（KAMCO）均长期存在，在两国后续的不良资产问题的处理过程中发挥了重要作用。

三是解决不良资产问题需要及时出手。不良资产问题的处理拖不得、等不得，如果任由问题越积越多，等到问题大规模爆发后再去处理的话，往往需要花费更多时间和精力。经过多年多次应对危机的经验教训，美国认识到对于不良资产问题应及时处理，2023 年硅谷银行危机后，美国迅速启动了一系列的救助办法，在不良资产问题尚未变得非常严重前就积极行动，减轻了后续问题处理的压力，也为后续问题的处理争取了更多的时间。韩国、德国、瑞士等国也是在不良资产问题没有恶化到很严重的时候，就着手处置，取得了较好效果。

五、提升不良资产市场处置效率的政策建议

当前不良资产问题日趋复杂多变，既有大环境因素，也有不良资产行业处置能力不足的问题。为尽快解决问题，除大力巩固和增强经济回升向好态势外，应按照"强化统筹、多方面发力"原则，多措并举提升不良资产问题解决能力，为经济稳定向好创造良好的发展环境。

（一）加大不良资产问题处理统筹协调力度

针对日趋复杂多变的不良资产形势，建议统筹发改、财政、工信、商务、金融、住建等主管部门共同参与的协调机构，统筹考虑各方面不良资产问题的解决。作为不良资产具体处置的承担者，现有资产管理机构力量较为分散，不适应现阶段处置需要，建议以三大 AMC 股权由财政部划转至中央汇金为契机，考虑组建中国资产管理集团，统筹协调全国性 AMC 开展业务。鉴于地方性 AMC 资产规模普遍较小、处置能力偏弱，可考虑将各省 2 家地方性 AMC 合为一家，提升处置能力。

（二）加大房地产不良资产处置力度

房地产行业相关不良资产涉及面广、规模大，且市场尚未出现明显回升向好态势，2025 年房企资产负债表脆弱化问题难以回避，应加大对房地产行业不良资产处置的支持力度。要继续推动问题项目和问题资产的盘活力度，加快推动资不抵债项目的司法处置，部分大型资不抵债的房企，加快推动破

产（重整）。要加强项目和主体风险化解的结合，坚持房企救助与房地产收储等政策，多措并举加大房地产行业不良资产处置力度。

（三）提升个人不良资产处置效率

继续优化 AMC 参与个人不良贷款批量转让的政策环境，丰富不良资产转出渠道和参与主体，推动更多机构参与个贷不良批量转让。扩容不良资产证券化市场，鼓励和支持相关机构发起涉及个人不良资产证券化产品。提升金融机构资产质量控制水平，金融机构做实资产分类，充分暴露不良资产，早化解、早处置，减少不良贷款的不利影响。金融机构特别是中小银行应结合实际加大科技运用费用支出，综合运用 AI、大数据、区块链等技术，提高风险防控能力。

（四）提升非银金融机构不良资产处置效率

积极拓宽资本补充渠道，研究允许商业银行等合法合规、资本实力强的股东突破单一股东持股 1/3 的上限，在资本补充债、永续债等额度及审批方面给予更多支持。优化股权、股票等权益资产风险因子，尽快落实针对保险公司的长周期考核。持续推动资产负债联动，负债端要持续优化产品结构，适当降低负债久期；资产端要加大长久期利率债配置力度，挖掘优质标的。拓宽保险资金投资范围，逐步完备利率风险管理工具库，完善优化衍生品应用配套措施，鼓励头部公司、资产负债管理水平较高的公司先行先试衍生品套期保值。鼓励有条件的保险机构进行境外投资。健全风险处置与投资者保护机制，推动不良资产证券化、引入第三方资产管理公司参与风险化解。

参考文献：

1. 卞金鑫：《当前不良资产处置的现状、问题及国际经验借鉴》，《西南金融》2018 年第 7 期。

2. 才智斌：《商业银行不良资产处置模式创新及风险控制探索》，《现代商业》2019 年第 27 期。

3. 曹辉：《商业银行不良资产界定及处置方式的研究》，《时代金融》

2022年第4期。

4. 常宝：《大数据驱动下的银行不良资产管理模式浅析》，《商业检察》2021年第8期。

5. 陈寰：《国有商业银行不良资产批量转让面临的困难及应对策略》，《财会月刊》2016年第35期。

6. 陈静：《H银行不良资产处置管理体系优化研究》，山东大学，2023年。

7. 崔凤武：《浅谈商业银行不良资产的成因及对策》，《经贸实践》2015年第14期。

8. 苟洲旻：《浅析我国商业银行不良资产的成因及处置》，《全国流通经济》2020年第18期。

9. 郭晓蓓、麻艳、施元雪：《商业银行不良贷款现状、成因及对策研究》，《当代经济管理》2020年第6期。

10. 何力军、袁满：《"互联网+"背景下不良资产业务模式创新研究》，《浙江金融》2015年第12期。

11. 何一春：《商业银行不良资产处置创新研究》，东南大学，2019年。

12. 洪文霞：《我国商业银行不良资产处置的问题及其防范》，《环渤海经济瞭望》2020年第5期。

13. 侯亚景：《我国金融业不良资产处置策略研究》，《上海经济研究》2017年第1期。

14. 黄美霞：《供给侧改革下我国商业银行不良资产的成因及对策分析》，《商讯》2019年第12期。

15. 赖伟：《商业银行不良资产的成因及法律防范》，《现代商业》2007年第14期。

16. 李德：《我国银行业处置不良资产的思路和途径》，《金融研究》2004年第3期。

17. 廖臣之：《城商行不良资产成因及处置研究》，江西财经大学，2023年。

18. 刘佳：《关于新设行业协会解决中国不良资产管理行业自我管理问题的研究》，《山西财税》2022年第9期。

19. 刘青：《我国商业银行不良资产的研究》，《审计与理财》2015年第3期。

20. 刘晓欣：《中国特色不良资产处置的理论创新与实践》，知识产权出版社 2022 年版。

21. 刘怡莎：《我国商业银行不良资产现状及成因分析》，《金融经济》2016 年第 10 期。

22. 陆岷峰、虞鹏飞：《互联网金融背景下商业银行"大数据"战略研究——基于互联网金融在商业银行转型升级中的运用》，《经济与管理》2015 年第 3 期。

23. 栾天航、孙昊：《论我国商业银行不良资产处置策略》，《内蒙古财经大学学报》2021 年第 3 期。

24. 马红：《我国商业银行不良资产现状及处置对策研究》，《全国流通经济》2022 年第 32 期。

25. 彭胜志、贺平：《银行债权类不良资产评估方法改进研究》，《商业经济》2019 年第 4 期。

26. 苏智伟：《国有商业银行不良资产成因与对策》，《财经界》2016 年第 14 期。

27. 唐双宁：《关于降低国有独资商业银行不良贷款的几个问题》，《中国金融》2002 年第 6 期。

28. 汪洁、顾婧：《我国商业银行不良资产的成因及对策研究》，《中国城市经济》2012 年第 3 期。

29. 王惠芳：《我国商业银行不良资产现状与成因分析》，《中国外贸》2013 年第 9 期。

30. 王洋：《以不良资产处置为抓手稳定宏观杠杆率》，《中国银行业》2021 年第 4 期。

31. 吴颖娟：《商业银行不良资产处置的现状及思考》，《现代商贸工业》2021 年第 32 期。

32. 夏瑞莹：《浅析国有商业银行不良资产的成因及其治理》，《商场现代化》2014 年第 24 期。

33. 谢治春、赵兴庐、刘媛：《金融科技发展与商业银行的数字化战略转型》，《中国软科学》2018 年第 8 期。

34. 许颖华:《探析金融资产管理公司不良资产处置模式》,《上海商业》2021 年第 11 期。

35. 许泽想、李希环:《银行不良资产价值评估方法的适用性及优化研究》,《中国资产评估》2021 年第 3 期。

36. 杨惠珍:《数字化转型背景下银行不良资产处置新模式的构建》,《上海商业》2022 年第 10 期。

37. 张洋:《我国商业银行不良资产成因探析》,《中国证券期货》2013 年第 4 期。

38. 赵依琳、赵芳:《商业银行不良资产成因及对策研究》,《广西质量监督导报》2020 年第 2 期。

39. 郑晓茗:《商业银行不良资产处置制度安排与政策建议》,《中国外资》2022 年第 8 期。

40. 周兆生:《中国国有商业银行不良资产的处置问题研究》,《世界经济》2004 年第 7 期。

41. Basel Committee on Banking Supervision. Core Principles for Effective Banking Supervision, 2012.

42. Chen H, Liao L, Wong M. Dynamic optimal portfolio selection and asset allocation for RMB bondfunds: Evidence from China. *Journal of Banking & Finance*, No. 48, 2014, pp. 312 – 326.

43. Gao L, Song X. Research on the optimization of the disposal of non-performing loans in Chinese commercial banks. *Journal of Risk Research*, Vol. 20, No. 5, 2017, pp. 22 – 41.

44. IMF Global Financial Stability Report: Vulnerabilities, Legacies, and Policy Challenges, 2015.

45. La Porta R, et al. Law and Finance. *Journal of Political Economy*, 1998.

46. Reinhart C M, Rogoff K S. *This Time is Different: Eight Centuries of Financial Folly*. Princeton University Press, 2009.

47. Stiglitz J E, Weiss A. Credit Rationing in Markets with Imperfect Information. *American Economic Review*, 1981.

48. Xu M, Lin G. How does bank capital affect the risk-taking of Chinese banks? A hierarchical linear model approach. *Journal of Banking & Finance*, No. 48, 2014, pp. 402414.